上海文化样本选

申　轩　编

上海人民出版社

序

杨振武

上海历来是文化重镇。开埠以来,中西文明交汇,古今文化交融;这里既有熔铸建党伟业的光荣传统,又有勇开风气之先的城市个性。这些都成就了它独特的文化积淀和鲜明的文化特色。

改革开放以来,尤其是党的十六大以来,上海宣传文化战线,在中央和市委、市政府的领导下,在市委宣传部历届领导集体的共同努力下,广大基层单位、社会力量,包括民营机构,发扬了敢闯敢试的精神,努力以新思维研究新情况,以新方法解决新问题,在加强文化创作生产、繁荣文化事业尤其是改善公共文化服务和发展文化产业等方面,积极探索,努力实践,取得了一些创新性的成果。这些探索和实践,符合中央要求,具有上海特色,实际效果显著,得到了市民群众和社会各界的欢迎和赞誉。其中一些探索在全国具有首创性,一些探索求解了业内普遍关注的问题,因而得到了中央领导同志的充分肯定,也受到了兄弟省区市同行的关注和鼓励。

党的十七届六中全会提出了中国特色社会主义文化发展道路和建设社会主义文化强国战略目标,为社会主义文化大发展大繁荣指明了方向。在深入贯彻落实十七届六中全会精神的过程中,上海市委宣传部的同志们把这些年艰辛探索所取得的成果作一番梳理,盘整出 74 个各具特色的案例,集纳成册,我以为有其价值。这虽然不是对过去十年全面系统的总结，但透过这一个个案例，我们可以回望来路，增添进一步探索实践的信心和勇气。

一滴水可以见太阳。如果说，党的十六大以来全国的文化大发展大繁荣汇聚成了一条波澜壮阔的奔流大河，那么本书汇集的案例就是其中的几许美丽浪花。如果说，党的十六大以来全国的文化大发展大繁荣合成了一首雄壮动听的大合唱，那么本书汇集的案例就是其中的几个悦耳音符。

同时，总结过往，也可以启迪未来。我们的探索还有许多亟待完善的地方，我们的发展还面临许多亟待突破的瓶颈。我们要更加深刻地领会和贯彻中央对宣传文化发展的要求，更加开放地虚心学习和借鉴兄弟省区市的好思路、好做法、好经验，继续大胆探索，务实推进，加快上海国际文化大都市的建设步伐。

党的十八大即将召开。上海宣传文化战线的同志们愿以这本册子，作为小小的礼物，献给党的盛会！

（作者系中共上海市委常委、市委宣传部部长）

目　　录

CONTENTS

社会主义核心价值体系建设

公共文化服务体系建设

文化产业发展

文化体制改革

文化产品创作生产

社会主义核心价值体系建设

中国学论坛：以学术对话世界

“新智库”：重要决策背后的声音

社科规划：国家立项十年第一

理论队伍：治学为国，薪火相传

“马工程”：“五路大军”合力推进

典型宣传：树时代英雄，聚城市力量

心理疏导：让苦闷孤独的人快乐起来

关心未成年人：给孩子美好的暑假

志愿者：“小白菜”让城市更可爱

文明指数测评：提升城市“软实力”

市民巡访团：呵护城市文明的“啄木鸟”

百老讲师团：讲台上的绚丽晚霞

宣传党校：培养“喉舌”中的骨干力量

“走转改”：让新闻更有生命力

纪实频道：帮“散户”抓拍草根故事

“上海发布”：政务微博的清新之风

“962288 热线”：服务老外的上海通

“犹太人在上海”：跨越世纪的患难真情

“小巷总理”：网上为民解忧

扎紧“篱笆” 实名护民

孩子“淘米” 妈妈放心

“世界中国学论坛”举办了四届，以传统中国文化中的“和”作为核心理念，解释中国的发展特征和发展趋势；共吸引了来自30个国家和地区的近1 000名海内外学者，在对话中增进了解，在接触中找到朋友。在中国快速发展、融入世界的时代背景下，中国学论坛承载着塑造中国形象的使命，向世界讲述一个真实的中国、一个崭新的中国。同时，作为国家级中外学术交流品牌，中国学论坛正在以中国学研究为突破口，进而对整个世界格局的演变，逐步形成自己的判断和理论框架。

中国学论坛：以学术对话世界

杨逸淇　田晓玲

“中国元素”、“中国案例”、“中国故事”……在多彩的世界舞台上，中国文化的独特价值总是令世人啧啧称奇。

“中国崩溃论”、“中国威胁论”、“中国责任论”……在中国列车的行进中，总会有一些迥然不同的声音此伏彼起。

中国国际形象的塑造最终取决于中国自身的行动。21世纪初，在中国改革开放的潮头、中外文化交流的津梁——上海，“世界中国学论坛”正在向世界讲述一个真实的中国、一个崭新的中国。

从被关注到主动说

2004年8月，首届“世界中国学论坛”在黄浦江畔“破茧化蝶”。

上海社会科学院原院长王荣华在主旨演讲中指出：世界中国学论坛把中国最早的经典《周易》中的“同人”卦作为会标，表达了中国文化走向世界、与世界各地区不同形态的文化交流、融合、发展的愿望。

中国学论坛的设立旨在帮助世界准确全面了解一个变化的中国，也帮助中国认识自己，弄清中国与世界的关系。论坛通过大会主题会场与分会场的设定，聚焦国际社会关注中国的热点问题和核心议题，推动开放多元的学术交流。上海社会科学院副院长、世界中国学论坛组委会秘书长黄仁伟解释，“‘中国学’是汉学、中国研究、国学这三者的结合，是在当代中国的基础上，把中国建设社会主义的整个理论和实践结合来说明中国，解释中国”。

长久以来，世界中国学研究一直局限于对中国历史、文化和文字的研究。然而，过去30年，中国发生的深刻社会变革改变了这种情况。北京大学中文系教授乐黛云就曾说，中国像“古玩”一样被研究的历史已经结束。经济方面突飞猛进的发展使得中国在世界上备受瞩目，未来一段时间，中国的发展也可能在很大程度上将对世界的前途和命运产生重大影响。

世界比此前任何时候都更加关注中国，而中国也更加需要向世界说明自己，世界中国学论坛正是在这样的背景下应运而生。

事实证明，世界中国学论坛以学术对话世界，的确拉近了中国与世界的距离，凸显了中国的开放、包容与亲和力，已经成为传播中国国际形象的一大亮点。

据统计，四届论坛共吸引了来自30个国家和地区的近1 000名海内外学者，其中既有池田大作、谭中、杜维明、傅高义、郑永年等蜚声国际的著名学者，也有郑必坚、汤一介、林毅夫等中国顶尖专家；既有耄耋之年的学界泰斗，也有初出茅庐的年轻博士；既有对我国长期友好的朋友，也有持不同观点和意见的研究者。

同时，50余个国家的外交机构和智库代表与会，百余家中外知名媒体对论坛展开报道。

以“和”为核心的对话

世界中国学论坛迄今已经举办了四届，尤其让人印象深刻的是：四届论坛均以传统中国文化中的“和”作为核心理念，赋予其时代内涵，来说明当代中国发展特征，展现中国未来发展趋势。第一届论坛的主题是“多元视野下的中国：和而不

世界中国学论坛以传统中国文化中的“和”作为核心理念，并赋予其时代内涵。

同”；第二届是“中国与世界：和平、和谐”；第三届是“和衷共济：中国与世界的共存之道”；第四届是“和合共生：中国与世界融合之道”。这条主线的演进，说明中国学研究的深度和广度在进展，反映了科学发展观对于中国发展的深刻影响，“和平发展”与“和谐世界”理念正在成为各国学者研究中国、理解中国的重要指向。

围绕以“和”为核心理念的主题，每届论坛都传递出非常大的信息量，由此，很多真知灼见得以涌现，良师益友得以结交。国内外学术界对论坛都纷纷给予高度评价，俄、美、日、印等国家的学者广泛引述论坛上发表的重要学术观点。

比如，郑必坚在第二届论坛演讲中阐述了“中国心、中国梦、中国路”，在国内外舆论中引起了强烈的反响。

比如，第三届论坛提出的“和衷共济”引起了海内外的高度重视。当时美国驻沪领事馆全体出动前来参加，到所有的分会场去旁听，然后写出详细报告递交给美国国务院。随后，有关“和衷共济”的提法多了起来。2009 年美国总统奥巴马的就职演说以及国务卿希拉里在中国的演讲都用了“同舟共济”这个词。

又比如，国务院新闻办主任王晨在第四届论坛发表题为《中国的和平发展与和谐世界愿景》的主旨演讲，提出中国的发展正在走出一条与以往大国崛起不同的、新的和平发展的道路。

论坛有中国学术界的主流声音，也让海外的非华裔学者充分发表看法。这个论坛不是为了宣传中国，而是解释中国，说明中国，通过学术讨论来接近一个真实的中国。从文明冲突到绿色经济，从“中国模式”到中国话语权……每个话题都如此尖锐，充满着争议与求索，甚至是激烈的辩论。记得有一位美国学者曾在论坛上诘问一位中国学者：你们增加军费开支的目的是什么？出乎意料的是，不待中国学者回答，几位外国学者反问这位美国学者：你们的军费开支是中国的十多倍，该如何解释？

印度中国研究所名誉所长谭中认为，世界中国学论坛的成功举办说明中国的软实力已经崛起。印度社会科学联合会主席则感慨自己的国家没有能力举办类似的论坛向世界说明印度。俄罗斯科学院远东研究所所长将论坛的主旨演讲译成俄文，刊发在俄罗斯科学院院刊上……学术对话是深层次的文化交流，智库人士、意见领袖的见解可以影响各国政要和舆论。如果说，一个“中国通”可以影响一国人，那么，每一届论坛的上百位“中国通”就可以影响几亿人！

登高而招，臂非加长也，而见者远；顺风而呼，声非加疾也，而闻者彰。借世界中国学论坛这个学术对话的新平台，学术思想成果的借鉴作用和益智效应得以放大。于是，我们更能够向世界说明一个真实的中国。

抢占国际学术话语权

2011年，第四届世界中国学论坛拉开了帷幕。和往届一样，吸引了国内外众多学者聚集一堂。不仅如此，论坛还开始了一些崭新的尝试。

论坛首次颁发“中国学研究贡献奖”就引发了广泛的关注，四位获奖学者都是德高望重、著述等身、毕生从事中国学研究的大师。他们是研究中俄关系的俄罗斯专家罗高寿、研究中国特色社会主义的日本学者毛里和子、研究中国近现代史的美国学者孔飞力，以及研究中国古典文明的法国学者谢和耐。

正如颁奖致辞所说的那样：四位学者接受该奖项，为“中国学研究贡献奖”奠定了一个具有权威意义的起点。这是第一次由中国给外国社科领域的杰出学者颁奖，是以学术成就为标准的国际大奖。颁发这个奖项标志着中国开始主动掌握中国学研究领域的话语权，也是中国软实力的一次突破。

关注中国学论坛的人们还会发现：八年间，论坛主办方也在悄然发生变化。2008 年，第三届论坛由上海社会科学院、上海市人民政府新闻办公室主办，国务院新闻办公室指导举办。两年后的第四届论坛，变成了由国务院新闻办公室和上海市人民政府联合主办。上海市对论坛提供人力、财力支持，国新办则给予方向上、战略思路上的指导和支持。伴随着论坛规格的不断提升，论坛的影响力也不断增强，逐渐成长为国家级的文化交流平台。

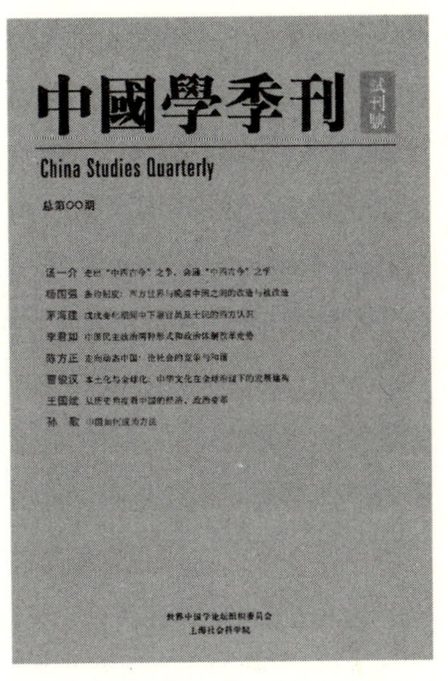

《中国学季刊》以国际高端学术刊物的姿态出刊。

回望当年，世界中国学论坛的创立可谓领风气之先。其后，“世界汉学大会”、“世界儒学大会”陆续登场。如今，世界中国学是一个方兴未艾、前景广阔的新兴领域。

在中国快速发展、更多融入世界的背景下，办好中国学论坛的意义，不仅在于树立这个国家级的中外学术交流品牌，而且关系到新时代社会科学发展的大方向。在中国学研究领域，逐步形成自己的理论框架，形成自己的判断和结论，才算走出了抢占国际学术话语权的重要一步。

为此，世界中国学论坛将在深度和广度上做更多的探索：建设海外中国学研究的动态网络，其中包括研究成果资料库和专家信息库；跟踪当代世界中国学研究动态，翻译最新的重要论著；创办《中国学季刊》，并使之达到国际高端学术刊物的水准；在“中国学研究贡献奖”的基础上，颁发“中国学研究成果奖”和“中国学研究新人奖”，形成“中国学研究奖系列”；创立“中国学研究基金”，吸收更多的国内外资源在全世界推进中国学研究……

以和为魂，以论坛为履，以话语权为鹄，世界中国学论坛一定会在不久的将来，真正提升和张扬中国学术在国际学术环境中的影响力和话语权。

“重要决策中都有社会科学院的声音”，日益成为全国地方社会科学院转型发展的新共识。上海社会科学院2007年年初正式提出建设“国内一流、国际知名的社会主义新智库”的目标，推出新的机制体制，加强人才队伍建设，提升核心科研竞争能力，发挥决策影响力、学术影响力和社会影响力；以“世界眼光、中国特色、上海坐标”为科研主线，完成了一系列重大课题，为上海的转型发展和国家的对外开放，为党和政府的科学决策，提供了重要参考。

“新智库”：重要决策背后的声音

颜维琦　田晓玲

新的历史时期，一个专业从事哲学社会科学研究的地方社会科学院，应该怎样发挥作用，能够发挥什么作用？面对深刻调整的国际政治经济格局、艰巨繁重的国内改革发展任务，地方社会科学院如何更好地参与其中，为经济社会发展贡献智慧和力量？这是全国地方社会科学院所共同面临的课题。

2007年年初，上海社会科学院正式提出了建设“国内一流、国际知名的社会主义新智库”的目标。连续多年的“新智库”建设实践，为地方社会科学院的发展做了有意义的尝试，“重要决策中都有社会科学院的声音”，日益成为全国地方社会科学院转型发展的新共识。

“新智库”的自觉转型

2010年11月，中共九届上海市委十三次全会审议通过了关于上海市“十二五”规划的建议，明确了“创新驱动，转型发展”的方针。早在 2006 年，上海社会科学院就敏锐地意识到“转型”之于上海发展的重要性，迅速组织力量展开一系列政策研究和形势分析，推出以“转型”为主题词的年度经济发展蓝皮书。2010 年，历时一年半的“十二五”规划学者版编制完成，对上海转型发展提出了视角独特的中肯建议。

在为上海“转型发展”谋划之前，上海社会科学院这个新中国最早建立的社会科学院，自身也在经历着一次转型。

上海社会科学院创建于 1958 年，是由当时的中国科学院上海经济研究所和上海历史研究所、上海财经学院、华东政法学院、复旦大学法律系合并而成，其力量在地方社会科学院中首屈一指。然而长期以来，上海社会科学院对于自身的战略定位问题，一直存在较大争议。

一个大国的政治中心或经济中心，通常存在一流智库发展的肥沃土壤。同时，改革发展的伟大实践，又在呼唤更加民主、科学、规范的决策，对社科人提出了新的课题。党和政府的重视和要求，上海转型发展和建设国际化大都市的实践也为哲学社会科学的发展开辟了广阔空间。“在这个背景下，要不要成为智库，成为什么样的智库，是来自实践的自觉转型，是实践本身复杂性和艰巨性的需求。”上海社会科学院党委书记潘世伟说。

从 2004 年起，上海社会科学院开始探讨“新智库”的设想，经过近两年的调研、思考和讨论，2006 年形成建设“国际知名、国内一流的社会主义新智库”的新表述，这一目标在 2007 年年初正式明确。

“新智库”，新在哪？新智库是符合社会主义发展方向，积极谋求国家战略利益的新智库，不同于西方智库和旧社会的幕僚机构，同时意味着打造创新型智库，即具备创新能力，通过创新人才、创新成果和创新方法发挥决策影响力、学术影响力和社会影响力。

以开放的视野选课题

确立了新智库的建设目标，但是作为一个地方社会科学院，究竟应当关注什么，研究什么，是非常需要下一番工夫进行破解的。

上海社会科学院常务副院长左学金对此有独特的见解，“上海社会科学院是党和政府的智库，是面向长三角乃至全国的智库。建设社会主义新智库，着眼点绝不是区域一隅，必须拿出与国际大都市相对称、具有全局性和国际眼光的实际成果。”在左学金看来，无论是世界—中国—上海，还是上海—中国—世界，这两种逻辑都体现了学术研究的本土化课题和国际化研究的开放视野，“世界眼光、中国特色、上海坐标”是贯穿上海社会科学院的科研主线。

于是，浦东开发开放、长三角一体化、世博会主题演绎、公共文化服务体系建设……在令人称道的“上海经验”背后，无不活跃着“新智库”的身影。

184天的精彩世博，给上海乃至中国留下了什么？上海社会科学院率先向市委提出开展“世博后”研究，2010年4月，全面开展“世博后”重大项目研究，成立跨学科、跨研究所（中心）的“世博后研究课题组”，组织力量从事“世博后软资源”子课题研究。

上海这座城市的精气神在哪里？未来五年的内在发展动力在哪里？上海社会科学院集体攻关完成“十二五”规划学者版，同时形成25份内部专报，一些意见和建议被吸纳进上海市“十二五”规划，这一成果获得上海市政府决策咨询一等奖。组织力量编制《上海市中长期教育改革和发展规划纲要》学者版，完成研究《上海市医改平行方案》，成为上海社会科学院介入决策咨询的独特方式。

2011年，上海社会科学院参与承担了中共中央外办组织的《中国和平发展白皮书》的研究起草工作。

眼下，高水平智库的建设和影响，已成为一个地区软实力的重要体现。要成为世界一流的新智库，就必须提高国际学术交流能力、国际问题研究能力和国际话语权的掌控能力，能在国家交流和国际话题中发出有分量的声音，并能为国际同行所重视和尊重。为此，上海社会科学院展开了一系列工作，尤其是连年举办的世界中国学论坛，已经成为世界范围内中国学研究的重要交流平台。

吸引优秀人才进智库

看着上海社会科学院建设“新智库”取得的丰硕成果，人们关心的是，他们究竟是如何从根本上更新思想观念、创新体制机制、激活智库建设的内在动力的？

基础研究和智库建设如何兼顾，曾是摆在大家面前的首要问题。上海社会科学院科研处处长权衡说，最初，有的科研人员以“纯学术”的传统思维来判断新智库的价值，有的同志则担心智库导向会使自己的学科边缘化，甚至有人断言新智库建设难以持久。

殊不知，智库建设和学科发展，好比“车之两轮，鸟之两翼”，没有学科依托和基础理论支撑，智库研究做不深，做不透，也做不准。反复论辩之后，上海社会科学院各级领导班子和大多数科研人员确立了这一认识，在推动智库转型的过程中，进一步实施智库建设和学科发展双轮驱动。

同时围绕智库建设，上海社会科学院在晋升、奖励、考核等方面也都展开了一系列体制机制创新。

研究所是社会科学院的实力所在，也是“新智库”创新建设的主体。为此，上海社会科学院专门制订了《所级竞争力考核办法》、《科研工作考核办法》、《重要学术论文奖励办法》等制度条例，同时明确以国情市情调研为所级竞争力建设的重要抓手，制定实施《国情市情调研实施办法》，通过全面提升所级竞争力夯实智库能力建设的基础。

从以往偏重专著、论文等科研成果，到重视科研成果的现实转化，加大内部专报、领导批示等在考核中的比重，上海社会科学院上下普遍感觉到，评价的指挥棒变了，研究氛围也在悄然改变。研究人员更关心政策研究了，政策动态跟得更紧了，政策研究的力度和数量都在显著增加。

经过多年努力，上海社会科学院业已形成了包括形势分析会、蓝皮书系列、专报系列、读书书目推荐、学者版政策研究系列、世界中国学论坛、创新研究基地等十大主导产品和高端服务、块块服务、条线服务、企业服务、区域服务、国际合作等六大服务模块，形成了可喜的品牌效应。

2009 年到 2011 年的三年间，全院共获得各类国家项目 89 项，其中，国家社科基金重大项目 6 项、重点项目 10 项。在“上海市第十届哲学社会科学优秀成果”等评比中，获得各类奖项 51 项，在全市位居前列。

“一流智库取决于一流人才，一流人才要有一流团队。智库转型是个长期过程，培养一支成熟的、高水平的、有影响的队伍至关重要。”潘世伟介绍，下一步，上海社会科学院将聚焦研究所体制机制创新、人才队伍建设和提升核心科研竞争能力，相信这些举措在激活研究所原有人才的科研竞争能力的同时，必将吸引更多人才加入到“新智库”的实践中。

2001年以来，上海哲学社会科学界每年承担的国家社会科学基金项目数，已经连续十年"领跑"全国各省区市，有深度、高质量的优秀研究成果更是层出不穷。成绩的背后，是上海哲学社会科学工作者"学术至大、天下为怀"的文化精神、个人研究和国家需求相结合的问题意识，是"预研究"、"学术休假"、"进站研究"等保障机制的有效运用，是以课题为中心、多学科协作的大科学研究带来的知识创新。

社科规划：国家立项十年第一

田晓玲

国家社会科学基金项目特别是重大项目，是目前我国哲学社会科学研究领域层次最高、最具权威性的研究项目。承担国家社会科学基金项目，自然代表着国家级的研究水平。

2001年以来的十年间，上海哲学社会科学工作者共承担了1 598项国家社会科学基金项目，立项数量连续十年位居全国各省区市之首。

数字背后，是上海学人数十年如一日以天下为己任、以学术为志业的不懈追求。

课题要符合国家需求

在国家社科基金项目的引导下，上海的哲学社科工作者纷纷自觉投身于改革开放和现代化建设实践的研究，同时也推动了哲学社会科学研究能力的不断提升，从而不断生产出更多更好的研究成果。

最近几年，国家社科基金的经费增长非常快，2012 年更是达到 12 亿元的规模。积极承担国家社科基金项目，既是社科理论工作者以专业知识和能力服务于国家建设的具体实践，也是一个单位或一个地区科研水平和能力的综合体现。

“把个人研究和国家需求结合起来的问题意识，正是上海保持十年‘第一’的先决条件。”谈起上海哲学社会科学的喜人成就，多年来一直参与其事的上海市哲学社会科学规划办公室主任荣跃明作出了这样的概括。他说，自己时常会和一些学者讨论申报的课题，“学者都有自己的专业知识，但知识的发展往往滞后于实践，学者在研究问题时要立足自己的专业知识，更要从实践本身出发，从中国的实际出发，才能使自身的研究具有现实关怀”。

复旦大学国际关系与公共事务学院教授林尚立的想法，与此不谋而合，“中国的发展需要中国的社会科学。中国社会科学的发展，在当今的条件下，需要很好地研究中国的发展问题”。

我国改革开放的重大理论和实践问题，上海“四个中心”建设、加快实现“四个率先”中面临的重大机遇和挑战，时刻都在为上海的哲学社会科学工作者提供丰富的研究素材。低碳发展视角下产业结构调整的方向和思路，利用国际金融危机带来的机遇和挑战加快培育战略性新兴产业，加快发展服务经济……转型时期出现的许多现实难题，期待着专业深入的研究来加以破解。

长期研究民生问题的社会学家、上海大学教授邓伟志对此也深有感触：“四年前我就发现，要化解社会矛盾，就必须抓民生。”和其他领域一样，民生的内涵随着社会变迁发生着巨大变化，要求社会科学研究为大众指明方向。邓伟志说：“民生不再仅仅是传统的衣食住行，还包括安全、环保问题。安全比吃饭更重要。”

为更有针对性地破解现实问题，提升应用对策研究的效果和质量，上海还积极尝试新的研究组织形式。2009 年，上海市哲学社会科学规划办公室就与市人民政府发展研究中心联合组建上海市社会科学创新研究基地（上海发展战略研究所工作室），围绕中国特色社会主义理论体系、社会主义核心价值体系、上海航运中心建设、上海贸易中心建设、上海产业结构调整等研究方向，开展创新研究。

在理论联系实际，专业知识嫁接现实关切的良好研究氛围下，涌现出一大批针对性和时效性都很强的优秀课题，同时也锻炼了社科人才，尤其是中青年人才由此脱颖而出。

“预研究”提高申报成功率

凡事预则立，不预则废。哲学社会科学的课题研究，也是如此。

上海财经大学在承担各级各类社科规划项目中，不仅立项率高，按时完成率和成果质量也很高。细究之下，是因为他们率先使用了“预研究”制度。“学校先利用本身资源，对课题进行预研究，提供激励措施，规定2—3年内要申报成功国家或市级课题，这样一来，大幅度提高了申报立项率。”在上海市社科规划管理工作会议上，上海财经大学的科研管理工作者将此经验向各兄弟学校和科研机构作了介绍。

2007年上海对此作了专门研究，在申报国家社科基金项目的1 306份申请书中，721份有直接相关的前期研究成果；121份立项申请书中，119份有直接相关的前期研究成果。由此可以发现，缺乏前期研究几乎不能立项，也不利于按时高质量拿出研究成果。前期研究的重要性可见一斑。此后，上海一方面加大市社科规划课题的立项比例，另一方面明确要求各社科单位自行设立校、院级课题，积极鼓励学者承担横向课题，为承担和完成国家社科基金项目打下基础。

完善全国规划办、省市级规划办和各个项目所在单位的科研管理部门的三级管理网络，尤其是发挥学校科研处的作用，是上海市哲学社会科学工作这些年来的主要经验。

课题所在单位的基层管理部门，首创了很多非常好的措施。每年的管理工作会议上，一项重要内容是让各单位管理部门分享各自的成功经验，由此，许多好的管理措施得以发现、总结和推广。比如，有一线管理工作者发现，目前许多项目的承担者担负大量行政、教学工作，由此影响了国家社科基金项目的完成时间和成果质量，于是，“学术休假”制度应运而生。不少单位都规定，国家社科基金项目承担者可在整个研究期内，自行选择时间休假，有的单位还配备了办公地点及科研设备，称之为“进站研究”，对保障项目研究的顺利进行发挥了重要作用。

推动成果转化和知识创新

国家社科基金的立项，推动了一大批有深度、有质量的优秀研究成果；同时，优秀成果的层出不穷，又进一步提高了上海成功立项的几率。

促进优秀的课题成果转化为政策和政府决策，发挥资政作用，一直是哲学社会工作者义不容辞的责任。通过《成果要报》、《加快实现“四个率先”建设“四个中心”专报》、《上海社科通讯》等专报，上海一大批关切社会重大课题的规划研究成果藉此进入了决策领域，被中央和市委市政府领导所采纳。

另一方面，具有长期研究积累、显著创新价值，成果具有深厚学术含量，在文化积累和学科建设方面具有重大学术意义的人文类课题研究，也经由国家社科基金的资助得以展开。

上海图书馆研究员王鹤鸣和他的研究团队历时九年积累完成的《中国家谱总目》，就是其中的代表性成果。家谱是中国的特殊文献，是各宗族寻根问祖的一手资料。此前出版的家谱目录数量较少且多有局限，多为一馆或一地之目。上海图书馆接下项目后，寻遍海内外近 600 家主要藏谱机构及数以千计的个人收藏者，几乎涵盖了海内外收藏中国家谱的主要机构。最终完成的《中国家谱总目》，收录中国家谱共计 52 401 种，规模庞大，著录内容丰富，为学术界和社会各界利用开发中国家谱资源，打下了重要基础。

类似的课题成果举不胜举，比如史学领域的《斯坦福大学胡佛研究所藏宋子文档案的整理与研究》、《浙南山区土地契约的搜集、整理与研究：以松阳县石仓村为中心》、《美国对华情报评估解密档案的整理与研究》等，语言学研究领域的《现代汉语描写语法》、《中国修辞史》等，都是一个专业领域内具有开创性的研究成果，对推动该学科领域的发展具有重要的价值。

国家社科基金的设立，在产生单个课题成果的同时，更重要的是推动了上海学人研究方法和模式上的推陈出新。

传统上，学术研究多是学者个人的事情。但随着现代化进程的推进，过去的研究方式已经不能适应了，以团队研究为特色，研究课题为中心的大科学时代已经到来。学科是分散的，但是现实问题却涵盖了所有的学科。比如农村土地流转问题，涵盖了经济学、法学、社会学等学科。研究起来就需要众多学科一起加入。

根据课题的需要来配置知识资源，让更多学科背景的学者加入研究，更有效地推进知识生产和创新，这也是上海保持十年“第一”的原因所在、意义所在。

如何让上海的理论学术研究后继有人、青出于蓝而胜于蓝，成为摆在广大社科工作者面前的重要课题。青年理论骨干学习研讨班、东方青年学社正是上海理论队伍建设中的两个重要举措。研讨班力促学员注重国情、社情、民情的调查和体验，将研究建立在对实践全面、真实、深入了解的基础之上；而东方青年学社推出的“上海年度社科新人”评选，则是全国范围内首个针对青年人文社科学者个人的奖项。

理论队伍：治学为国，薪火相传

李　念　田晓玲

“我对自己的要求是：以中国问题冲击国际学术的前沿，以实证研究推动理论研究的进展，以学术研究创造政策应用的价值。”“治学者先治心。只有板凳坐得十年冷，才能文章不写半句空。”……这是“上海年度社科新人”获得者写下的治学感言。

2009年以来，“上海年度社科新人”的评比结果总是引发学界广泛的关注，这不仅是对中青年学者个人的褒奖，人们也期盼从这些意气风发的学人身上看到上海学术乃至中国未来的发展动力。所幸的是，他们没有辜负大家的期待。这些青年学者不仅具备新一代学人思想活跃、视野开阔的优势，同时还继续了老一辈学者几十年如一日潜心研究、学术至上的优良传统。

让青年学者有更大担当

2011年12月，华东师范大学学术报告厅鸦雀无声，400多名社会听众凝神聆听。这是上海东方青年学社与文汇报品牌公益讲座“文汇讲堂”合作的“文汇讲堂·社科新人季”。学社评选出的2010年度社科新人正在阐述市委一个月前提出的“公正、责任、诚信、包容”八字价值取向。“我上访无数次，有人告诉我，你要认识更高层的人才有用，我该怎么办?”“学校选举人大代表，我都不认识，怎么选呢?”在主题演讲之后，热切的听众向青年才俊们抛出了一个比一个棘手的问题。

这些由专家评选出的40岁以下的社科新人，是东方青年学社社员中的佼佼者。上海交通大学国际关系和公共事务研究院副教授陈尧说，平时研究威权社会理论，觉得已经有所创新，但是在如何回答民众心声方面，又对自己提出了新的要求。同样，主讲“责任”价值取向的华东师大哲学系教授顾红亮，主讲“包容”价值取向的华东理工大学社会工作系教授何雪松，也感受到学科理论如何直面现实问题的考验，找到了自己今后深入推进研究的方向。

他们只是两年来20名“社科新人”中的一部分。学术研究与“大众情怀”的对接，使得这些青年才俊的理论基石一开始就有强大的现实动力。

随着理论大师和权威相继离去，培养造就一批优秀的哲学社会科学学术带头人显得更加紧迫。如何让上海的理论学术研究不仅后继有人，而且青出于蓝而胜于蓝，成为摆在广大社科工作者面前的重要课题。由上海市委宣传部主导组建的非营利性群众性社团组织上海东方青年学社担负起了这样的重任。学社倡导“守不移之志，治经世之学”的治学态度，立足国情，放眼世界，要求成员能够关注时代学术走向，担当中国学术发展使命。

2009年开始推出的“上海年度社科新人”评奖，便是东方青年学社推进青年社科人才培养发展的重要举措。该奖项的评比要求非常严格，评选经过专家组和专家学科评选组的严格遴选，要求当选者的年龄必须在40岁以下，在社会科研方面取得国内同行公认、突出的创新性成绩，在学界和社会上也要产生较大影响。迄今，共有20名青年社科理论学者当选此称号，成为上海中青年社科学者中的领军性人才。这也是全国范围内首个针对青年人文社科学者个人的奖项。

理论更要重国情、接地气

2002年7月，第13期上海青年理论骨干学习研讨班赴井冈山、长沙调研。归途中，34岁的复旦大学哲学系副教授吴新文心潮澎湃，革命老区一行，让他深刻感受到中国国情的多样性和丰富性。作为喜好哲学、以哲学研究为终生志业的一名青年学者，回忆起十年前的这段经历，吴新文仍旧深感自己在这样的国情调查中受益匪浅，“我们哲学理论并不只是概念到概念，只有根植在现实中，哲学才会有张力。可谓‘入于其内，出于其外’。”

吴新文只是第13期青年理论骨干学习研讨班中的一员，是举办了近20年共22期约700人中的一员。他的体会真实地反映了脱产研讨会的功效。

这个比东方青年学社历史更悠久的培养青年社科人才的机制，就是自1993年起由上海市委宣传部和市委党校联合举办的上海市青年理论骨干学习研讨班。当时这样的研讨班形式在全国还是首创，走得早，起点高。培养对象是高校的“两高一低”：高学历即博士，高职称即副教授；一低为低年龄，以35岁左右为主。

随着一批批骨干学者从研讨班毕业，青年理论骨干学习研讨班本身也在实践中不断完善和调整。1999年之前，参加研讨班的学员年龄普遍较大，基本以45岁

国情考察让上海青年理论骨干学习研讨班学员“接地气”，受益匪浅。

为限，以学习党的重大基本理论和重大方针政策为主；每期半个月，共十期，先后共有130人次参加。当时的学员今天已经成长为上海市理论战线和学术研究的骨干了。

新世纪以后，研讨班开始更加重视对国情的调查和研究，学员们开始走出上海，前往延安、西柏坡等革命圣地，时间为一个月。三年共有50位平均年龄在35岁的学员到各地调研。同时，还增加了学员“三年学术成长计划”的制度配套，即学员在培训结束后三年内出版学术专著，就可以给予三万元研究经费支持。另外研讨班还进一步与上海市哲学社会科学规划办紧密配合，在上海市课题规划中增设“中青班课题”的项目。

2003年，研讨班的具体工作开始交由市委宣传部理论处负责后，又增加了一个月的基层挂职锻炼。至此，在重大理论学习的同时，又注重了国情、社情、民情的调查和体验，力促学员将研究建立在对实践的全面、真实、深入了解的基础上。青年理论骨干学习研讨班也因此被学员们亲切地称为“青年学术人才成长的摇篮”。

队伍建设“永在路上”

青年理论骨干学习研讨班、东方青年学社正是上海理论队伍建设中的两个横截面。文化、社会繁荣的高度来自学术，学术的高度来自理论，理论的正确、创新则来自队伍的持续不断的建设。历来注重理论队伍建设的上海市委宣传部更加注重“顶层设计”，尤其注重理论队伍建设的针对性、持续性和前瞻性，意识不断加强，模式不断创新，效果不断凸显，理论队伍建设的实践贯穿在日常工作的方方面面。

比如市委领导和理论工作者交流的“双月座谈会”制度，增强了理论工作者对党的向心力和献计献策的水平。还有不定期的“学术沙龙”、“社联策论”、“理论研讨会”等内部研讨机制，都充满了活力。就人才库而言，市委宣传部特聘了一批45岁左右、在社科界有影响的专家学者组建了“上海市马克思主义理论创新专家咨询委员会”。

近20年的耕耘和播种，正在显示出它的效果。上海理论人才的梯队正在形成，整体水准正在提高。近十年中，王元化、蒋学模、蔡尚思、贾植芳、王养冲、章培恒、朱维铮等一代学术、理论大师相继离去；张仲礼、张熏华、夏禹龙、袁恩桢、姜义华、余源培、王家范、赵修义、洪远朋等资深学人也年事渐高；而早期的青年理论骨

青年理论骨干学习研讨班培养了一批学术人才。

干研讨班的学员曹建明、郝铁川、丁荣生、李琪、鲍宗豪、卢汉龙、童世骏、林尚立、周振华、胡伟、陈锡喜、赵晓雷、桑玉成、黄力之、诸大建、齐卫平、杨俊一、顾钰民、章清、汪涌豪、汪堂家等已经成为学术带头人；第二批45岁以下的学员如高国希、强永昌、郭庆松、金芳、曾峻、刘晓红、吕新雨、徐清泉、孙向晨、孔爱国、包亚明、赵立行等已经担当重任；40岁的社科新人如权衡、刘建军、苏长和、文军、顾红亮、潘伟杰、任远、彭勃、朱德米、贡华南、聂伟、李若晖、张涛甫、王公龙、罗峰等，如今也正在发力；37岁年龄段的青年才俊陆铭、金可可、何雪松、胡键、李安方等正以巨大的潜力追赶。而且，由于新一代学人相对完整的知识结构和宽广的国际视野，使得他们具备前人不备的新的后发优势。

更重要的是，学术价值与社会价值相结合的观念也在新一代学人中逐步确立，梁漱溟、陈寅恪等学术大师心怀社会、心怀时代的学术精神正在复苏。体现在社会学领域，华东师范大学的文军注重实证研究，以农民工为调查对象，关注城市化过程中的身份转化；复旦大学的桂勇研究群体性事件的预测和应对；华东理工大学的何雪松关注社会工作在中国的落地和实践，新一代学者正在向“国情民意常怀于心，学问文章为民所系”自觉靠拢，一批高质量的学术成果也相继出炉……

理论学术研究是人才竞争的高地。在理论队伍建设中，上海将未雨绸缪的危机意识，有效地转化成积极可行的探索，并以可见的效果和可期的高度作为自觉要求，实践不断，探索不止，“永在路上”。

马克思主义的时代化、中国化和大众化，是中国共产党人和中国哲学社会科学工作者始终如一的追求。上海率先建立规范的马克思主义研究论坛，上海理论界的“五路大军”积极拓展学术平台，逐渐形成了马克思主义理论研究和建设工程长远发展所必需的研究队伍，不断推出有价值的理论研究成果。随着马克思主义理论研究和建设工程的不断深入推进，必将日益彰显当代中国马克思主义的思想魅力，不断巩固马克思主义在意识形态领域的指导地位，并不断为坚持和发展中国特色社会主义提供重要的智慧源泉、理论支撑和精神动力。

“马工程”：“五路大军”合力推进

任思蕴　田晓玲

19 世纪中叶问世的马克思主义，是人类思想史上的一次伟大理论创新，时至今日，其对现实的解释力依然强大。马克思主义的时代化、中国化和大众化，也成为中国共产党人和中国哲学社会科学工作者始终如一的追求。上海理论界的“五路大军”(高校、社会科学院、党校、部队院校、政府部门研究队伍)也不例外，他们积极拓展学术平台，逐渐形成了马克思主义理论研究和建设工程长远发展所必需的研究队伍，不断推出有价值的理论研究成果。

深入实际　贴近群众

最近几年，一个被人们津津乐道的话题就是，全球金融危机的发生，使得马克思主义的经典著作——《资本论》再次受到当下西方世界人们的热烈追捧，人们希望从这部传世经典中寻找到理解和认识当今世界的钥匙。

对于马克思经典著作的解读，推动马克思主义的大众化，一直以来也是上海马克思主义理论研究所关注的。2010 年，复旦大学经济学院教授洪远朋编写的《通俗〈资本论〉》一书，就因其通俗化和大众化的精当解读，赢得了大批读者的喜爱。该书还在中宣部、新闻出版总署组织的第二届优秀通俗理论读物评选中入选十本优秀推荐图书。

这是近年来上海积极推进马克思主义理论研究所取得的众多优秀成果之一，马克思主义的经典著作经由学者之手走入了寻常百姓家。

细看之下，不难发现，这本书既完整准确地反映了《资本论》的基本理论和核心思想，同时也紧密联系了当前的社会发展实际。我们知道，马克思主义的时代化、中国化和大众化从来都是密不可分的整体。脱离实践的理论研究，只会成为无源之水、无本之木。在这方面，上海学者已创作了很多可圈可点的作品和成果。

重大理论研究与实际相结合，就是要回答现实提出的重要问题，更要为解决实践难题提供理论支撑。只有深入实际，研究干部群众普遍关注的热点难点问题，才能真正取得具有现实针对性的成果。近年来，围绕“中国模式”、收入分配问题、所有制问题、生产关系问题、公平正义与社会主义核心价值、国企改革问题及历史虚无主义问题、当前改革发展面临的形势以及“十二五”时期的重大改革思路和举措等理论实践难题，形成了一批为广大干部群众解疑释惑、为党和政府提供决策参考的研究成果。

创新研究平台和机制

为了凝聚上海各高校、党校、科研机构、学术社团等从事马克思主义理论研究的专家学者，深入研究马克思主义中国化的重大理论和现实问题，2006 年 10 月，上海市社联在市委宣传部指导下，在当年举办的学术年会中开始增设“马克思主义研究学科专场”，“上海市马克思主义研究论坛”由此开设。2007 年至 2011 年，论坛共举行 19 次理论研讨活动，已逐步形成了一个全市性、专业化、高水平的马克思主义研究公共平台。

建立规范的马克思主义研究论坛，是上海推进马克思主义理论研究的一个创举，在全国也是开风气之先。论坛开办五年来，已与本市十多家单位开展过合作，3 000多人次参与其中，全国的知名学者如中国社会科学院李慎明、李景源、靳辉明、赵剑英，中央党校沈宝祥、庞元正、董德刚，武汉大学顾海良，江苏省政协胡福明，南开大学逄锦聚等，上海的知名学者张熏华、程恩富、刘吉、俞吾金、童世骏、吴晓明、赵修义等都是论坛的座上宾。

更加难得的是，尽管是专题的马克思主义研究论坛，但是论坛的开放度很高，除马克思主义理论研究学科外，政治、经济、社会、文化各个学科都能很好地参与进来。“中国发展模式：公共服务于建设和谐社会”、“资本·文明·人的发展”、“当代中国文化发展与价值导向”……论坛主题也多采用当年的热点话题，都是包括马克思主义研究者在内的所有哲学社会科学者和广大群众所关注的，也惟有如此，才能真正产生贴近群众、能够解释和解决现实问题的优秀成果和优秀人才。

同时，以项目为纽带、以课题组为载体、以课题负责人为龙头的研究机制，也在逐渐形成，并推动上海马克思主义理论研究取得丰硕成果。围绕中宣部下达的《“三个代表”重要思想的时代背景、实践基础和历史地位》、《加强党的执政能力建设》等重大课题，上海通过公开招标等形式确立了项目领衔人，组建项目参与人，形成了跨单位、跨学科、跨领域，不同专业背景、不同年龄结构专家共同参与的联合研究模式。从 2005 年起，上海先后成立了 16 个课题组，组织 126 名专家学者参与，梳理出 30 多个需要深化研究的重大理论和实际问题。上海的“五路大军”形成合力，有共识，能团结，善合作，成为上海马克思主义研究的独特风景。

扩大优秀成果影响力

优秀的理论研究成果如果束之高阁，必然行之不远。推出有价值的研究成果，着力扩大这些优秀成果的影响力和辐射面，是上海马克思主义理论研究和建设工程的基本目标之一。

为此，上海的宣传理论界可谓用心良苦。出版资助和社科评奖，就是上海探索出的加大对马克思主义理论研究投入支持力度的有力举措。上海的宣传部门拨款 600 万元资助上海社会科学院八个重点学科建设，制定了重点学科建设三年规划和科研攻关目标；拨款 700 万元资助上海社会科学院开展专项调研；设立马克思主义学术著作出版基金，每年划拨 300 万元资助优秀的马克思主义学术著作出版。

而在两年一度的社科评奖中，上海还专门设立了马克思主义优秀成果奖。这些有益的探索，让优秀学术成果得以为更多人所重视和关注。

《辉煌六十年·社会发展与学术成长丛书》回顾了中国共产党的发展历程和成长脉络。

尤为值得一提的是，在庆祝新中国成立 60 周年之际，上海组织编写了 16 本《辉煌六十年·社会发展与学术成长丛书》，从当代中国发展和学术成长的双重视角，回溯了中国共产党的发展历程和成长脉络。以庆祝中国共产党成立 90 周年为契机，上海还组织出版了《纪念中国共产党成立 90 周年丛书》和《海外中国共产党研究》两套丛书。这些丛书的编撰，对于更好地解读中国的变革发展，总结中国经验、中国模式，无疑发挥了非常重要的作用。

为加强主流意识形态的引导，上海还一直把加强马克思主义理论传播平台建设作为一项重要任务来抓。经过多年努力，《解放日报》、《文汇报》、《毛泽东邓小平理论研究杂志》、《社会科学报》等报纸刊物已经成为主流意识形态建设的重要阵地；同时，以东方讲坛、东方宣教中心、上图讲座、解放文化论坛、文汇讲堂为主的理论传播平台体系也已经形成并日益巩固。这些理论传播平台，以其一系列体现理论智慧、提升大众理性的高端学术讲座，为大众带来了营养丰富的思想大餐。

培养理论研究骨干队伍

才人辈出，才能各领风骚。着眼于马克思主义理论研究和建设工程的长远发展，上海一直把加强人才队伍建设作为各项工作中的重中之重。

按照中央部署，上海扎实开展了哲学社会科学教学科研骨干的研修工作，近两年先后有 1 300 多名哲学社会科学科研骨干参加了研修。为提升青年理论骨干的理论素养和学术水平，每年 7 月份，上海都会举办一期青年理论骨干学习研讨班，并通过课题资助等多种形式为青年理论工作者的进一步成长与发展创造条件，从而培养一支高素质的青年理论人才队伍。上海还制定了《上海市中青年理论骨干百人培养计划》，划拨 260 万元建立青年人才培养专项基金，计划用五年时间，培养

100名中青年理论骨干。此外，上海也一直把马克思主义理论学科建设作为培养马克思主义理论研究后备人才的一项重要举措。目前，上海高校和科研机构中已经设立十个马克思主义理论学科的博士点，培养了大批马克思主义理论研究后备人才。

回顾近年来上海市马克思主义理论研究和建设工程的进展，我们深切感到，马克思主义理论研究和建设工程的实施，有力推动了马克思主义中国化和理论创新进程，它正成为凝聚智慧、力量的桥梁和纽带，并在促进哲学社会科学繁荣发展、推动党的思想理论建设方面发挥重要的龙头作用、基础作用和带动作用。我们也相信，随着马克思主义理论研究和建设工程的不断深入发展，一定会涌现更多优秀的理论人才和研究成果，必将日益彰显当代中国马克思主义的思想魅力，不断巩固马克思主义在意识形态领域的指导地位，并不断为坚持和发展中国特色社会主义提供重要的智慧源泉、理论支撑和精神动力。

上海这片改革开放的热土，催生了一大批各行各业的先进典型，他们是这座城市的光荣和骄傲。近年来，上海的典型宣传工作努力回应时代期盼，深入挖掘和培育不同类型、不同层次的先进典型；充分运用现代传播手段，不断改进典型宣传方式方法；积极整合典型宣传资源，打造典型宣传平台，构建典型宣传长效机制，使得各个领域、各个行业的先进典型像夜空中的星星璀璨闪耀，有力弘扬了上海提出的“公正、包容、责任、诚信”这八字价值取向，凝聚起这座城市发展的力量。

典型宣传：树时代英雄，聚城市力量

陈巧云

近年来，一大批生活在上海这片热土、为城市建设和发展做出突出贡献的先进典型不断涌现出来。他们或是以崇高的精神、优秀的品质、卓越的事迹走在了时代的前列，或是从平凡中脱颖而出，以实际行动触动人们的心灵……一个个像夜空中的星星，璀璨闪耀。

也许人们会问，这些为上海人民所普遍学习和接受的城市英雄是怎样被发掘和打造出来的？上海又是如何通过他们引领价值取向，凝聚城市力量的？

典型人物从“时势”中走来

2011 年 11 月 3 日，举世瞩目的天宫一号和神舟八号交会对接取得圆满成功，上海航天“921”团队在其中承担了对接机构、电源系统等核心任务，并为之付出 16

年的艰辛努力，生动演绎了创新驱动、转型发展的过程，体现了上海市委提出的“公正、包容、诚信、责任”八字价值取向。上海市委宣传部、市经济和信息化工作党委、市经济和信息化委敏锐地捕捉到这一信息，2012年2月29日联合举行了上海航天“921”团队先进事迹报告会，会前，市主要领导亲切会见了报告团成员，在全市掀起了学习上海航天“921”团队、践行“八字”价值取向的热潮，产生了较好的社会反响。

紧随时代主旋律，才能撷取最精彩的乐章；扎根社会实践，才能捕捉最生动的典型。上海始终注重把握时代脉搏，将典型宣传自觉融入上海改革发展的宏伟大业，围绕党和政府的中心工作发现先进；坚持贴近实际、贴近生活、贴近群众，从人民群众伟大的社会实践中发掘典型，使典型宣传有源头、有根基、有活力。

2006年3月4日，胡锦涛总书记关于社会主义荣辱观的讲话发表后，全国迅速兴起学习宣传热潮。上海市委宣传部立即意识到，舍身救战友的上海警备区司令部通信站原副教导员王庆平，正是社会所呼唤的践行社会主义荣辱观的典范，遂与共青团中央、解放军总政治部一起，向中宣部推荐。王庆平被中宣部列为社会主义荣辱观第一位全国重大典型，在北京人民大会堂举行报告会，并在全国巡回报告。

应时才有舞台，应需才有市场，应急才有作为。上海注重回应时代期盼，围绕工作中的重点和难点、现实生活中的热点和焦点开展典型宣传，努力做到形势需要时拿得出，基层企盼时用得上，时代呼唤时选得准。

2011年，社会管理创新成社会热点，上海推出了普陀区桃浦镇紫藤苑小区党总支书记杨兆顺等先进典型，唱响了时代的主旋律。中国共产党成立90周年之际，举办了《我们共产党人——上海市纪念建党90周年大型主题展览》，集中呈现上海这片热土上的革命先烈和先进典型。开展30天，累计有51.1万观众入馆参观，通过网络、手机、IPTV点播等途径参与的观众则超过650万人次。

像“造星”一样塑造平民英雄

如果把先进典型比喻成一朵朵报春花，要让先进典型这个百花园春色满园，让人赏心悦目、入耳入脑，就必须提高典型宣传的艺术性、观赏性，用艺术化打造典型宣传“美”的舞台，像“造星”一样来塑造平民英雄。

上海始终注重以人为本，以事感人，以情动人。深入挖掘动人故事和感人细节，生动塑造有血有肉的人物形象，用平实语言阐释深刻道理，用鲜活事例揭示事物本质，用群众易于接受的方式表现高尚精神；既宣传典型的先进事迹，又展现他们对家人、同事的亲情、友情；既展示典型的理想与追求，又反映他们作为普通人充满生活情趣的一面，让人感到可信、可亲、可敬、可学。

近些年，上海在典型宣传形式，尤其是报告会的形式上做了不少创新和探索，注重科学合理地配置艺术、科技等各种元素，大大增强了视觉听觉效果，强化了先进典型事迹宣传效果，使大家感到参加报告会是一次心灵震撼和艺术享受。例如，2006 年的“王庆平同志先进事迹报告会”，上海在全国较早采用“报告剧”的形式，并邀请著名演员乔臻、丁建华作为报告会主持人。

同时，上海注重上下互动、内外联动，采用电视公益广告、移动媒体、大型户外广告和电子显示屏、报纸人物形象展示等，加大宣传的集中度，扩大了典型宣传的社会影响力和覆盖面。

行行有典型　人人有榜样

社会的多样期盼典型的多样，社会的多变呼唤典型的常新，社会的多元更需要典型的引领。

有经天纬地之才，能够完成急难险重任务者固然可贵；出身平凡，从事平常工作的人同样能够创造出色的业绩。上海注重从各行各业、不同人群中发现典型，从 90 岁的业内泰斗吴孟超，到 30 出头的青年精英金晶；从呕心沥血的发明家包起帆，到扎根一线的技术工人李斌；从竞技赛场上的骁勇战将刘翔，到搏击商海的企业家袁立；从德艺双馨的艺术家秦怡，到清正廉洁的公务人员曹道云；从教书育人的教师周小燕，到自强不息的外来务工者李影；从与群众水乳交融的居委干部杨兆顺，到带着乡亲们脱贫致富的好村官吴恩福……他们都是宣传的对象，使得人人学有榜样，个个赶有目标。

不同人群期盼不同的典型，不同典型需要不同的“亮相”方式。典型不同，宣传的形式、载体、渠道不同，甚至报告会现场的要素配置也不同。柏万青、金晶、陈栋是百姓身边的典型，就做成公益形象片在移动电视、大型商业区的电子显示屏等循环播放；陈海新的故事感人至深，就排成话剧、拍成电影。

典型宣传的辐射效果有时往往更体现在后续步骤上。典型先进事迹报告会曾一度被认为"典型走场、观众救场、人走散场"，上海则注重后期开发，每场报告会，都请上海东方宣教中心全程录像，并制作成光盘下发全市基层；每半年，将典型宣传媒体专栏《走近他们》汇编成书并下发，最大幅度地覆盖典型的感应人群，努力扩大宣传效果。

保持典型宣传源头活水

"问渠哪得清如许，为有源头活水来。"上海注重典型宣传整体规划，始终坚持发现培养一批、宣传推广一批、涵养储备一批的原则，发现、宣传、推出先进典型。

典型宣传要有量的积累。2005 年起，构筑面向全市的上海市先进典型资源库，把分散在各地区、各系统的现代化建设中涌现出来的各路英豪，通过层层推荐，全部纳入典型资源库，实现了上海典型资源有效整合和信息化规范管理。目前已入库的先进典型涵盖了 5 个大类、29 个分项，共 700 多人。

典型宣传要有平台支持。上海积极适应人们获取信息方式多样、媒体传播信息渠道多元、对信息的关注点和兴奋点多变的新形势，努力搭建不同层级的典型宣传平台，强化典型宣传的长效性和生命力。

一是开展网上推荐和展示活动。开展"身边的感动"网上推荐和评议，广大市民、组织可随时将好人好事推荐上传到东方网设立的活动专题并集中展示，目前已收到市民推荐的好人好事 650 多篇；开通"东方俊杰网"，形象化展示近年来上海宣传过的重大典型的先进事迹，展示全市的典型宣传成果，为学习宣传先进提供便捷的网络服务。

二是开设典型宣传媒体专栏。协调解放日报、上海人民广播电台、上海电视台、东方网，精心打造"四位一体"的《走近他们》媒体专栏，每周同时聚焦一个先进典型，做到屏幕上有形象、报纸中有事迹、电台里有声音、网络内有信息，使各类先进典型不间断地出现在人们的视野中，2005 年 7 月开设至今，已宣传推出各行各业的先进典型 300 多位。

三是开展先进典型评选表彰活动。2006—2010 年，每年结合"9・20"公民道德宣传日，组织开展"光荣与力量——《走近他们》年度十大人物评选"。在此基础上，2011 年，开展了"光荣与力量——感动上海年度十大人物评选"。每次评选都

2011 年 9 月，我国《公民道德建设实施纲要》颁布十周年前夕，“光荣与力量——感动上海年度十大人物颁奖典礼”隆重举行。图为感动上海年度十大人物及提名奖获得者合影。

受到市民群众的热烈欢迎，“感动上海年度十大人物评选”中，短短十天时间，收到市民通过东方网网络投票和邮寄解放日报、新民晚报选票的有效选票5 183 386票，取得了良好的社会效果。

四是进行集中社会宣传。配合形势和任务教育，适时宣传推出各种类型的市级重大典型，并通过举办典型先进事迹报告会、座谈会、集中新闻宣传以及制作公益广告、海报、印发事迹专辑等形式，深入学习宣传典型事迹，在全市范围内营造学习先进、弘扬先进的浓厚氛围。

榜样的力量无穷无尽。先进典型作为一朵朵盛开的精神之花，不仅仅让人们欣赏和感动，更激发了人民群众投身改革开放的巨大热情和经久不衰的精神动力。一大批在全国和上海产生广泛社会影响的先进典型，正以他们的示范价值和激励意义，引领和鼓舞广大人民群众，为上海的现代化建设而共同奋斗。

近年来，上海在思想政治工作领域积极开展注重人文关怀和心理疏导的有益探索。全市各区县以“社区事务受理中心、文化活动中心、卫生服务中心”为依托，开辟专门场所，设立心理服务站点；为社区工作者、教师、公安干警、医生等开辟的心理健康知识讲座和心理咨询专业培训，在各区县遍地开花。众多社区、学校、企事业单位的“政工师”变身为“心灵工作者”，通过人文关怀和心理疏导，化解人民心忧、打开群众心结、敞亮百姓心灵，让苦闷孤独的人快乐起来，让党和政府与群众的距离拉得更近。

心理疏导：让苦闷孤独的人快乐起来

李小佳

叛逆、自卑、厌学、自暴自弃，这些青春期心理问题一直困扰着学生小朱。经过闸北区大宁社区心理咨询者的长期跟踪和心理疏导，小朱最终打开心结，重新建立起对学习和人生的信心。

在上海，众多社区、学校、企事业单位通过加强人文关怀和心理疏导，让苦闷孤独的人快乐起来。当“政工师”变身“心灵工作者”，切实以人为本、创新思想政治工作的方式方法，党和政府与群众的距离就会拉得越近，党和政府推动群众工作的能量就会倍增，党的工作就能更好地做到群众心里。

“心”疏导敞亮百姓心灵

生活节奏变快、竞争不断加剧、社会转型加速，常常让都市人面对更多的困惑、迷茫、压力，焦虑感、无助感、相对剥夺感、缺乏安全感等情绪和心理问题也会随之出现。2010 年《上海市居民心身健康调查》结果显示，上海每五位市民中就有一个曾有过心理行为问题，每八个人中有一人正存在某种心理行为问题。如果按照上海 1 400 万户籍人口计算，约有 175 万人存在心理问题或心理障碍。

虹口区凉城社区原党工委书记郭升回忆，在一次开放式大型为民服务的活动中，曾遇到一名老年人，两人一番畅谈之后，郭升询问："您有什么困难吗?"老人却说："没什么事，就是想跟你聊聊，聊聊就感觉心里舒服多了。"后来郭升发现，不少居委会主任都遇到过同样的情况。针对这个现象，他们提出通过"谈话疏导"来倾听百姓心声、了解居民诉求。

此后，凉城社区进一步探索，正式开启了以"心理服务进社区"为主要内容的"心桥"工程。数据统计，"心桥"工程开展六年来，成功化解自杀危机 36 起、化解各类纠纷矛盾 8 500 余起，社区群众普遍受益。2009 年 3 月，凉城社区对 27 个居委会和 200 名居民的问卷调查显示，90％以上的居委和居民对心理服务工作表示认同。

凉城社区心灵港湾工作站组织"兄弟姐妹情"活动，为独居老人提供情感交流平台。

凉城社区只是上海加强人文关怀和心理疏导的一个缩影。如今，全市各区县普遍以街道(镇)“社区事务受理中心、文化活动中心、卫生服务中心”为依托，开辟专门场所，设立心理服务站点，配备必要的心理健康教育辅助器材，开设心理咨询专线电话，进行心理疏导服务。普陀区成立了法律服务所、就业援助点、心理咨询站和诉求工作站等 40 多个公共服务机构，内容涉及劳动就业、家庭婚姻、居民住房、社区管理等方面，形成面向群众的心理健康服务网络；闵行区妇联在区、镇(街道)、村(居)委建立了老舅妈工作站和志愿者队伍三级网络，除区级层面闵行涓涓老舅妈工作站外，还成立了镇(街道)层面的工作站 13 个，村(居)级层面的工作站 400 余个；长宁区十个街道的“开心家园”工作点在各居(村)委会设立了接待站，为居民提供更贴近的心理服务。

“心”服务拉近群众距离

在直面一线矛盾中，闸北区大宁社区的政工干部发现，大部分人不是心理疾病患者，但因心态不佳、心气不顺而未能恰当处理各种生活工作问题、人际关系问题的却不在少数，很多社会矛盾也滋生于此。

于是，大宁社区将心理工作方法与楼组工作相结合，将向社区居民免费提供心理咨询服务与解决社区矛盾、服务社区工作大局相结合，帮助居民正确和积极看待社会转型发展中的变化。大宁路 505 弄居民区的党总支书记束丽章就通过运用培训时学到的“理性情绪疗法”，帮助打算集体上访的居民厘清心理诉求，平抑过激情绪，引导群众走正常渠道反映问题。

近年来，专门为领导干部、社区工作者、教师、公安干警、医生等开辟的心理健康知识讲座和心理咨询专业培训，在上海各区县遍地开花。为应对社会变化对各条战线思想政治工作者提出的新要求，虹口区面向领导干部、公务员、居委干部、志愿者、群众活动团队负责人等，开展心理健康知识培训，专题培训 26 期，听众逾 1.5 万人。2005 年，上海市教委规划建设心理健康教育与咨询中心体系，同时制定《上海市学校心理咨询专业技术水平认证暂行办法》，在全国率先推出人事部门认定的学校心理咨询师资格论证制度，实现了学校心理咨询师与高校学生思想政治教育专业技术职务对接。在上海市高校心理咨询协会的指导下，全市 62 所高校按照师生比 1∶3 000 的比例配备心理健康教育专职教师。

上海志愿者心理援助服务队为市民提供义务心理咨询。

如今，在注重加强心理疏导的丰富实践中，很多“政工师”变身为“心灵工作者”，不断化解人民心忧、打开群众心结、敞亮百姓心灵，拉近了与群众的距离。

在这个过程中，上海政工干部的队伍构成也发生了新的变化：一批基层思想政治工作者取得了心理咨询师职业资格证书，成为心理疏导工作的专业人员；一批心理咨询专家、学者进入思想政治工作领域，成为兼职的思想政治工作者；一批企业高级管理人员掌握了进行心理疏导的技能，成为具有管理心理学知识的经营管理者；一批社区工作者能够将心理学知识运用于社会管理，成为掌握专业技能的社会工作者。目前，全市基本形成了以基层思想政治工作干部为骨干，心理咨询专家做指导，心理服务志愿者为主体的专兼职结合的心理疏导工作队伍。

“心”项目营造和谐氛围

普陀区民政局原局长曹道云在多年工作中感到，有很多离婚者是冲动、草率的，尽管分手了，但感情还没彻底破裂。于是，他发起并成立了“婚姻疏导工作室”，通过与打算离婚的夫妇谈心，为他们提供一个倒出生活委屈的地方，帮助他们延续本应有的家庭幸福。截至2011年5月，工作室成功劝和173对夫妇，劝和率达到62%。曹道云的“婚姻疏导工作室”也成为全市心理服务领域中的一块金字招牌。如今，注重贴近需求，树立心理服务品牌，成为上海加强人文关怀和心理疏导的一个亮点。

团市委的“今天我们怎样成长”和“12355热线”、市妇联的“白玉兰”、浦东新区的“幸福生产力”人文关怀优秀企业评选、虹口区的“百名心理咨询师下社区”、徐汇

上海电信组织基层员工开展减压团训。

区的“放飞心灵、快乐生活”心理健康教育进社区等心理服务项目，产生了较大的社会影响。全市还有大批企业实施员工心理援助项目，上海宝钢集团开展员工心理辅导培训，为员工寻找“心灵鸡汤”。上海电信公司培训心理咨询师，开通心理热线、网上心理咨询等，对接员工需求，线上与线下联动，以“心动力”促进员工心理资本全面增值。在贴近公众需求中，一系列心理服务项目树立起品牌影响力。

2010 年上海世博会，成千上万的民警和世博会工作人员奋战在办博一线。市公安局举办了“健康与世博同行”系列健康咨询活动，发放《民警心理健康自我训练实用手册》一万余册，组建心理健康志愿服务队开展上门服务，服务民警 1.2 万人次。上海心理咨询行业协会与复旦大学心理研究中心共同实施“增爱世博心理咨询室”项目，组织 30 名专业咨询师成立世博心理服务队，为世博工作人员和园区志愿者提供心理疏导、放松减压、心理测试、团体辅导等心理服务，历时六个月，服务 2 000 多人次。在对接重大社会活动过程的同时，一系列心理服务项目能级不断提升。

近年来，上海电视台相继推出《心灵花园》、《新老娘舅》、《幸福魔方》等大众媒体心理访谈栏目；解放日报新论版推出《心灵驿站》等心理类释疑解惑栏目，通过收集读者提出的心理困惑并邀请专家学者予以个性化解答，帮助人们正确理性看待问题。一系列大众媒体心理服务栏目的推出，在理性引导社会心态、社会情绪的同时，营造了关注心理健康、共筑和谐家园的浓郁氛围。

为了让孩子们度过一个“安全、健康、快乐、有益”的假期，自2004年以来，每年暑假，上海市有关部门都会召开一个全市性工作会议、下发一个工作通知、组织一次中期巡视、开展一次特色项目评选（“四个一”）。政府跨前一步，主动揽事；社会各方携手，群策群力。设计暑期活动，先做调查，问孩子喜不喜欢，再想形式，力求有利孩子成长。“四个一”工作机制，不仅解了家长“急难愁”，帮了孩子们过好假，更是做了一篇未成年人成长的大文章。

关心未成年人：给孩子美好的暑假

张贤贞

在上海，每年约有330万未成年人迎来暑假。怎样让他们度过一个“安全、健康、快乐、有益”的假期？

从2004年起，上海市有关部门积极联手，创新推出了“四个一”的暑期工作机制，即召开一个全市性工作会议、下发一个工作通知、组织一次中期巡视、开展一次特色项目评选。

如今，暑假不再是一个小家的事，而是成了社会大家共同关心的事。

“小事”成了社会“大事”

自2004年中央8号文件下发以来，上海市每年都要在暑假前夕召开未成年人暑期工作会议，将原先教育系统部门的会议上升为市级工作会议。市校外联成员单位领导和各个区县分管书记、区长、文明办、教育局、团委、妇联以及街道(镇)领导都参加会议，共同商议部署暑期工作。暑假这桩“小事”也成了社会各方投入精力一定要做好的“大事”。

每年，市文明办、市教卫党委、市教委、市青保委、团市委、市妇联等都会联合下发《关于做好上海市未成年人暑假工作的通知》。2005 年以“树魂立根”为主线，2006 年的主题是“知荣辱、讲文明、迎世博”，2007 年策划“阅读上海、体验成长”，2008 年确定为“爱心传递我行动，喜迎奥运我成长”，2009 年贯穿“我爱我的祖国”，2010 年是“世博”主轴，2011 年则围绕“重温红色经典”，各相关部门根据上述不同的主题精心策划、周密部署，充分调动各方资源，广泛开辟活动阵地，积极推出形式多样、内容丰富、健康向上的系列暑期活动。

暑期过半，市文明办、市教卫党委、市教委还会组织中期督查、巡视、调研活动，邀请市委、市政府领导等巡视暑期活动现场，察看未成年人暑期活动。

暑期结束时，市文明办等部门通过开展未成年人暑期工作特色项目评选活动，要求各区县、各委办局进行相关调研，了解本地区、本单位及地区内街道(镇)和学校等开展暑期工作的主要特色和实事工程，并申报特色项目，并在每年的暑期工作总结会上，对 100 多个特色项目予以表彰。

“苦差事”成了“快乐事”

为了让暑假更为轻松愉快，让学生真正减负，市教委出台规定，除《暑假生活》外，对初三以下的学生，教师将不得再布置学科书面作业。这也让暑假不再成为埋首书堆的“第三学期”，得到“解放”的孩子们终于有时间去做自己感兴趣的事。

当然，不布置作业并不代表就此“放羊”。在未成年人工作的主管部门看来，通过社会实践让学生得到成长体验，才是暑假本应起到的作用。早在 2007 年，市校外联就推出了《上海市未成年人社会实践基地版图》，分别介绍各个社会实践基地的基本情况、活动项目、优惠措施、适合人群年龄阶段和活动建议，并且连续四年进行“更新”。市委宣传部、市文明办、市教卫党委、市教委也试点推出了 37 个“中小学生社会实践认证管理工作站”，并安装了 POS 读卡机，记录中小学生参加社会实践的情况。那些积极参与暑期社会实践活动的中小学生，在升学、推优时都会有额外“加分”。这让父母放心卸下心头的“包袱”，不再逼迫孩子去参加有利于提高学习成绩的培训班，而是更多鼓励他们多进行社会实践。如此一来，暑假，这个原本孩子们心中的“苦差事”，一下子便成了他们争先参与的“快乐事”。

2010年暑假，参观世博会是一份特殊暑假作业的主要内容，高中生结伴同游，小学生和初中生在父母带领下一起进行亲子游。在参观的同时，同学们还挨个认领了研究性课题，开展“五个一”科创活动，即：做一次世博科技小实验、完成一篇世博考察小论文、和家长一起完成一项家庭环保小制作、参加一次网上世博论坛与专家校长的对话、组织一次学生社团创意活动。这，成了当年最受学生欢迎的“暑假作业”。

上海市学生德育发展中心策划的“踏上父母上班的路”征文也取得了很好的社会效果。“平时，妈妈每天送我上学，我从没发现她连早饭都来不及吃，也从不知道妈妈为了节省开支，午餐时只吃从家里带去的简单饭菜。妈妈很辛苦，我以后再也不惹她生气了。”“我早知道爸爸在建筑工地工作很辛苦，但是今天才发现，这么热的天，大汗淋漓的爸爸连一瓶矿泉水都舍不得买。什么时候，我才能为爸爸分担生活的艰辛呢?”孩子们笔下的文字，看不出一点点矫揉造作，也没有任何应试痕迹，是经过实践体验后的真情流露。通过这一次终生难忘的体验，他们也学会了感恩。暑期社会实践活动也因为有了一次次的“甜蜜收获”，变得更有意义。

大人“拍板事”成了学生“选择事”

未成年人参与暑期活动的需求都有些什么？市文明办、市教委专门在全市中小学生中开展“我的暑假我作主”——中小学生喜欢的暑期活动网上调查，了解孩子们对参加各项文体活动的兴趣和热情，以及对活动内容和场所的需求。

如今，每年暑期前在上海主要媒体上刊登暑期活动“菜单”已形成工作惯例。每逢5月底，市文明办等会派专人收集全市各委办局开展的暑期未成年人公益活动，分类整理、择优选择，形成菜单。在6月底暑期开始前，在全市主要媒体上刊登，供广大未成年学生和家长选择。

最近非常流行的微博也成了社区和孩子联系的纽带。徐汇区在全市率先开通未成年人暑期微博，老师们耐心听取孩子们的意见。活动还没开始，很多小朋友上网提建议："能多安排些游戏吗？""多举办些让我们动手制作的活动吧！"……不少孩子还在微博上留下活动感言。

很多品牌活动一做就是五年、八年，培养了不少"粉丝"，并且年年改进，不断升级。暑期"营养餐"的调制除了精心，还有坚持，这么丰盛的"大餐"也让孩子们的暑期生活丰富多彩——不只是单一枯燥的写作业、参加培训班等，而是让他们自己"订制"的各类快乐活动。

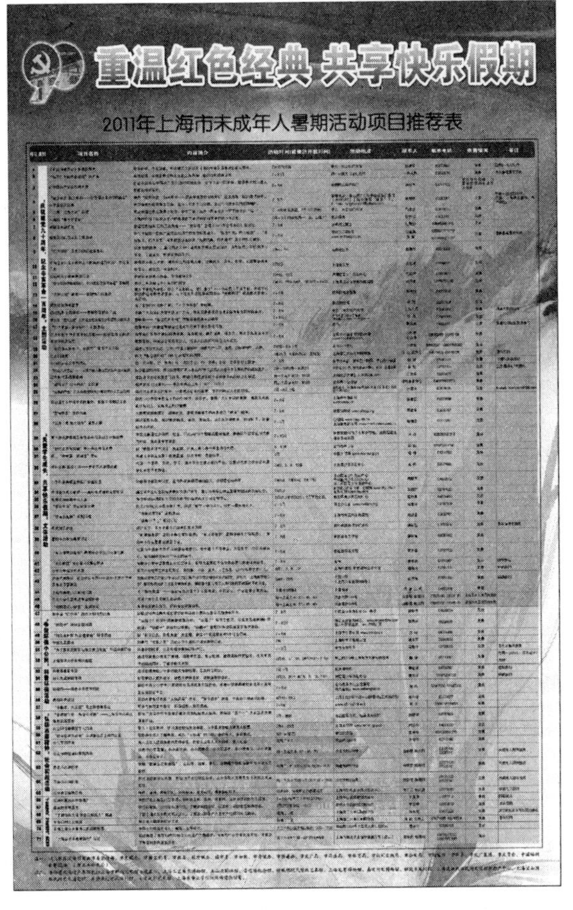

暑期孩子们的活动主题鲜明，形式多样，内容丰富。

家长"急愁事"成了政府"分内事"

2011年7月的第一天，不再需要闹钟不停"叫唤"，爱国学校四年级同学小葛主动背上书包，要求去家附近的石门二路社区文化中心"报到"，参加暑托班开营仪式。

社区文化中心开设暑托班，听起来是件新鲜事，可在上海，这早已是连续多年的暑期常规工作。各社区充分挖掘现有资源，利用社区文化活动中心、青少年活动中心等，积极开办公益暑托班。

相比培训机构动辄几千元的"奥数班"、"英语班"，社区暑托班要亲民得多。它受欢迎的理由也很多，除了低价外，社区暑托班还有老师和志愿者督促孩子完成暑假作业，并安排了丰富的趣味游戏以及益智内容。就连师资，社区也动足脑筋，充分利用各方资源。在世博会举办的2010年，石门二路社区文化中心甚至请来了美国馆的工作人员担任义务"外教"，给孩子们上英语课，教他们动手做天平、指南针、不倒翁，以及DIY软陶。瑞金二路街道社区教育工作站的"爱心学校"，了解到很多学生对围棋感兴趣，特地请了专职的围棋老师在每周二、周四教授围棋。

为老百姓解决暑假里可能遇上的“急难愁”，政府揽上的“分外事”可不止公益暑托班这一桩。上海市、区县、街道（镇）三级主管部门均建立了暑期工作资源库，从人力资源、阵地资源、活动项目资源等各方面加强建设，并实现共享。每年暑期，全市有近万名来自本市各高校的大学生通过网络、社区、学校，采用集体或个人报名等途径参与到全市 103 个街道、5 000 多个居委会及各类博物馆和纪念馆的志愿者活动之中。另有百名骨干教师下到社区学校，千名青年教师担任暑期辅导员，万名教师与困难学生结对。

上海暑期“四个一”工作机制的建立，不仅为营造“安全、健康、快乐、有益”的暑假奠定了扎实基础，也成了政府情系民生的最好写照。

约十位市民中就有一位志愿者，光是世博园区就有超过八万名志愿者在服务。在上海志愿服务事业发展史上，2010年上海世博会必将留下最为浓墨重彩的一笔，“史上参与人数最多”，创新的工作理念和运作机制，都带动了上海志愿服务走向新的阶段。“我奉献，我快乐”，志愿者不仅是上海世博会的一道亮丽风景，也成为上海城市的新形象、解读中国的新名片。经过世博的洗礼，志愿服务在上海已经化为一种社会风尚。目前，上海市志愿者协会共有61个市级志愿服务总队，45家市级志愿者服务基地，提供二万多个志愿服务项目，全市注册志愿者达到106万人。

志愿者：“小白菜”让城市更可爱

彭晓玲

“亲爱的拔拔麻麻：我在上岗之前的有限时间里急急忙忙写下这封‘世博家书’……我们是世博会的‘小白菜’，也是拔拔麻麻的‘小白菜’！未来的每一天我都想过得充实和满足，心怀着梦想，不随波逐流。”2010年5月，母亲节，同济大学的杜若君在上海世博园休息室，想念远方的妈妈，写下这封信。几天后妈妈声音哽咽地说，很开心女儿长大了。电话结束前，她还叫了一声“小白菜”。

时至今日，已经无法考证“小白菜”的称呼，是因志愿者的衣服是白绿搭而得名，还是工作十分辛苦，又要不时到处受气，才会这样自嘲。但是，每一位上海世博会的参观者都记得，2010年的夏天，“小白菜”、“小蓝莓”等大批志愿者，就像雨后的种子，蓬蓬勃勃从上海的每一个角落冒出新芽。

从莘莘学子到花甲老人，上海世博会志愿者总量达到200多万人，是此前世博史上志愿者队伍人数最多的日本爱知世博会的近20倍。八万多名志愿者先后在世博园区提供各类服务，其中90%为在校大学生，相当一部分还是“90后”。

志愿者，他们当之无愧是世博会上最可爱的人。他们身上洋溢的志愿精神成为上海城市精神的重要内涵，志愿文化也是上海城市文明提升的内在动力。

全民共参与

胸前是一个“心”字图案，中国地图和世界地图分别印在衣服的背后和正面。2010年4月20日，随着首批志愿者穿上这套专门设计的志愿者衣服，正式拉开世博志愿者服务的帷幕。此后半年多，在场馆，在车站，在广场，他们任劳任怨的身影在熙熙攘攘的人群中总是显得十分抢眼。

早上5:00起床，在去往上海世博园区的车上吃早餐，一天下来要鞠躬和道歉几千次，还要重复回答相同的问题、保持一样的微笑，有时忙到太晚回学校已是凌晨。这是世博会期间，意大利馆“小白菜”欧小莹的一天。她打趣地说，“都快累成了‘咸菜’”。

中国国家馆预约券一票难求，拿到的游客欢欣雀跃，没有拿到的则失望至极。于是，那里的“小白菜”往往就成了“受气包”。志愿者陈家栋就遇到这样的游客，对方不但“恶狠狠”地向他要了一张园区地图，还要求“包车”。陈家栋推荐了数条公交线路后，对方扔下一句“麻烦”便忿忿离去。这时陈家栋才明白，为何“小白菜”又被称为“最受气岗位”。

无论晴雨，60岁的江君芬每天早晨7:30，都会按时打开“七彩之心”城市志愿服务站的门。她是一名“小蓝莓”，从早忙到晚，“世博园区出来去外滩该怎么走”，“哪里可以手机充电”，什么样的问题都有。虽然所在的服务点距离中国馆仅有数百米之遥，直到世博会快要结束，仍然抽不开身进去看一看。

马路边，穿黄马甲的交通文明志愿者不时提醒行人，遵守交通规则；绿地里，白发苍苍的文明游园志愿者一边劝阻游客不文明举动，一边捡起垃圾……上海世博会期间，活跃在上海每个角落的城市文明志愿者，就像“杀毒软件”，及时提醒改正各种不文明行为。从几岁幼童到99岁老人，都争相报名，想成为一名城市文明志愿者。

无论是被娇惯的“小公主”、“小皇帝”，朝九晚五的白领，还是退休后还不在家享清福的市民，他们为什么都心甘情愿放弃周末休息，放弃找工作、保送研究生甚

志愿者不仅是上海世博会的一道亮丽风景，也成为上海城市的新形象。

至留学的机会，选择顶着烈日、冒着台风四处奔走，加入世博志愿者队伍？

或许，上海师范大学一份调查能给出解释：82.4%受访大学生说，志愿者是在"为世博会做贡献，担起社会责任"。

有效的运作

上海世博会志愿者包括三支队伍：园区志愿者"小白菜"、城市志愿服务站点志愿者"小蓝莓"和城市文明志愿者。

大名鼎鼎的"小白菜"，每天坚守在世博园区的出入口、排队区、公交轮渡站，展示了当代青年"担得起、扛得住、累不倒、压不垮"的时代风采。

"小蓝莓"是流动在上海街头的"世博笑脸"。十万志愿者年龄跨度从 18 岁到 70 多岁，包括学生、在职人员、自由职业者、退休人员等。他们活跃在上海大街小巷近千个"七彩之心"岗点，为游客提供世博服务信息、城市生活指导，展示了上海市民热情友善的良好形象。

城市文明志愿者队伍则有 200 多万名志愿者，投身“平安世博”、“文明交通”、“清洁城市”、“市民巡访”等八大类志愿行动，“无孔不入”地确保了城市的正常运行，是播撒城市文明的一支重要“军团”。

在世博志愿者实践上，上海从工作理念、组织管理、社会动员、后勤服务等方面都有了新的探索，积累了不少成功经验，为做好今后的志愿服务工作提供了有益的借鉴。

特别是组建了城市文明志愿者队伍，最大程度上吸引了广大市民群众的参与。另外，还开发设立 5 000 多个志愿服务项目，让更多市民能够在工作学习之余，就近就便参与世博志愿服务，在全市撒下“我参与，我快乐”的志愿服务精神种子。

在志愿者无私奉献的同时，志愿者的劳动也得到了切实尊重，全社会提供了人性化保障，为志愿者筹集的资金和物资设备和服务等，折合人民币就过亿元，包括

志愿者为游客指路。

遮阳伞、扩音器、对讲机、润喉片、向部分需要乘坐地铁上岗的站点志愿者发放地铁卡等。

同时，世博会组织方还与志愿者之间建立起良性互动。特别是首批园区志愿者，他们自发留下了数十万字的"白菜语录"，成为世博志愿工作的"宝典"。从刚开始拿着地图为游客指路，到后来亲手绘制指路牌，"小白菜"升级为"世博达人"。想去心仪的场馆却对路线一头雾水，面对预约机不知如何使用，当和家人走散而手足无措，无论游客遇到什么困难，第一时间想到的都是"小白菜"，"小白菜"也总是能想方设法帮他们解决各种问题。他们，是世博园里最亮丽的一道风景线。

特别是上海世博会的最后两个月，志愿者们还发起"晚安世博"项目，在出口列队"放歌"，向离园的游客说再见。很多参观者向他们竖起大拇指，为其鼓掌，说"小白菜"让他们感觉"不忍离开"。

单单从一组数字，就可以看到上海世博会期间志愿者工作的卓有成效：志愿者信息员队伍共收集整理和发布各片区、场馆的实时服务信息 6 万多条，点击量超过 250 万次；10 万站点志愿者服务市民和游客人次超过 2 436 万；城市文明志愿者中，仅参加路口、轨交站点执勤的就达 100 多万人次……

一项关于市民对 2010 年上海世博会的评价调查也显示，公众对"志愿者服务"满意度最高，表示"非常满意"或"比较满意"的高达 94%。

形成长效机制

2010 年 10 月 31 日，上海世博会圆满落下帷幕。但"小白菜"、"小蓝莓"却没有消失，他们继续用各种方式把志愿者的身份延续下去，上海也广泛开展常态化志愿服务项目，整座城市依然洋溢着浓浓的志愿服务氛围。

十万赏樱客流涌入顾村公园导致管理混乱、早高峰地铁站限流、学雷锋日、义务献血……只要有需要，他们就像超人一样"回归"。"看到志愿者在维持秩序，我们就感到放心！"市民王阿姨这样称赞。

最重要的是，世博志愿精神成为世博会留给上海的宝贵精神财富，集聚的大量人才也为上海志愿服务发展提供了有力保障，并通过世博服务探索城市长效管理机制。例如，城市志愿服务站点实行的属地化管理，区县（高校）统筹协调机制在世博服务中显露成效，志愿者轮岗、心理辅导、"团队之星"和"志愿者之星"评选的多重激励等经验，为城市服务体系的转型和提升积淀了宝贵财富。

世博后，上海还进一步开发了志愿者岗位和项目，提出要培育各类经常性开展、公开招募志愿者的志愿服务项目，且每年志愿服务项目递增10%。随后，科技馆、博物馆、公园、敬老院等一批公益性场所建设成志愿服务基地，并开发设立了服务岗位，吸引广大市民群众参与服务。

截至2011年年底，上海市志愿者协会共有61个市级志愿服务总队，45家市级志愿者服务基地，注册志愿者106万人，登记志愿服务项目达2万多个，其中长期招募志愿者、活跃开展活动的项目达7 000多个。

确实，经过世博的洗礼，志愿者服务在上海已经化为一种社会风尚和生活时尚：地铁上，一位年轻的女白领见义勇为制止小偷，还用手机拍下小偷长相，她是一位“反扒志愿者”；单位里，“随手做公益”小组的同事在微博上发起募捐，希望为贵州贫困山区的小学生捐一双上学穿的运动鞋……

从“世界在你眼前，我们在你身边”，到“学雷锋，做志愿者”，再到“快乐志愿，随手公益”，是的，志愿者从没离去。

城市文明指数测评是2008年上海市文明办以“迎世博、办世博”为契机，为加强城市文明创建工作进行的一次新探索，也是在全国城市中率先开展文明指数测评。测评由环境文明、秩序文明和服务文明三个分项测评组成，涉及近万个考察项目和窗口网点。从上海世博会开幕前的首次测评，到世博后发布第八次测评结果，并形成今后每年都要测评发布的工作机制，这项由上海世博会“催生”的工作机制，已经形成一项后世博制度常伴上海成长。

文明指数测评：提升城市“软实力”

彭晓玲

78.9，80.35，82.06，84.95，86.39，89.13，91.60，89.24，这是从2008年到2011年，上海八次城市文明指数测评结果。细看这份“成绩单”，有突出进步，也有小幅回落，真实记录了上海在城市文明建设“考试”中取得的每一个进步。

作为国内第一个率先开展文明指数测评的城市，上海的初衷是为了迎接和筹办2010年世博会，但世博会后继续坚持了这一考核和发布机制。回顾近两年来测评的各项“指数”，一步步攀升的成绩不仅见证了上海市民文明素质和城市文明水平的明显进步，也实实在在体现着上海的“软实力”，这也是未来上海具有持续强劲国际竞争力的重要保证。

近万个考察项目和窗口网点

一出太阳，弄堂街头上的晾衣竿上就飘起五颜六色的“万国旗”；一块iPad大小的公交车站牌上，竟密密麻麻贴满几十张五花八门的小广告！2008 年 9 月，上海新闻综合频道“新闻坊”一档名为“迎世博·城市巡访”的栏目开播。每天晚上，当镜头里一幕幕不文明现象曝光后，在市民和有关部门中间引起了强烈的反响。

举世瞩目的 2010 年上海世博会只有 600 天就要开幕了，难道这就是曾经被誉为“远东第一都市”的上海将向全世界展现的城市形象？如何才能有效解决这些层出不穷的“刺眼”问题？

很快，上海市文明办联合上海市迎世博 600 天行动社会动员指挥部、国家调查队上海调查总队和上海华夏社会发展研究院组成专项课题组，提出“上海市世博城市文明指数”测评方案。

测评方案旨在通过对上海十大公共场所不同市民群体“践行公共道德”、提升公共文明行为的测评，通过对全市区县“三个文明”的测评，有重点、有针对性地规范全市市民的公共行为，提升公共素养，完善文明友善的公众形象。

具体说来，测评由环境文明、秩序文明和服务文明三个分项测评组成。其中，环境文明、秩序文明涉及 62 条考察要求、1 047 个考察地点、5 353 个考察项目；服务文明共涉及 41 个窗口行业、2 715 个窗口网点和 820 个居委会。

文明过马路的标准，公共场合应该怎样文明乘电梯，如何游园、停车、乘车……翻开测评指标，事无巨细的规定，就像一位热心又亲切的邻居阿姨在反复叮嘱，告诉市民何为“文明”。

排名不提升，“一把手”愿下岗

78.95 分！这是 2008 年 12 月，上海世博城市文明指数的首次测评结果。随地吐痰乱扔垃圾，公共消防设施存在隐患，对外来人员及老年顾客的服务有歧视现象，行业缺乏完善的投诉处理流程，顾客投诉得不到及时处理……“上海与国际先进城市之间差距比较明显。”测评结果公布后，各大媒体一致得出这样的结论。

殊不知，“自曝家丑”的背后，实则蕴含着促进城市文明素质提升的良苦用心。为了确保测评结果公正客观，上海市文明办在测评前，专门邀请专家为参与测评的上海市民巡访团和国家调查队上海调查总队队员进行业务培训。

“一把尺子量到底”是测评的原则，做到同一测评标准，同一测评主体，同一测评时间，同一测评地点。测评采用实地考察与问卷调查两种方法，每个区县、各行各业都接

工作人员在交通路口开展文明指数测评。

受了为期七天的暗中查访和考评，且测评记录卡信息在未公开发布前，要高度保密。

这次对全市及各区县环境文明、秩序文明的测评，涉及 62 条实地考察指标，1 047 个考察地点，5 353 个考察项目，发放了 1 900 份调查问卷；服务文明的测评涉及各区县和行业，共计 60 800 个调查样本，调查范围覆盖 41 个窗口行业，2 715 个窗口网点以及街道社区的 820 个居委会。

测评结果一公布，随即在全市引起强烈反响，特别是排名靠后的区县与行业被曝光后，他们感到极大的压力，有的区县一把手还立下“军令状”：不能提升测评排名，自己就下岗。

指数测评与解决民生相结合

一场名为“上海超级总动员”的城市文明接力赛在全市开始紧张有序地进行，政府和市民愿意一起努力去刷新每隔 100 天就要发布一次的测评结果。

政府部门向全市发放了“文明观博 200 问”，184 天世博会期间上海市民方方面面的文明要求，在里面一一罗列。

“透过客舱，我们向世界微笑。”上海世博会合作伙伴东方航空公司空姐秦小姐用手语介绍上海世博会和上海旅游景点，“我们是第一个接触世博会参观者的窗口，代表上海形象”。第二次城市文明指数测评发布后，不尽如人意的窗口行业就承诺，将在第三次评选中“让人为之一振、眼睛一亮”。这些窗口行业在培训时，更关注服务对象的感受，要让人在接受服务时感觉温馨、舒心。

走进静安区一幢石库门底楼的一间共用厨房，七八个橱柜一字排开，干净整洁，不见昔日共用厨房的脏乱，居民感到十分满意。这是静安区完成包括公用卫生间、厨房改造、电力线路改造、路面翻新等综合改造后，老式里弄焕发的“新颜”。“把解决民生问题与市容环境建设相结合，才能深受市民欢迎，市民在分享世博的同时，也更乐于奉献世博。”上海市迎世博600天行动城市管理指挥部的工作人员说。

值得一提的是，城市文明指数的测评并非一成不变。以上海世博会期间进行的第六次城市文明指数为例，测评课题组就对测评系统进行了“升级”，采用绿、蓝、黄、橙、红五色标识系统，形象表示了环境文明、秩序文明、服务文明的得分情况。同时，对道路、环境、公共设施、环卫设施等“硬件”指标，因为随着世博开始已经有明显好转，就降低它们的权重，而居民行为、出行文明、游览文明等“软件”指标，则增加其权重。

91.08，2010年8月“修改版”的文明指数测评体系报告显示，经过不懈努力后上海城市文明指数有了全面提升，不仅总体成绩创下得分最高的纪录，所有区县文明指数也全部进入优良状态，而且90%的区县文明指数都在90以上。

“城市，让生活更美好”的宣传语，开始激发出市民对未来上海美好生活的强烈渴望和向往。

每年发布一次城市文明指数

89.24，在上海世博会结束一年多以后，上海市文明办最新公布的2011年上海城市文明指数测评揭晓。这一结果和世博前后的两次测评相比，并无明显差距。虽然“部分道路上的无障碍设施缺损，中心城区找车位难，超市卖场缺乏清真食品”等老大难问题依然存在，但也显示，上海城市管理机制不断完善，以往重大活动之后城市管理和服务水平出现较大回落的现象没有发生。

确实，在经历了为迎接世博而付出的近八百天持续努力后，上海城市文明程度和市民文明素质就像一列已经驶上平稳轨道的列车，平稳地保持着较高的水平——

每天早上，淮海路、南京路等几十条市级文明路口，戴着“红袖箍”的交通文明志愿者们都会在交通区域上岗执勤，协助交警保持交通秩序。

“普通话服务请按 1，For English Please Press Two（英语请按 2）。”拨打不少客服热线，铃声响起后首先听到的是一阵温柔、贴心的提示音。这是全市各窗口行业认真总结世博会服务经验，努力提高服务人员素养，增强行业服务能力，导入“国际标准规范服务、双语服务、人性化服务”的理念，在积极提高窗口行业整体服务水平。

工作人员测评非机动车规范停放。

最重要的是，在上海世博会期间立下"汗马功劳"的上海城市文明指数测评，将在原有的基础上建立长效工作机制，今后每年都会发布一次"上海城市文明指数"。测评方式也会与时俱进，不断有所改变。以不同内容、不同步开展的形式对全市各区县、窗口行业进行检查，切实防止和克服突击迎检的现象。

正所谓"问渠哪得清如许，为有源头活水来"。上海一年又一年的"自我考评"，在不断提高城市文明程度的同时，最终目的是让市民真正从城市发展中得益。

上海市民巡访团成立于2002年，是上海首个旨在促进精神文明建设、由市民自发组织、专门负责为城市管理“挑刺”的公益团队，现有成员31 000余名，包括人大代表、政协委员、离退休干部、劳动模范、爱心市民等。没有物质报酬，大事小事都管，巡访形式有明察暗访、打分测评、调研等。市民巡访团得到上海各级政府的重视与支持，他们提交的关于精神文明建设的建议，被采用的比率高达82%以上。

市民巡访团：呵护城市文明的“啄木鸟”

彭晓玲

“小姐，这件羊毛衫能拿给我看看吗？”“我想去世纪公园，请问出站后该怎么走？”如果有一天，在人潮如织的豫园商场，在乘客行色匆匆的二号线地铁站内，遇到这样一位“购物”的老人或是“问路”的阿姨，如果你嫌对方一连看了几件衣服都不买就给脸色，或是故意视而不见不理不睬——对不起，你的单位已经上了“黑名单”，很快会收到一份督促改正的通知单。

他们是普通市民，做事不领工资；市民不满意的事情，他们明察暗访后都会想办法尽量反映，让有关部门解决，这就是上海精神文明建设市民巡访团。作为上海首个旨在促进精神文明建设、由市民自发组织、专门负责“挑刺”的公益团队，十年来无论严寒酷暑，春夏秋冬，成员们始终活跃在城市的各个角落，积极参与城市管理和精神文明建设，被誉为上海城市建设的“啄木鸟”和“布衣钦差”。

从一百人到三万多人

早上6:00就起床，收拾好相机、小本子和笔，每次负责巡访，黄浦区60多岁的巡访队员姜乃珊都会带上“三大宝”出门。哪个公共区域有堆物现象、哪里的车辆停放不规范、哪个小区有乱晾晒，就算是再小不过的不文明现象，她都会拿出相机拍照，再做好文字记录。一边看，一边拍，走了几条街，一天时间倏忽就过去了。

有人退休后乐享天伦，有人退休后环游世界。在上海，偏偏有一群像姜阿姨这样闲不下来、“爱管闲事”，成天东走走西听听，与社区居民、楼宇白领“亲密接触”的热心人，他们就是市民巡访团的成员。

市民巡访团成立于2002年，以推进上海精神文明建设为己任，以“奉献社会，服务他人”为宗旨，以解决群众关心的问题为出发点，集巡访员、调研员、监督员、宣传员、信息员于一身，开展对城市管理和群众性精神文明创建活动的巡访、调研、宣传、测评、考核等活动。

成员从成立伊始的100余名，发展到如今拥有23个区县、委办局级分团，220多个街道、乡镇巡访总队，1 500多个小区巡访队，共31 000多人组成的大团体，并形成市、区(县)、街道、小区三级管理四级网络的运行机制，其成员包括人大代表、政协委员、离退休干部、劳动模范、教师学者、民主党人士、基层社会工作者、富有社会工作经验和奉献精神的市民等各阶层的代表。

一天巡访十小时不喊累

一顶白色或红色的帽子，再加一件马甲，上面有个小徽章，印着“上海市民巡访团”七个字，这就是巡访团成员的工作服。

“刚开始我是不太愿意加入的，觉得退休了应该好好休息。”宝山区巡访员周老伯说。后来他应邀去参加了几次巡访团研讨会，发现一群巡访员在开会研讨，讨论的问题都是怎么想办法让小区的车更好停，怎样才能劝住行人不乱闯红灯。深受感染的他立即申请加入这个团队，“大家想的不是自己，有私心就不能做巡访员”。

确实，在市民巡访团，所有的成员都是用一颗赤诚的心，默默奉献对上海的热爱。58岁的蔡非亚做了六年巡访团成员，为了考察分布在全市的路口文明情况，她早上 5:30 就起了床，从虹口辗转两趟公交车到浦东，只为在路口认真站上一小时。

长宁区巡访员陆也玲每次巡访都背上两台摄像机，冬天的时候在寒风中一站就是几个小时，反复记录不同年龄段人群过马路所需的时间，以便了解某路口行人闯红灯严重是否与信号灯时间过长有关。

在迎世博前夕，为了对全市某系统的文明创建活动进行巡访，有的巡访员甚至每天进行十个小时左右的巡访也从不叫苦说累，他们认真记录发现的每一个问题、每一件小事，最后还递交上每一张照片凭证和建议，以及 5 000 多字的巡访报告。如此专业严谨的态度令一些部门深受感动，发出“向巡访员学习”的感叹。

无论大事小事都要管

2011 年除夕，刚刚吃好年夜饭的巡访团秘书长朱贤明就走出家门，在小区四

巡访员仔细查找城市管理薄弱环节。

周转转，发现节日期间环卫工人随时待命，一旦居民放了烟花爆竹，就有工人来清理，总体来说整个城市清清爽爽，干干净净。

接下来的几天春节假期，朱贤明又和其他5 000名巡访团成员一起走上街头，各有分工，“走过路过不错过”，在巡访过程中发现了各种问题。“火车站北广场三号线至长途汽车站的方向，有一段路坑坑洼洼，黑车还把公交车给堵了。”“节假日期间，地铁口的商贩乱设摊情况明显增多，有些甚至影响到行人正常通行。”成员们一一在本子上记下这些问题，打算节后再反映给相关职能部门。

“无论大事、小事、闲事、杂事，没有他们不管的事。”说起巡访团员，不少市民都赞不绝口。特别是在2010年上海世博会举办前夕，巡访团成员发起“迎世博600天市民巡访团活动”，他们以高涨的热情，高度的社会责任感活跃在世博园区、站点、路口、小区，四处奔走，为上海市容市貌的改善付出了辛勤汗水。

“文明路口不文明、盲道盲人难通行、人行天桥变菜场……”那段时间每晚18:00，不少市民一打开电视，就能看到巡访员们针对市民关心的热点、难点、焦点问题予以曝光。据悉，世博会前夕，巡访团共出动了26 000名巡访员，巡访了9 750个点，其中提交的1 976条意见得到了迅速整改。

多年下来，巡访团的巡访领域不断拓宽，从最初单一的环境卫生，发展到如今城市管理和精神文明建设的方方面面。

十要十不要的巡访“宝典”

青浦图书馆、杨浦少年儿童图书馆测评并列第一；徐汇图书馆盲人图书室电脑设施陈旧；普陀区曹杨社区文化活动中心阅览室双休日和35℃以上高温不开放，阅览室无人管理……2011年10月，市民巡防团公布了28个市区级图书馆和166个社区文化活动中心巡访测评分数。随后，有细心的记者根据其结果回访发现，“状元”果然人流量大深受读者好评，那些被点名批评的图书馆，也确实存在种种令市民不满的问题。

那么，巡访团成员在巡访过程中，又是如何做到确保巡访结果“铁面无私”的呢？原来，市民巡访团成立之初就制定了严格的规章制度，对任务、权利、职责、社会角色等都有明确的界定，其中“十要十不要”的规定成为巡访的“宝典”：要尽职不越位，要促进不添乱，要务实不弄虚，要公正不偏袒，要谦虚不自骄，要谨慎不马虎，要守法不违纪，要补台不拆台，要奉献不图报，要拓展不停步。

在每次测评前，还有专门的成员提前“做功课”，仔细研究测评项目、评分标准，标出容易遗漏、混淆的地方，再根据成员的特点进行分工。为了确保客观公正，他们不定期进行暗访，获得大量的第一手信息。为了取证，不少成员还自己花钱去购买相机或摄像机。

“市民把检查权交给我们，我们只有反映出最真实的情况，才能对得起这份重托。”陆也玲说。也正是由于成员们十年来这样的不懈努力，才让市民巡访团树立起阳光、公正、诚信的形象，成为上海市精神文明建设的品牌队伍。

巡访团八成建议被采纳

随着市民巡访团的队伍在壮大，巡访领域在延伸，巡访功能在拓展，巡访团的活动得到了上自政府、下至群众的重视与支持。

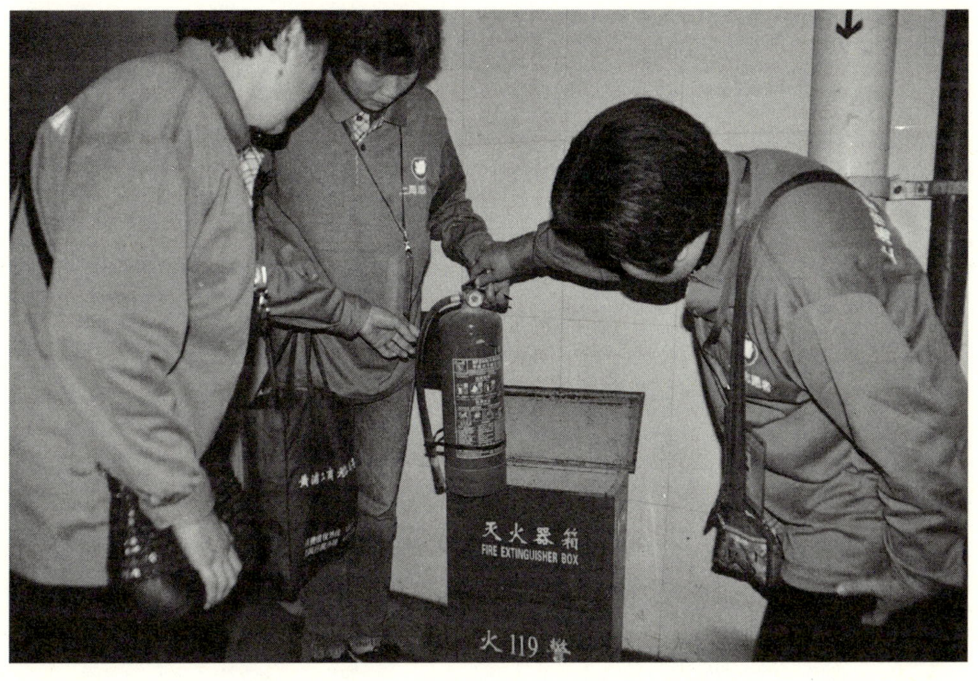

市民巡访团在公共场所查找消防隐患。

最新统计显示，巡访团响应有关部门建议，就精神文明建设提出了 3 800 多条建议，最后被采用的高达 82%以上。“巡访团，你在哪里？请来管一管！”为争取早日解决某个问题，有市民曾经发出这样的呼吁。

“巡访员很可能受到被曝光者的攻击和谩骂，也没有任何物质报酬，经常还要自己倒贴车旅费、通讯费、餐费，为什么你们却乐此不疲?”多年来，不止一个人这样疑惑地问过参加巡访团活动已经十年的朱贤明。

“确实有人觉得我们是‘吃饱饭没事干’，出去巡访大多是‘挑刺’，我们也成了不受欢迎的人，有时还会遭到种种阻挠和抗拒。但是，作为市民和政府职能部门之间的桥梁，反映社情民意是我们责任所在，看到政府对我们反映的问题非常重视，大多都能马上整改，让老百姓得益了，就是我们最大的快乐，这是用金钱也买不到的愉悦。”朱贤明说。

成立于2000年的上海百老德育讲师团，是国内首个以老干部、老将军、老劳模、老专家、老教师等主动组成的民间公益老年宣讲机构，是进行青少年课外爱国主义教育的一支劲旅，也是上海志愿者协会的特殊志愿者团队，被誉为"老有所为的典型代表"、"最可亲近的思想道德教育辅导员"。2005年2月，中共中央总书记胡锦涛作出批示，对百老团开展爱国主义教育充分肯定，要求大力宣传百老团的经验。

百老讲师团：讲台上的绚丽晚霞

彭晓玲

"陶妈妈，我是小文，我已经出来了"，龙年立春后的一个上午，提前释放的年轻人赶紧给"妈妈"陶依嘉打电话报喜，"您放心，今后我会记住您的话，好好工作。"

刚过完20岁生日的小文每次看到"陶妈妈"和百老德育讲师团的老将军、老劳模们来看他，都会激动得和他们拥抱。因为他知道，几年来"陶妈妈"他们给他写的厚厚一叠信，专门去上海书城为他买的每一本书，都是对他的鼓励，让他坚定信心改过自新。

真情化顽石只是讲师团"上课"的普通一幕。12年来，不管酷暑严寒、刮风下雨，由600多位平均年龄70岁的老干部、老将军、老劳模、老专家、老教师等组成的讲师团，足迹踏遍学校、社区、乡镇、军营、监狱，为上海300多万青少年举办了3 100多场德育讲座，言传身教，把老一辈革命家和先进模范的无私奉献精神和爱国主义精神传给下一代。

放弃年薪办讲团

把洗得有些发旧的军装烫得笔挺，再小心地将近30枚闪闪发亮的功勋章一一别在胸前，每次出去演讲，原南京军区空军副司令员韩德彩老人都会提前几天就开始忙碌着做准备。虽然已到耄耋之年，老人们“备课”却一丝不苟，像当年革命工作时一样认真。

讲师团副团长、今年67岁的李恒胜是电影《永不消失的电波》原型、革命烈士李白的后代。由于父亲被捕牺牲时他仅有四岁，为了将报告做得更加生动丰富，他除了查阅大量的历史资料，还先后多次回到父亲的故乡湖南省浏阳县去获取第一手的材料，并编写《李白烈士故事》一书，发行十万册赠送给上海和湖南的学生。

“春蚕到死丝方尽，蜡炬成灰泪始干。”百老德育讲师团就是这样一个不拿分文报酬、每次坐地铁或是公交车去演讲的老年团队。他们对演讲充满热情，积极投

百老德育讲师团是“最可亲近的思想道德教育辅导员”。

人。几年前，年龄最大的革命老人夏征农，在他 100 岁时还坚持参加活动。

如今已在全国范围内形成影响的团队，在创建初期却是困难重重。一无资金，二无办公场地，三无车辆，四年中还搬迁了八次。但团长戚泉木老人却初衷不改，除了自费花去近四万元出书送青少年，甚至还放弃了一家民营企业开出高达 30 万元年薪邀请他去做企业咨询的机会，“现在的青少年知道比尔的越来越多，知道保尔的越来越少；知道周迅的越来越多，知道鲁迅的越来越少；知道肯德基的越来越多，知道高尔基的越来越少；知道爱情的越来越多，知道艾青的越来越少。这令我们感到很担忧。教育培养青少年健康成长，是我们义不容辞的责任！”

革命人生活教材

战斗经历，革命人生，道德风采是百老团对广大青少年进行革命传统教育的生动教材，为无数青少年的健康成长和品德形成，发挥了重要作用。

在讲课内容上，他们不断创新与时俱进。例如，2009 年初电视剧《潜伏》热播后在社会上形成“谍战热”，百老团的不少成员当年就是“余则成”，或是他们的后代。以自己和父辈的真实经历为例，把上海解放前地下党如何与敌人斗智斗勇、前仆后继不怕牺牲的事迹向学生们娓娓道来，这样的现身说法，对于和平时期成长起来的青少年来说显得十分具体，爱国主义和革命精神在他们心中也不再显得抽象和遥远。

原上海市委组织部副部长邵有民老人 15 岁读中学时就参加了地下党，他给学生们讲述上海解放前夕，地下党与国民党在最后关头如何进行波澜壮阔的殊死搏斗。李恒胜老人则总是说起母亲给他讲的父亲生前故事：“当时父亲和他的同志们就在隔壁大房间悄悄讨论革命斗争的计划，常常一谈就到深夜，或者是到灶间用隐藏着的电台发报，母亲就抱着我在床上休息。”1948 年 12 月 29 日深夜，担任上海电台报务员的李白在发送一份秘密情报时遭敌逮捕，随后英勇就义。

“常怀忧党之心，恪尽兴党之责”。从宣讲社会主义荣辱观、学雷锋，到迎接中华人民共和国成立 60 周年、中国共产党成立 90 周年，以及举办 2010 年中国上海世博会，每当国家有重大事件，总是看到百老讲师团老人们不辞劳苦、热情而忙碌的身影。特别是在迎接上海世博会前夕，团长戚泉木老人带领成员走进学校，作《人生价值在奉献，我为世博作贡献》的主题报告，以“文明用语讲和气，文明走路讲规则，文明办事讲道理”这样的小事作为切入点，教育中学生们以实际行动为世博作贡献，随后老人们又走进学校 22 个班级开展主题班会，受到学校师生的广泛好评。

此外，百老讲师团还深入上海青浦监狱和上海未成年犯管教所，组织十位将军、十位劳模、十位老教育工作者结对子开展帮教工作，以长者的关爱给失足青少年以希望，使他们决心与昨天告别，争取早日重新做人。

大爱无疆是榜样

在百老讲师团的德育报告中，服务人民、大爱无疆是他们宣讲的重要内容。这些老人，也在用自己的实际行动，诠释着“无私奉献”的意义。

全国著名劳动模范杨怀远，已先后为青少年作了 800 多场“学雷锋，见行动，为人民服务最光荣”的报告。学雷锋日他还带领少先队员到码头上为旅客做好事，并把亲笔签名的 40 根小扁担亲手送给 40 位小朋友，引导他们用实际行动践行社会主义荣辱观。许多青少年记下了杨怀远爷爷的精彩话语：“我为人民挑扁担，越挑越觉心里甜；万里征途跟党走，肩挑扁担永向前。”杨怀远和他的“小扁担精神”会不会过时？学生们已经用自己一系列助人为乐的实际行动作出了解答。

77 岁的孙佑民和老伴潘庆平都是讲师团成员，他们每月离休工资并不多，除了供给身患重症的女儿和年幼的外孙女，从牙缝里省下的钱，大部分都捐给了老区的孩子们。12 年间，他们陆续资助了 31 名贫困山区的失学儿童，捐物折合人民币十万余元。

2008 年 5 月 12 日，汶川遭遇大地震，已经年过六旬的朱乐年得知后，想到自己当过兵救人有经验，便不顾身患糖尿病，登上了开往成都的列车。在绵竹县汉旺镇，他与很多退伍老兵一起，手搬肩扛清理废墟，拯救生命。

原中央新闻纪录电影制片厂高级记者顾泉雄退休后即着手把电影送到贫困地区，自费购置放映器材和拷贝，近十年来，已为近六万青少年放映了 200 多场电影，足迹遍布全国 30 多个省市，哪怕仅有五位观众的偏僻山区，他也愿意攀山越岭去放一场电影……

在百老讲师团里，还有一批著名老艺术家组成的百老功勋艺术团。艺术家们“从小舞台走向大舞台”，深入社区、部队、农村、学校义务演出。2004 年，71 岁的国家一级演员、歌唱家任桂珍冒着酷热，多次到斜土街道纳凉集中场所搭台演出。

“任老师您的出场费是多少?”当记者这样问时，任桂珍愣住了：“什么出场费？观众喜欢我的歌就唱，观众的掌声就是对我最大的回报。”

老人演讲也很“潮”

为了让那些在上海长大、从小衣食无忧的孩子们愿意静下心来听老人们讲革命往事，并且能起到实实在在的效果，成员们可是费了一番工夫，经过反复实践，他们总结出了一套效果非常好的“讲课”经验。

首先是要化解年龄上动辄相差六七十岁的代沟。为此，成员们以“同龄人”的身份和青少年交流，一下就拉近了彼此之间的距离。88 岁的老红军、东海舰队原副司令员李文模，在江南新村小学给一百多名 11 岁的小学生讲他 11 岁时参加长征、爬雪山过草地的故事，孩子们听了都深受感动。曾担任毛泽东主席警卫员的石传礼老人 13 岁参加革命，在宝山区千余名 13 岁中学生纪念“少先队建队 50 周年”的集会上，他讲自己跟着毛泽东南征北战的经历也使得“同龄人”们备受鼓舞，有学生听完后对老师说：“石老参加革命时和我一样大，今后回家再也不好意思衣来伸手、饭来张口了，我要在家做个好孩子，在校做个好学生。”

同一场讲座，针对不同的对象，戚泉木老人还设计出好几个版本：对小学生是讲故事、送书和合影做鼓励；对中学生演讲夹叙夹议；面对大学生则理论联系实际；去社区，则从居民身边的生活说起、将心比心。特别是为青少年做的演讲，老人们还会现场赠送很多革命书籍等礼物，全部自己掏钱，但他们却乐此不疲。

在演讲形式上，古稀老人们也很“潮”。韩德彩老人在斜土社区讲自己抗美援朝期间打下五架美军飞机的故事时，还有专门的动漫进行现场演绎，生动活泼的讲解形式受到社区居民和学生们的好评。另外，每次演讲后还有互动环节，听讲者提的问题也五花八门：小学生问“作业不会做怎么办”；有大学生把找工作遇到的难题，甚至恋爱中的困惑也向“知心爷爷”们倾诉。“我就告诉大学生，恋爱要严肃对待，终身伴侣要相互促进!”戚泉木说。

有人说，干了一辈子革命，老了就应该享清福。然而对于百老团的成员们来说，却是追求没有终止、奉献不画句号；献了青春献白发，为了江山为子女。和青少年的接触让他们的人生也显得更加多彩，老人们生命的彩练，将与时代一样绚烂。

在新媒体迅猛发展、意识形态领域竞争日趋激烈的社会背景下，作为全国各省区市宣传系统中唯一一所党校、全国宣传干部学院目前唯一的地方基地，上海宣传党校近年来围绕着提升党在意识形态领域执政能力的目标，在传统的理论教育、能力提高和党性锻炼三大党校教育板块中，不断探索创新，引入现代培训理念，打造贴近实际的党校培训体系，以需求为导向，引导学员增强事业心、提高执政力，创新管理、带好队伍，守住底线、争当楷模，迄今已培训干部27 514人次，2011年取得了学员满意率100%的良好效果。

宣传党校：培养“喉舌”中的骨干力量

梁建刚

党校，是我国各级党委直接领导下培养党员领导干部和理论干部的学校。

在上海青浦区的东方绿舟，坐落着一所特别的党校——上海宣传党校，它不仅是全国各省区市宣传系统中唯一一所党校，也是全国宣传干部学院目前唯一的地方基地。在这里，迄今已经举办各类培训班414期，培训干部27 514人次。

为何要为宣传干部专门建立一所党校？它和普通的党校有啥不一样？

培养“政治家”，担起时代重任

党校办学，最重要原则是什么？毫无疑问，是“党校姓党”。这是我国各级党校的立校之本。以培养宣传文化干部为己任，尤其要为“政治家办报”储备人才的宣传党校，更是把党性教育课程作为学校的核心课、必修课、特色课。

如何使党性教育教有所得，触及心灵，避免走过场？经过 27 年的探索，上海宣传党校紧密结合宣传文化工作与宣传文化干部特点，制定了课堂教学体现科学性、现场教学体现冲击力、党性分析活动体现针对性的教学理念，设计了一系列相关活动，紧贴形势与任务的发展变化，在党性教育的方式方法上，进行了不少创新。

正面教育凸显现场性。党的历史、光荣传统与优良作风，是最好的榜样与学习案例，虽然学员对此的了解已经不少，但真正到现场看、听、问，全方位感受语言无法表达的特殊氛围，是单纯的书本与课堂教学无法替代的。多年来，上海宣传党校精心选择党性教育现场教学点，井冈山、遵义、延安、重庆……一处处红色教育基地先后留下了学员们的足迹。通过邀请当地党校教授做专题报告，现场讲解问答，共同讨论研究，让学员再次看到理想信念的力量，了解革命胜利的本源，使心灵得到了真正的触动。

反面教育凸显震撼性。学校一面邀请市纪委干部为学员上"宣传系统党风廉政建设的形势与任务"的课，正反两方面的一件件典型案例，为学员敲响警钟；另一方面，通过组织学员收看中纪委和市纪委录制的"反腐倡廉警示录"，让学员感受违法违纪的惨痛教训。一堂堂强刺激、深震撼的教育课程，起到了很好的效果。

自我教育凸显具体性。党性分析活动是党性教育最重要的活动。通过前期的专题辅导讲座、革命圣地的考察，引导学员结合所学，针对自身问题从党性高度进行深入剖析，就成为必然。而如何让这种自我剖析不流于形式，真正深入心灵？党

坐落于东方绿舟的上海宣传党校是全国宣传干部学院目前唯一的地方基地。

校想到的方法是：具体。具体到一事一议，由小见大，见微知著。

活动之初，学校即要求学员选取自己在工作、生活中遇到的一个具体实例或某一段心路历程撰写报告，从党性高度进行剖析，对照党性要求，深刻反思，发现问题，分析原因，明确整改措施。

进入讨论阶段，学员以党小组为单位开始逐一讨论，不念稿子，只讲个人体会。从2006年起，党校还在讨论阶段引入了老干部点评制，组成老干部团参与学员党性分析活动，与学员互动、沟通、交心。

2011年下半年以来，在宣传部分管领导牵头下，学校制定了党性分析活动评分内容细则，由参加活动的老干部与学员共同打分，进一步细化和量化了党性分析考评要求。

这样的方式，既言之有物、谈可解惑，更可使学员对个人经历、对党性、对“政治家办报”的原则，有了全新的认识与思考。党性教育，最终得以内化入心。

培养实干家，应对现实挑战

在舆论宣传中，新媒体等全新传播手段日新月异，新闻事业竞争日趋激烈，舆论引导难度不断提高，任务日益艰巨。而宣传系统的干部，现今已大多具有学士、硕士等学历，因为工作要求，个人能力都很突出。但要当一名好干部，带好一个团队，除了党性要求，还需要解决一些共通问题，比如实践知识的储备、做人的工作和带队伍的能力等，如此才可能做到业务上的精英，精神上的领袖。

正是为了这一目的，上海宣传党校不断摸索，创造性地建立起一整套以需求为导向，紧贴专业实际，颇具特色的培养体系。

全面紧贴需求的教育，基础是掌握党的需求、组织的需求。认真学习贯彻中央与省市党组织的相关文件，并体现在教育培训各个环节。同时，通过调查问卷，了解掌握委托单位对学员的定位与期待，不断提高培训的针对性。

全面紧贴需求的教育，核心是掌握每一位学员的具体需求，为学员解决工作中的切实问题，这是培养全面型干部的必然要求。党校通过事先发放调查问卷，就培训课程听取学院的意见和建议，同时要求学员提供个人最想解决的问题和困惑，提供与岗位实际紧密结合的案例。学校通过汇总提炼，有针对性地制定班次教学方案，运用教学任务书将信息反馈给各位任课教师，要求在课堂上回答学员的问题；

在教学进程中，学校创造多种教与学、学与学互动的形式，如设置课堂提问，开设“学员沙龙”、“案例演绎”、“专题讲座”等，引导学员在碰撞中提高认识，寻找答案。

如今，上海宣传党校已建立了25个富有针对性的培训模块，同时借鉴上海及长三角区域在宣传文化改革发展的先行动作与成功经验，形成了一批特色课程、典型案例和现场教学点，与全国宣传干部学院培训形成互补，如上海精神文明建设的实践与做法、上海志愿者队伍的组织与管理、文化行业投融资的国际化运作，大型文化活动项目策划等，集中体现了上海宣传文化工作的特色。

党校的教学只有坚持理论联系实际，引导学员带着问题学，才能培养更多的实干家。

培养创新者，以创新的手段

走进位于东方绿舟的上海宣传党校校园，淡雅的中式园林建筑掩映在一片葱茏之中，淀山湖安然坐落一旁，微风轻抚，水波不兴，人心也不由沉静下来。

走进一间教室，学员们正在上一堂专题研讨课，但研讨的方式却挺好玩——“演小品”。

听介绍，昨天老师已公布了三道学员投票选出的题目：宣传文化单位如何在转制中解决社会效益与经济效益共赢？在单位经济收入和物质奖励有限的前提下，如何增强员工归属感和工作积极性？领导班子的副职如何才能做到在工作中既不越位、又不缺位？

学员们自由组合产生了三个小组，经过一天的“密谋”，“演出”开始了：

第一组，小品选定了一家电视台报道社会热点“达芬奇家具”事件的经过，学员王欣扮演的女老板，一会儿声泪俱下，一会儿耍赖吹牛，可气可恨。

第二组设定的是一家不景气的演艺单位，学员钱莉莉扮演一位女领导。当单位员工遇到各种难题时，她一一排解，使他们心甘情愿地留下来。

第三组的主角则是学员严文明扮演的一名“反派”。他作为部门副职，仗着自己与公司老总的亲戚关系，在部门里煽风点火，不把正职放在眼里。

大家演时投入，演罢坐在台下当观众，看到会心处不由哈哈大笑，而后的讨论，又将大家渐渐引入思考。三组学员依据工作实际确定的演绎题目，既反映了大家对宣传文化单位在当下激烈竞争环境中面临的困难有着惊人的共识，同时面对干

上海宣传党校的教学课生动活泼，广受学员欢迎。

部如何保持党性、弘扬正气、尽心尽职做好工作，表现出了高度的责任感和使命感。深入讨论，进一步引发学员对面临的挑战的深层思考。

将专题讨论转化为案例演绎，是宣传党校实施教学创新的一个缩影。宣传党校副校长徐正初认为，宣传作为特殊的阵地，与社会热点和群众关注点紧密相连，由此对党校教育提出了更高要求，充分聚焦实践和操作，重视形式的不断创新，才有可能培养出宣传干部的持续创新力。而这，需要一整套系统培训体系的支撑。

构建"教学链"是基础。宣传党校经过摸索，建立了学前需求调研、课程模块设计、班次组织管理、学员学习考核、教学质量评估、档案管理工作等六大系统，打造"教学链"，规范和完善教学环节和过程。

建立"资源库"是保障。在教学资源上，党校重视建设和完善"六大教学库"，通过加强培训师资库、课程模块库、案例资料库、教辅课件库、教学文案库、现场教学库，凸显学校核心竞争力。

创新培训方式是手段。在教学方法上，党校致力于用好"六个训练室"，加快学校媒体沟通室、编辑训练室、案例研讨室、礼仪操练室、自主讨论室、心理实验室的建设，不断提升体验式、模拟式教学能力，激发学员潜能。

完善评估体系是动力。围绕学员“学习态度、学习能力、党性修养”三方面内容，宣传党校已形成了 3 层次 8 块面 23 条考核细则和要求，构建起“学校考核、学员互评、专家面谈”三位一体的考核运作机制。学校考核侧重学员的日常表现；学员互评更好地了解每位学员的综合情况以及沟通能力；专家面谈通过与学员的直接面对面，在听取学习收获、践行设想与合理建议的过程中，进行全面考察、精确评价，寻找和发现优秀人才。

培训结束后，学员需求仍是学校的宝贵财富。通过无记名问卷、第三方面谈、半年跟踪调查、年末座谈等形式，了解学员疑问是否得到回答、认识是否得到提高，所学是否可用于实践，学校课程是否需要调整等多项内容，掌握情况，及时调整，进而推动学校工作不断迈上新台阶。

媒体，是党的喉舌，社会的瞭望者，以培养喉舌中的骨干力量为己任，正是上海宣传党校的价值所在。

基层，是新闻报道永不枯竭的源头活水；群众，是新闻工作者毕生学习的最好老师。自2011年8月全国新闻战线开展“走基层、转作风、改文风”活动以来，上海率先开出“走转改”报道专栏，率先建立“走转改”阅评、讲评、考评三项制度，率先设立“走转改”专项奖励，广泛开展“走转改”作品研讨，从主流媒体到都市类媒体、网络媒体，从媒体老总到青年记者，全员参与、全面覆盖。重视群众实践、重视群众期盼、重视群众创造，大批新闻工作者走出机关大院，走向田间地头，将镜头对准广大基层，用心倾听群众声音，笔尖流淌民生关怀……“走转改”充分展示了上海新闻队伍的能力素养和精神风貌，也让新闻具有了更旺盛的生命。

“走转改”：让新闻更有生命力

郭艺珺

养鸡“探路”的村官阿帅、特殊孩子的暑假生活、“草根”银行探路中小企业贷款……上海新闻战线紧密结合自身特点，一支支记者队伍走进田间地头、社区工厂，深入各行各业第一线，体验群众生活，与基层群众同甘苦、共劳动，以饱含深情的笔触感受百姓冷暖，回应百姓关切。一大批“接地气”、“有人气”的新闻报道迅速呈现于报纸、电台、电视、网站的重点版面和时段。

“走转改”是对上海新闻队伍综合素质的一次考验。“走转改”中，涌现了一批充满群众感情、善用群众语言的先进个人和集体；一批新闻工作者在活动中得到锻炼，充分展示了上海新闻队伍的能力素养和崭新的精神风貌。

走，到群众身边去

一棵树，根扎得深，才会枝繁叶茂，充满活力。

2011 年的盛夏，上海新闻战线整装再出发，把新闻的双脚伸向并扎根在基层的沃土中，感受火热生活，感知民情民意。

“80 后”记者王星与同龄的郭帅一起养鸡，边劳动边体验，边观察边采访，记录下这位上海首批大学生村官的“创业史”。这是刊发在 8 月 12 日文汇报头版“第一现场”专栏的调查——《村官阿帅，养鸡“探路”》，也由此率先拉开了上海媒体“走基层、转作风、改文风”报道的序幕。随后，文汇报陆续推出“乡土中国”、“蹲点日记”等专栏，刊登记者深入田间地头、科研院所、文艺院团等工作生活第一现场采写的报道以及观察与思考。

8 月 15 日，《解放日报》在头版开设“在现场”专栏，推出首篇报道《民生，民生，夏拉索！》，记者王晓鸥上高原、进农家、访牧民，以生动的话语、形象的写真，描绘了

记者乘上社区穿梭巴士，倾听老百姓对上海公交线路调整的感受和意见。

上海援藏工作扎实推进取得的巨大成就。此后,《让流动摊贩“自己管自己”》、《“小马”怎样拉“大车”》等体验式报道和深度调研报道陆续见诸报端。

上海广播电视台开辟“直通现场”等一批专栏,组织一线采编记者、主持人特别是新进大学生成立了“进基层”特别小队,采制来自一线的报道;新闻晨报、东方早报分别组织上百名记者,以小分队的形式,深入社区、乡村、工地、菜场、校园调查采访,推出“寻找今日马天民”等特别报道,全景式展现上海推进“2011 十大实事”的生动场面和感人故事;东方网在网站首页头条推出“走基层写民生看发展”活动专题,以图片、文字、视频等形式,全面展示编辑记者面对面采访报道的工作风采;第一财经频道派出摄制组走访宁夏 18 个移民接收市县区,采制系列报道《生态移民第一现场》;市新闻工作者协会和青年记者工作委员会设立了青年编辑记者基层联系点,开展“发现的力量”走转改优秀作品评选和研讨活动……

新闻工作者们愈发意识到,“改文风”不仅是改文字稿件,更要听到下基层的“脚步声”。为了在改进文风中探索出群众喜闻乐见的形式,《新民晚报》开设专栏《我的基层报告》,要求在写作上有情节,有细节,有“小结”。同时,报道必须有“我”。要有记者的身影、记者的体验,而不是从网络到网络、从材料到材料、从文件到文件的复制粘贴,也不是闭门造车的空谈妄论。

心,和基层共振着

不是蜻蜓点水,而是真正沉到水下;不是走马观花,而是带着真情融入土地。

为报道农民工回家过年的旅途情况,《文汇报》记者叶松亭和农民工一起挤上火车。农民工坐着,叶松亭任务在身只能弯腰走着、站着。十几个小时下来,他和农民工们打成了一片,也听到了他们的掏心窝话。在走近快递员的报道中,叶松亭跟随采访对象老谈整整一天,老谈开车、他打的;老谈上楼、他跟着;老谈吃饭、他请客;老谈谈事、他帮腔;老谈牢骚、他安慰。在全程参与送完快递后,叶松亭写下了《今天要送五麻袋一纸箱》。他说:“只有感情上认同‘走转改’,才能摆正记者与被采访者的位置,迅速拉近彼此距离。从‘走近’到‘走进’,惟有用‘情’作桥梁。”

浮于浅表的采访,只能获得新闻的鳞爪,深入一线和现场的采访,才能探得真正的骊珠。在走基层中,不少记者感到,新闻报道不是只唱赞歌不打雷,在报道好经验好做法的同时,更需要深刻地分析事物的内在规律和潜在规律。

作为一名电视记者，丁元骐对“去现场”习以为常。但在报道徐汇区率先开展经适房选房工作过程中，遇到的几个“意外”让她对“走转改”有了新的认识。通过现场与居民们的聊天，丁元骐“意外”地听说一位居民所选的房子在松江，而非之前有关部门所说地段较好的三林。原来，有的居民说三林没有地铁，有的居民说三林房型不好。在更进一步的交流中，丁元骐“意外”获悉，其实居民们对贷款利率和基准利率的区别并不清楚。在如实报道这次采访情况后，丁元骐接到了有关部门的电话，希望她能提供更多有关居民选房的情况。因为选房的结果也出乎他们的意料，关于经适房的有些工作需要立即调整。

丁元骐深有感触地说：“走基层不在于你人有没有到现场，而在于你的心有没有到现场，有没有真正和基层百姓血肉相连，感同身受。新闻报道不只是‘锦上添花’，对推动实际工作、回应群众期盼而言，我这条新闻是有意义和价值的。只有百姓要看，政府要听，我们的新闻才会有生命力。”

走基层，让反映的问题能够引起重视，得到解决，走基层才能真正走到群众的心中，才能走出阳光大道。在“解放热线 · 夏令行动”走到第九个年头的时候，解放日报记者在“走转改”中的感触更加强烈。

在炎炎夏日的晚上步行四公里，解放日报群工部记者走了 17 个自助网点，实

记者深入轨道交通工地采访一线建设者。

地探访自助银行晚上关闭空调的情况;在公交站蹲点四小时,感受乘客头顶烈日排队等车、挤车的苦恼;还有冒风险多次暗访赌博机……在记者们深入再深入地"在现场"后,一系列反映市民"急难愁"的报道见诸报端。

让这些奔波于城市街头的记者们感到欣慰的是,几乎夏令热线的每篇报道都引起了职能部门的重视和读者的反馈,还有不少读者直接来电寻找记者,要求帮忙解决困难。群工部记者感慨地说:"一些夏令生活的'急难愁'的确不算什么新鲜事,可对于遇上的老百姓来说,就是最大的烦心事。党报的舆论监督报道不是为批评而批评,而是为了更好地促进有关部门和单位改进工作。"

打基础,树形象

2011年8月9日,中宣部等五部门部署的"走基层、转作风、改文风"活动开始后,上海把"走转改"活动作为新闻战线打基础、树形象的一项长期任务,着力在提高主流媒体公信力、影响力上下工夫,着力在加强新闻业务建设、推出优秀新闻作品上下工夫,积极引导记者编辑"重视群众实践、重视群众期盼、重视群众创造"。上海率先建立了"走转改"阅评、讲评、考评三项制度,设立专项资金,每月评选"走转改"优秀作品、优秀项目、先进典型,从主流媒体到都市类媒体,从传统媒体到网络媒体,实现全员参与、全面覆盖。同时,上海各大新闻单位认真落实基层联系点制度,制定详细蹲点计划,做到定时间、定人员、定课题、定要求。

一声"集结号"后,上海各主要媒体的领导和记者们一起走出高楼大厦,带着课题到改革开放前沿去,到郊区乡村去,到普通百姓中去,现场采访,蹲点调研,撰写报道。只有到基层的广阔天地去纵横驰骋,才能探寻发展与和谐的奥秘;只有闻到大地的气息,才能感受到生命的律动;只有靠细节和现场说话,才能写出家书般亲切的新闻报道。

"走基层、转作风、改文风"活动提升了新闻队伍的能力和素养,广大青年新闻工作者更是受益匪浅。青年新闻工作者们普遍认为,基层天地广,是我们取之不尽的源泉。只要真正做到脚踏实地,用心汲取来自群众的养分,熟悉和善用群众语言,就一定能发现有价值的内容,写出让人民群众爱看、想看的报道。在复杂多变的舆情面前,只有真正从思想上解决好立足点、出发点的问题,始终站在党和人民的立场上,始终从国家民族长远利益出发,清醒认识自己肩负的社会责任,才能够以对党和人民高度负责的态度,引导主流舆论,把好关、把好度。

用DV刻录生活进行时的纪录片影像爱好者，被称为纪录片“散户”。上海广播电视台纪实频道介入散户的创作，以专业化的团队，通过策划、投资、包装、营销全产业链服务，帮散户把灵感变成作品；以主流媒体的视角，在尊重作者创作意图的基础上，校正表达的情绪。于是就有了纪实频道的《真实第25小时》。它在为散户提供创作播出平台的同时，也让上海荧屏成为国内现实题材纪录片创作的高地之一。来自全国各地的百姓故事，一个个平凡人，一件件平常事，集聚起良善向上的力量。

纪实频道：帮“散户”抓拍草根故事

王　磊

“现在讲述百姓故事的纪录片渐渐多了！”在上海某知名论坛上，有人贴出《雨果的假期》、《城隍庙》、《柏万青的春天》、《春运亲历记》等一组纪录片的在线观看地址。这些主角是小人物、故事是身边事的纪录片，因为“抓地感”强给不少观众带来久违的生活温度。拍摄这些纪录片的“编导”中，很多并非电视台的专业人员，而是被称作“散户”的纪录影像爱好者。

2012年年初，上海广播电视台纪实频道（以下简称“纪实频道”）以《真实第25小时》栏目为平台，整合全国“散户”力量，推出国内首个日播现实题材纪录片栏目，收视率一举创下同类节目新高。

正是这个栏目，诞生了一大批出自“散户”之手、讲述百姓故事的优秀纪录片。

主动寻找散户，提供平台资源

技术上倚重情景再现、电脑虚拟，叙事上强调宏观重构，是“大片崛起”后国产纪录片的集体偏好，现实题材被悄然淹没。幸而在此同时，越来越多影像爱好者，拿起 DV 把镜头对准了身边的人和事，尝试着记录当代生活。

这群被称作“散户”的人，发现一个题材，一拍大腿，端起机器便开始跟拍；但常常拍着拍着，找不见方向了：不少人，越拍越觉着脑子乱——这故事到底想说什么意思？如何才能把故事讲好？不少人，拍摄技术跟不上——眼睛明明看到了好场景，收进镜头却走样，越看越灰心……最初设想中蛮像样的作品，中途报废，留下一堆散乱的素材。

借散户感知变化中的中国，聚沙成塔形成创作源，是找回现实题材纪录片“抓地感”的好方法。不过如何找到散户，帮他们把握方向，甚至在拍摄前帮他们理清思路，却一直困扰着纪录片界。

作为现实题材纪录片创作重镇的上海，是否可以用自己的团队和渠道，为“散户”提供专业化支持？纪实频道和栏目动了很多脑筋。

第一届“真实中国·导演计划”获奖作品《脸子》海报。

纪实频道首先分析“散户”独立制片人的优势和弱点：他们对纪录片有很高的热情，他们能吃苦，为了拍摄好的片子不计代价，常在深山老林一待就是两三年，他们对拍摄对象非常了解，这使很多作品生动、深刻，这是他们的优势。同时他们没钱，没平台，没有专业分工，缺乏市场终端。而电视台的优势正是“散户”的劣势，而“散户”优势也恰是“大片当道”纪录片产业的劣势。

2005 年，在和探索频道合办“新锐导演计划”过程中，国外先进的产业投资、社会生产的模式给了纪实频道不少启发。于是，从 2006 年起，纪实频道推出了“真实中国·导演计划”。四届导演计划共征集了超过 1 200 个来自全国各地的纪录片选题，汇聚了来自各种背景的纪录片导演 1 000 多位，迄今完成了逾 40 部纪录片的创作。围绕导演计划，纪实频道建立了中国纪录片的选题库、人才库、版权库，同时将国内纪录片创作的重要力量凝聚在了主流媒体周围。纪实频道副总监干超说：“只要作品创意好，草根散户就能享受主流电视机构的资源。”

不仅扶持，还要“扶正”

将“散户”吸纳进自己的创作流程，纪实频道的专业团队介入拍摄之后，不仅扶持，还要“扶正”。

现实题材一度有个外号叫“城市悲情片”。创作者常常以“拯救者”自居，用镜头“俯视”弱势群体，看似“铁肩担道义”，却成了“非主流”，甚至造成了另一种歧视。以往，提到“散户”独立制片人，很多主流媒体工作者的第一反应是排斥；有的“散户”对主流媒体也抱着蔑视甚至敌视的态度。双方成了两个阵营，不交流，不对话。

纪实频道在做了一番分析后，认为专业上可以合作，精神上也可以对话。部分散户独立纪录片呈现出的“对抗”，正是因为它的投资方是国外基金和国外媒体。资金资助总是有诉求的，某些时候和价值观联系在一起。散户导演拿了钱，自然得跟着对方的思路跑，甚至不自觉地背离主流价值观，于是作品容易以偏概全，造成对中国的误解。

“为‘散户’配上专业化团队，不但有‘扶持’作用，而且还有‘扶正’作用——在尊重个体创意和表达的基础上，现实题材被赋予能让更多观众理解接受的温暖基调。”纪实频道总监应启明说，现实题材纪录片的创作必须强调“正能量”，既传达事实和观点，同时也给人希望，除了技术支持，还要帮散户作品“校准情绪”。

“散户”的提案立项后，纪实频道会立即派出富有经验和管理能力的项目经理，与导演一对一配对，签署委托制作协议，从选题、拍摄、后期到传播阶段，从技术支持到资金支出进行全程监管。在此过程中，纪实频道有效地校正了作品中原来可能存在的消极因素，对作品的思想价值进行了正面和积极的指引。

“《城隍庙》的作者是个‘初级散户’，没拍过完整的纪录片，最初带着 50 个小时的素材找到纪实频道。”干超告诉记者，在忠实记录的基础上，表现角度往往能决定纪录片的“情绪”。“团队不仅给他看了类似题材的样片，还和他一起讨论在众多角色中选择哪几个做主角，选择什么样的故事来凸显主角的个性。”《城隍庙》的主角是拾荒者、拉洋片的等时常笼罩在“暗调子”中的小人物。但是看过纪录片的观众，却能被几个主角身上的幸福感照得“暖洋洋”。片中，收入微薄的拾荒者，会跑到菜场买小鸡回来当“宠物”，他说不出其中的道理，只是不忍心小鸡被人当菜吃掉，自己没钱做善事，但能做一点是一点。拉洋片的人赚的也不多，却每天乐呵呵地迎接八方来客，他说自己做的是文化传承，最期待的是孩子上进有出息。还有一位88岁的阿姨，每天推着自制的“宣传车”宣传城市公德，在路人的不解中，她却依旧自信坚定。一个“散户”看来热热闹闹，却说不清自己为什么感动的选题，最终作品因为专业团队的介入，让所有观众看到了上海老城厢中，蕴含着质朴向上的力量。

“散户”受尊重，荧屏更温暖

纪录片完成后，纪实频道根据作品特点和属性进行整合和传播，除电视播出外，整合新媒体资源打造品牌，完成复合传播，同时递送到各类国际影展参展和竞赛单元。同时，纪实频道通过自身在业界的影响力以及和国外主流媒体的良好合作关系，以制片人的身份将散户作品或提案带到国际专业平台，寻求联合制作的机会。

《雨果的假期》海报。

2010年MIDA白玉兰国际纪录片奖期间，30多位与纪实频道合作过的散户纪录片导演来到上海，被现场踊跃购票的普通观众所深深感动。在现场座位供不应求的时候，他们让出了自己的座位给观众坐，自己坐在场边的台阶上。

一位导演在博客里写道：“我第一次成了盛大场面的贵宾，第一次知道原来我们的纪录片是有那么多人喜欢的，我把座位让了出来，席地而坐，心里却是从来没有过的感动，谢谢你们不仅给了我们‘大米’，也给了我们尊重”。

不久前，上海启动“真实影院”纪录片展映。开幕影片《雨果的假期》再次震撼了很多走进影院看纪录片的观众。影片讲述了鄂温克男孩雨果，假期中回大兴安岭看望母亲的故事。之所以能“抓到”这个鄂温克男孩，贴身跟拍他的一段生活经历，从中揭示出现代和传统间的纠结，是因为编导顾桃就是土生土长的鄂温克人。在纪实频道从创作投资到包装营销的全程支持下，这位深山里的民间“散户”的纪录片作品能走上大银幕，甚至捧得“日本山形国际电影节大奖”。

随着今年年初《真实第25小时》的开播。纪实频道开始了现实题材纪录片日播的尝试。现在，纪实频道随时准备接纳“散户”的好题材和好创意：共同打磨出的作品不仅可以亮相《真实第25小时》，还能在周播名牌栏目《纪录片编辑室》“落地”。

凭借“聚沙成塔”的力量，纪实频道成了国内现实题材纪录片创作的高地之一。通过一个个平凡人、一件件平常事，上海荧屏传递给观众一股股暖意。

上海市政府新闻办的官方微博“上海发布”，上线之初就因其语言生动活泼而受到网友的好评。亮相成功，意味“怎么说”的问题解决，要让微博有持续影响力，“说什么”才是关键。“上海发布”本着实事求是的态度，以民生信息为切入点，关心百姓生活的方方面面，面对重大、突发事件，善于第一时间“发声”引导舆论，针对市民群众关切，积极协调各方解决问题。“上海发布”不讲官话、套话，搭准“微博之脉”，带来一股政务微博“清新之风”，上线四个半月粉丝总量就达到 232 万。在“上海发布”的带动下，上海建立起强大的“上海政务微博群”，共同向公众传递信息、提供服务，发挥“集团作战”优势。

“上海发布”：政务微博的清新之风

杨　俊　王树人　罗震光

清晨，它同你一道感慨冷空气从“重口味”转“小清新”；上下班途中，它为你刷新路况和当日新闻；午休时光，它建议有空去航海博物馆看“泰坦尼克号”船模；晚间，它书香绵绵送出枕边书一册……

虽然它的发布主体还是正经八百的政务信息，但和以往印象中政府文牍的不苟言笑甚至有点刻板不同，它的用语，不仅可爱甚至有点“萌”。它就是名为“上海发布”的上海市人民政府新闻办公室官方微博。

粉丝数量遥遥领先

“上海发布”于 2011 年 11 月 28 日正式上线。从时间上讲，“上海发布”并不特别领先，但从效果而言却堪称国内之首。

2012 年 4 月 17 日的《人民日报》这样报道“上海发布”：内容不脱离日常生活、服务细致，政务信息介绍周全，叮咛复叮咛，侃天气还常套用微博“新文体”，既有“推荐书”，也会“比菜价”，“定位像个普通市民”；信息的服务性非常突出，卢湾、黄浦两区合并之后，结婚登记在原黄浦，离婚登记去原卢湾，“上海发布”赶紧提醒“别跑错门”……

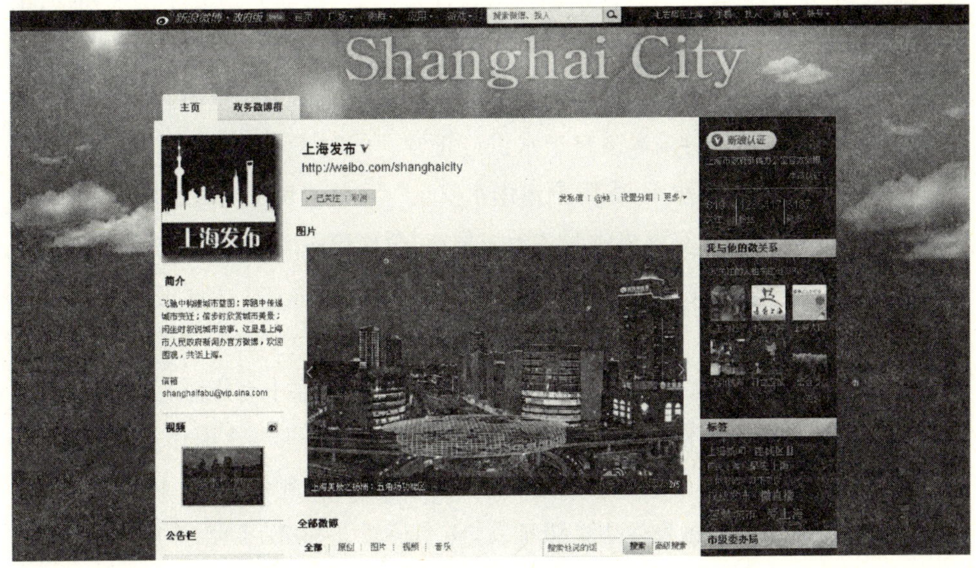

“上海发布”整体风格清新活泼，上线之初就受到网友的广泛好评。

“上海发布”以及时提供民生服务类信息为出发点，通过活泼生动的文风语体拉近与网友距离，不讲官话、套话，搭准“微博之脉”，引领起一股政务微博“清新之风”。上线四个半月，仅在腾讯和新浪的微博粉丝总量就达到 232 万，在“众声喧哗”的微博世界，在遍布全国的政务微博群中遥遥领先。

不忽悠、讲真话、建公信

作为政府形象的政务微博代表，建立公信力是其首要任务。“上海发布”自创建之初，始终坚持：在任何时候“不忽悠、不吹牛，讲真话、讲实情”。

2011 年 12 月，一家中介组织单方面披露关于“上海浦东康桥地区部分儿童血铅超标现象”的调查结果，在网上引发关注，容易误导公众。12 月 2 日，“上海发布”迅即发布上海市环保局官方表态，严正指出“近日某中介组织单方面披露的调查数据，不是最后确证的调查结果”，有效避免了信息误导。2012 年 2 月 25 日，“上海发布”公布了上海市政府的调查结果，“认定这是一起因环境中铅含量升高而引发的突发公共卫生事件。政府主管部门将依法追究有关企业责任”，对该事件的关注做到“有始有终”，树立了良好的政府形象。

2012 年 2 月，网友传言江阴沉船造成长江水污染、可能影响上海供水安全，上海市政府办公厅立即与江苏省相关部门联系，核实情况；上海市水务局抓紧开展水质监测。2 月 7 日，“上海发布”公布了市水务局的监测结果：“上海在长江段所有取水水厂未发现水质异常，本市自来水供应正常。”同时表示，“水务和环保部门正在加强加密水质监测和跟踪，保障全市用水安全”，有效避免了引发恐慌情绪。

在发生重大情况和突发事件时，“上海发布”争取第一时间发出权威声音，引领网络舆论，防止因“失语”导致“失策”乃至“失态”的局面，为政府应对处置争取主动。

2012 年 4 月 2 日晚 23:30 许，大量网友发微博称在家中有震感，并“@”给“上海发布”，希望了解确切信息。对此，“上海发布”办公室迅即与上海市地震局联系，4 月 3 日凌晨即发出消息：据上海地震台网测定，2012 年 4 月 2 日 23 时 27 分 51.9 秒，在上海市闵行区发生 1.2 级地震，震中位置北纬 31.1 度，东经 121.5 度。至 4 月 3 日 12 时，该消息被网友转发 5 万余次（以新浪平台计）。这种“快报事实”的做法，第一时间避免了猜疑、谣言的产生，受到网友肯定。

由表及里的亲民声音

当来自现实的政务公开和来自虚拟网络的微博相遇时，到底要用何种模式来让“上海发布”真正深入到市民生活中，成为他们喜欢、信任的朋友呢？从形式到内容，以亲民为主打，是“上海发布”迅速走红网络并形成长久不衰的影响力的关键。

学会用网友的语言与网友交流。“上海发布”在上线之初，即明确一个原则：不讲“官腔官话”，在“权威大气”与“生动活泼”中间寻找平衡点，充分运用生动活泼的微博语言：“今天冷空气携风雨来袭，大家别因暂不能入春而沮丧，春姑娘虽经常迟到，但绝不放鸽子”、“吃菜人种菜人，两头都是老百姓，一个都不能少。翠花，上卷心菜”。“上海发布”的声音，不时有些小清新般“萌言萌语”，容易拉近与年轻网友的距离，也使得“上海发布”上线以来粉丝量稳定增加，网友互动积极活跃。

如果说语言风格等外在形式的问题比较容易解决，那么发布内容则更需要坚持“亲民、爱民”的责任和智慧。

把为网友提供各类服务资讯，作为信息内容的出发点和落脚点，是“上海发布”坚持换位思考，从网友角度研判信息发布内容，让资讯更贴近网友的结果。目前，微博信息涵盖住房保障、社保、城市建设管理、教育、医疗等领域，与市民生活密切相关。另外，及时提供服务类资讯，包括每天早晚发布天气、交通指引信息，“午间时光”栏目中的演艺信息，“灯下夜读”栏目中的书籍推荐，以及工作招聘、活动预告等各类便民信息，让网友感受到“政务微博就是身边的朋友”。

一些市民关心的社会热点问题，“上海发布”也主动参与，让网友能及时了解相关动态。2011 年 11 月底，PM2.5 数据监测和公布受到社会广泛关注。“上海发布”发出一系列微博，向网友详细讲解 PM2.5 的小知识，介绍上海在城市环境保护方面做出的努力，还公布了上海市承诺“争取明年率先试点 PM2.5 监测数据发布”的消息，得到网友理解和认可。

互联互动见“实效”

政务微博要“发声音”，更要“见实效”。“上海发布”对网友提出的意见、表达的诉求、反映的问题，都认真对待、及时回应、迅速传递，力争推动有效解决。

2012 年 2 月 28 日晚，市民秦岭致上海市委书记俞正声的一封公开信，在微博上被大量转发，“上海发布”及时梳理并上报相关情况。2 月 29 日，“上海发布”获得授权公开发布了俞正声同志的回信，在网友中引发热烈讨论，评价正面积极。秦岭本人也表示：“一个普通市民的吁求，让市委主要领导亲自关心，真是没有想到！”

对在微博上收集了解到的民生热点问题，“上海发布”主动跨前一步，与上海各区县、市政府各委办局加强工作对接，及时解决问题，回应网友关切。同时，充分利用微博互动性强的特性，通过“微访谈”栏目，选取社会热点话题，让政府部门与网民“面对面”交流，加强政府与公众之间的交流和互动，努力做到“民有所呼，我有所应”。

2011 年年底，上海部分郊区卷心菜滞销，菜农面临“头疼事”。对此，“上海发布”积极想办法，12 月 3 日发布一条信息，倡议市民“周末去买点卷心菜”，“吃菜人要想到种菜人”。这条微博得到网友积极响应，一些热心市民不仅去买卷心菜，还制作卷心菜谱与大家分享。推销卷心菜成为利用政务微博推动日常工作的生动案例。

2012 年 3 月 19 日早高峰期间，上海地铁十号线发生车辆故障，限速运行。“上海发布”与上海市交港局官博@交通港航、上海市政处官博@乐行上海、申通地铁集团官博@上海地铁 shmetro，联动发布列车班次信息，指引乘客及时调整出行方式。

一枝独放不是春，百花齐放春满园。在“上海发布”的示范效应带动下，一批上海市政府委办局、区县政务微博先后上线，定位清晰，特点鲜明，受到市民群众的欢迎和喜爱。到 2012 年 4 月 25 日，上海市共有 800 余家各级政府部门、社会群众团体和公共服务机构开设官方账号近 1 100 余个，总粉丝量超过 1 700 万人次。上海市政府办公厅、市政府新闻办通过“上海发布”，对各区县、市政府各委办局，有针对性地加强指导，强化信息共享、工作协同，整合全市政务微博资源，建立起“上海政务微博群”，共同向公众传递信息、提供服务，发挥“集团作战”优势。

“962288 热线”的全称是上海对外信息服务热线，为在华在沪外国人提供 24 小时不停、365 天无休的多方位信息咨询服务和应急翻译服务。截至 2012 年，服务语种有英语、法语、德语、日语、朝鲜语、西班牙语、意大利语、葡萄牙语、俄语、阿拉伯语等 19 种，内容涵盖上海基本情况、政策法规、生活娱乐、休闲交通等全方位咨询服务。2006 年开通的“962288 热线”，是国内首个多语种国际口岸公益指引热线，也是全球第八个类似的国际口岸指引热线，现在已成为全球服务语种最多的公众服务呼叫中心。

“962288 热线”：服务老外的上海通

钱 璟 彭晓玲

也许很多年以后，如今已经担任 962288 服务总监的“85 后”上海女孩王艳文，都会清楚地记得她刚工作几天就遇到的一次“惊险”经历。

那是 2010 年上海世博会开幕的前几天，美国某著名媒体记者，在同一天内变换英语口音打了八个“暗访电话”给承担上海世博会国际热线服务任务的 962288，问美国馆周边西餐店的情况：有几家、名称、服务时间、菜单、价格、口味，还有服务员是中国人还是外国人，他们帅吗？漂亮吗？……

八个电话中王艳文接听了三个，还有五个是同事完成的。次日，这位记者向全球广播了他的“暗访新闻稿”：“我们还没有启程去上海，已经在办公室里感受到了上海世博会优异的水平。”

这就是工作在“962288 热线”的姑娘们：年轻、专业、热情。从清晨到子夜，她们甜美的声音通过声波传递到上海的每个角落，为在上海工作和来上海旅游的外籍人士提供周到便捷的服务。

“962288 热线”的建设和营运，是上海进一步改革开放的标志之一，这个“语音搜索引擎”也是上海建设国际大都市改善服务软环境的一项重要基础设施。

在上海很有用的“guanxi”

每天，大约有 22 万外籍人士进出于上海口岸。每一位刚刚抵达的外国人，不管是在机场还是出租车上，都能看到这样一条公益广告：“任何时间、任何地点、任何请求，请拨打 962288。”

“你们这个电话太神奇了！英国就没有。我们到上海就像你们到伦敦或者曼彻斯特一样，问题真的很多，这个电话给了我们一份依托和安全感。搞这个免费服务很花钱吧，只有中国的政府才能有这样的大手笔。上海确实够世界的!”英国人杰克曾兴致很高地致电 962288。

其实，上海市政府的“大手笔”背后有着更深层次的原因。在 962288 开通前，在沪外籍人士曾设立过一些有偿或无偿的上海生活服务热线，比如，开设在祁连山路上的一条热线每分钟收费高达一美元。而且由于得不到政府的资源支持，这些热线很多是来源于个人感受和经验，信息不够精准和全面。

此外，民间热线的内容问题也困扰着政府决策者。“举个例子，如果有外国人在上海办热线，给同胞介绍地下‘红灯区’，这也算是对中国的一种解读。这并不是中国人所希望的，而且也是违法的。”热线负责人说，“外国人自办的热线代表商业机构，政府办的热线就要有政府的水平。”

2005 年 11 月，上海市决定开设上海对外信息服务热线。此后，上海建立了全市信息服务热线联席工作会议机制，规定上海市公安局出入境管理局和建交委等职能部门都有责任为热线提供信息，这就从根本上确保了 962288 信息来源的权威性。

从 2008 年汶川地震发生 20 分钟后热线就被打爆，到人去了北京、还专门打电话回上海问去三里屯的 babyface 酒吧该怎么走，但凡是外国人在上海，甚至中国其他地方生活遇到的各种问题，拨打热线都会得到有效信息。

“962288，你在上海很有用的‘guanxi(关系)’。”这是一位到过上海的外国网友用中式英语在国外论坛上写下的留言。越来越多的外国人都知道，这个无法翻译的词在中国生活很重要。

“962288 热线”已成为全球服务语种最多的公众服务呼叫中心。

在“联合国”工作的女生

俄罗斯、比利时、朝鲜族、汉族……透过办公室的玻璃幕墙，看到话房里端坐着化淡妆、着统一“小清新”制服的女员工们，简直有种身在联合国的错觉。“962288 热线”的 80 位员工全部是“80 后”，团队成员来自七个国家，分属近十个民族。她们不少人还能说两种语言，并“身怀绝技”。

来自长白山麓的朝鲜族女孩李仙丹，毕业于上海外国语大学英语学院，是热线的韩国语首席。她不仅长得漂亮，外语也非常准确、流利、时尚。她带领的朝鲜语小组全部由朝鲜族姑娘组成，也是 962288 工作强度最高的团队。

特别是有些打进热线来咨询的韩国人，咨询的问题不但涉及技术问题，有时还有比较挑剔的口音。每当这时，李仙丹和她的同事都用“性情温和、化急为缓”的工作特点，把掌握的信息一一娓娓道来，保证了在话务压力下的情况下，还淡然自若的工作节奏。

李海曾在美国加州伯克利分校就读，出自名校的她很谦虚，甘于默默无闻地接听每一个电话。团队中她还是"掌权"式的人物，大凡用到书面英语，必得由李海过目，讲究一番后却并不计较署名、稿费之类的琐事，同事都称赞她"气场很大"。

1987年出生的国际部主任米哈伊罗芙娜来自俄罗斯，也是962288唯一一位外籍"中层正职干部"。由于俄语和普通话都讲得非常好，被戏称为"北京莫斯科广播电台"。在性格上，她也恰到好处地糅合了俄国人严谨宽容和中国人灵活变通的优点，带领团队很有自己的一套。

如果员工在服务中，含糊其辞或者词不达意，米哈伊会毫不客气地开出罚单，"话都说不好，怎么让一个外国人相信你说的内容可信？又怎么去传递信息？"她一直坚持，代表政府的对外服务语言必须极好，这是上海形象的体现，也提升了服务权威性。米哈伊还透露，962288经常会接到警方的求助，需要向外国人解释中国法律或者作案件笔录。"上海警方认可我们的翻译可以作为'呈堂证供'，所以更是要过好语言关，涉外无小事。"她还带领员工，按语言分类，每周一对一地接受外籍老师两个课时的培训。

每天接到2 000多个电话

"钟点工为什么干活的时候没有表情？""我不小心把出租车门摔坏了，司机在给警察打电话，我会不会被抓去坐牢？""为什么不能骑自行车上南浦大桥？"……每天，有2 000多个关于日常生活琐事、充当临时翻译，或是内容"怪异"的电话接连不断地打热线，年轻的姑娘们就一一为外国人在上海的生活忙碌地"张罗"和"操持"。

意大利的路易吉在上海已经生活了六年，除了回国休假，几乎每天她都要打好几个电话向962288求助，内容也可谓是五花八门：买什么牌子的酱油好、哪里可以买到宠物兔子吃的草料、参加中国人婚礼要送多少红包……对于姑娘们的耐心解答，她一直非常感谢，每年圣诞节前，这位"粉丝"都会专门到热线看望一番。

美国人蒙代尔是一家世界500强企业派驻上海的公关代表，经常有应酬。一个外国人，万一晚上喝"高"了说不清楚家在哪里怎么办？蒙代尔想到一个好办法，他与962288商定，让姑娘们记录好他家的地址和电话，如果坐出租车回家在酒醉状态，就拨打热线，让热线转告司机往哪开。最多的时候他一个月曾打了27次这

“962288 热线”为在华在沪外国人提供多方位信息咨询服务。

样的电话！有一回，蒙代尔上车后还发现居然忘记带钱，最终还是 962288 替他向司机担保，让他酒醒后再还钱。“刚来上海时确实有点害怕，甚至有敌意。但 962288 对我这么好，我现在已经深深爱上了上海。”

“请问在哪里能借到一只动物，我想在女儿的生日聚会上给她一个惊喜。”来自印度的贾瓦德有一天打进热线，他说想让女儿特别难忘在上海过的生日。贾瓦德特别强调，“不是一般的宠物，是‘大型动物’！”这个“非分之想”一下还真把接线员难住了。最后，她们想到了马戏团，才帮贾瓦德实现了他的心愿。

翻开 962288《员工手册》的扉页，会看到这样一行字：上海对外信息服务热线是上海主要的国际语音门户，这句话姑娘们都会背。“让我们的点滴服务成为上海美好国际形象的一部分”，这也是每一位在 962288 工作的员工美好的愿望和期许。

目前，热线累计完成了近千万次外语服务，树立起良好的品牌形象。日本、澳大利亚、爱尔兰、捷克、德国等驻沪领馆，都把 962288 作为重要信息向其来沪国民进行推荐。尤其是上海世博会期间，350 万来上海的海外游客，任何人只要拨打咨询或求助电话，都会被自动转接到 962288，热线提供的国际性公益和公共服务也借此发展更上一个新台阶。

热线电话开通六年以来，热线在上海走向国际化过程中承担了不可或缺的新媒体功能。作为国际化大都市，上海需要这样一个无论走到哪里，都可以想起它的“知心伴侣”。

今天的上海市虹口区提篮桥地区，20 世纪 30、40 年代时曾接纳大批犹太人避难居住。为了保护这些历史遗迹和再现当年的真挚情感，虹口区做了大量细致的工作。“犹太难民在上海”的遗址、史料，不仅仅见证了上海犹太人的历史活动，更是上海城市遗产的重要组成部分，同时也是一次以历史事实彰显中国人民的人道主义传统和中国文化中的真善美价值观的成功尝试。

“犹太人在上海”：跨越世纪的患难真情

杨卫红　田晓玲

在今天的上海市虹口区提篮桥地区，20 世纪 30、40 年代曾接纳大批犹太人避难居住并从事商业活动。

大多数难民在战争结束后离开了上海，但是他们在这座城市的生活印迹，对上海的真挚情感，却被留存了下来。为了保护这些历史遗迹和再现当年的真挚感情，虹口区做了大量细致的工作。今天，无论是当年居住在上海的犹太人和他们的第二代，还是从来不曾踏上中国国土的普通外国友人，都无不为这段美丽的故事所感动。

保护老建筑，留存文化根

2006 年，美国《洛杉矶时报》报道了美国加利福尼亚州退休商人杰里·摩西阔别上海将近 60 年后“回家探亲”的感人经历。此后不久，来自美、德、澳等国的

“2006 全球犹太名流代表团”又有 100 多名成员访问虹口，其中 45 名犹太人还带来了自己的第二代甚至第三代重返“第二故乡”。

这些老人和上海的情缘还要追溯到 20 世纪 30、40 年代。当时正是德国纳粹“种族清洗”犹太人最残酷的岁月，大约 600 万犹太人遭杀戮。大批德国犹太人开始逃亡海外，却发现几乎所有欧美“文明国家”对犹太难民都关上了大门，只有一座东方城市——上海，向他们敞开怀抱。1933—1941 年，三万多名犹太人先后在上海避难；至 1941 年 12 月太平洋战争爆发，大约二万五千名犹太人把上海当作了临时家园。1943 年 2 月，占领上海的日本人在虹口提篮桥设立“无国籍难民限定居住区”，即虹口隔离区，提篮桥地区因此得名“小维也纳”。在那里，大约二万名犹太难民与十万中国百姓一同承受苦难，由此结下了深厚友谊。

二战后，曾避难在虹口的犹太人又迁到了世界各地，但他们对虹口生活的记忆依然清晰。承载这份记忆的正是提篮桥地区的老马路、老建筑和老公园。虹口区凭着保存城市记忆、留存城市肌理的文化自觉，修旧如旧，使这些曾经的地名、建筑、街区格局都尽力维持原样。这些得以保存下来的犹太遗迹和特色建筑，不仅仅体现了上海犹太人的历史活动，更是上海城市遗产的重要组成部分。

今天，当你走在霍山路上，可以看到很多“安妮女王复兴式”风格的建筑，和 20 世纪 30、40 年代并无两样，门口挂着的牌子也清晰地告诉人们，它在那个年代曾经承载的使命：上海美犹联合救济委员会、远东反战大会旧址；唐山路上有犹太难民聚居点、中欧犹太协会旧址、德国犹太难民协会旧址……走街串巷，仿佛就来到了一个开放式的露天博物馆。

对于曾经在上海居住过的犹太人而言，长阳路 62 号的摩西会堂是另一个非常重要的记忆。它于 1927 年由俄罗斯犹太人集资建造，又称“华德路会堂”，是当年犹太人举行礼拜的中心，上海最大的犹太人社团犹太宗教公会就曾设在堂内。新中国成立后，摩西会堂曾被改作虹口区精神病防治站和区人民防空工程管理所。20 世纪 90 年代，虹口区对此地进行修复。2007—2008 年间，虹口区历经一年多的协调、搬迁后斥资对摩西会堂进行全面修缮，严格按照历史图纸，恢复其 1928 年作为犹太会堂时的外廊式建筑风格和内部结构，并新设展厅重新布展。2008 年 5 月，修复后的摩西会堂作为上海犹太难民纪念馆向游客开放。

走到这些地方，让曾经在上海生活过并重返上海的犹太人异常亲切，似乎生活并没有间断，还是那个房子，那条马路，这些建筑所见证的上海和犹太难民的深厚情谊也得以绵延流长。近年来，提篮桥地区每年都会接待很多当年在此居住的犹太人旧地重游，其中还包括以色列前总统赫佐克、前总理拉宾、奥尔默特和前外交部长佩雷斯等海外政要。

走出国门，传递中国良善文化

2011 年 10 月 31 日，历时数月的“犹太难民与上海”展览在德国汉诺威落下了帷幕，但 20 余件实物展品和 200 余件影像，却并不能按计划回到长阳路上的上海犹太难民纪念馆。它们被德方“截留”了。

展览取材于上海犹太难民纪念馆的馆藏，由“逃亡上海”、“难民生活”、“虹口隔离区”、“重启风帆”、“难忘历史”五个部分组成。尽管已在汉堡、柏林、汉诺威三个城市巡展，但来自德国其他城市的办展请求依然络绎不绝。“他们被上海接纳犹太难民的故事所打动。”虹口区外事办主任、上海犹太难民纪念馆馆长陈俭介绍，馆方已决定将展板和展品留在德国，交由中德文化交流中心代管。预计不久后，它们将在北威州、沃尔夫斯堡等地再度亮相。

据介绍，这些宝贵的展品和影像资料是上海犹太难民纪念馆花费数年才收集到的。上海犹太难民纪念馆在建馆时所接收的少量资料基础上，一直致力于史料收集工作，在接受捐赠和“回忆挖掘”上下工夫，收藏整个上海有关“犹太难民聚居区”的文字和实物资料。工作人员通过与各国使领馆、犹太博物馆和大屠杀纪念馆及研究机构联系，遍寻曾来到上海的犹太难民或其家人、邻居。几年下来，纪念馆搜集到 2 000 余分钟的原难民采访视频、上千幅图片、几十个完整的人生故事和 200 余件实物原件。

纷至沓来的历史记忆不断丰富着纪念馆的展陈，也使其传达的思想脉络日渐清晰。一个个故事串联起来，呈现出两个民族在黑暗岁月中患难与共的历程，亦成为传递中国文化价值观的载体。“温情本身并不是偶然，它与中国文化的某些特质密不可分。”陈俭认为，当年上海人接纳犹太难民的胸怀，很大程度上来自传统文化提供的良善与仁义。“这个小小的纪念馆，也是我们城区形象和城市精神的名片。”

“犹太难民在上海”的故事通过这些丰富的史料正在走出上海，走出国门，它向世界所传达的中国人民的善良和友好，也为大家所普遍认可和接受。2011 年 9 月，纪念馆在与波兰奥斯维辛集中营纪念馆商谈联合办展事宜时，还发生了一段小插曲。听过关于上海犹太难民纪念馆的介绍后，对方原本矜持的态度来了个大转弯。他们破天荒地决定增加展品：五件实物复制品外加 58 分钟纪录片，并告知上海方面“可以随意剪辑”。

展览每到一处，都吸引大批参观者，在德国办展时，还意外遇到几位此前未曾知晓的原在沪犹太难民——他们年事已高，甚至坐着轮椅，闻讯前来只为缅怀当年在上海的珍贵记忆。不仅是曾经在上海生活过的人，更多的是未曾踏上中国这片土地的普通人，这些展品仿佛成了一座桥梁，拉近了素未谋面的城市和人之间的距离。

多管齐下，生动再现往昔记忆

要真正让“犹太难民在上海”的文化品牌打动人心，硬件保护要做好，但这只是基础性的工作，更为关键的是要发掘这些留存犹太难民在上海生活记忆的建筑、路名背后所蕴含的情感故事。为了让这些被历史尘封的往事，艰难世事下的亲情、友情、爱情可以穿越时空继续保持旺盛的生命力，虹口区决定把重点放在讲述犹太难民的情感故事上，并不懈尝试各种新的传播手段和方法。

2005 年，在世界反法西斯战争胜利 60 周年前夕，《虹口记忆：1938—1945 犹太难民的生活》一书历经两年时间的调研、拍摄、编辑后出版，当年虹口犹太人的老邻居对往事的回忆串起了尘封的历史，大量经黑白处理的珍贵照片重现了当年虹口犹太人生活的历史画面，展示了虹口的人文遗产，也为虹口提篮桥地区的现实场景赋予了“旧”的意义和“新”的价值。

2008 年 6 月，虹口区又和以色列驻沪总领馆合作启动“犹太人在上海”数据库，进一步收集整理 20 世纪 30、40 年代在沪避难的近三万名犹太人资料，里面包括这些人的姓名、性别、来源地、职业、简历、去向、联系方式等信息，并将其无偿提供给公众查询。在中以两国历史上，这样大规模的史料抢救合作尚是首次。

2011 年 3 月，电影《米拉尼的小提琴》开始进入人们的视野，该片由中美合作联合出品，主要描述二战期间因纳粹迫害避难上海虹口区的犹太人的故事，曾因《辛德勒的名单》而获得奥斯卡最佳制片奖的布兰科·拉斯蒂格(Branko Lustig)担纲制作这部影片。这部电影将让更多人了解犹太难民避难上海的这段历史，提升上海犹太难民纪念馆的国际知名度。

2012年3月22日至4月1日，中国首部描写犹太难民、日本军官和当时上海人在二战时的特殊关系的原创音乐话剧《苏州河北》上演，展现了日据时期在上海躲避"大屠杀"的犹太难民的生活。

……

"犹太难民在上海"的内容就这样越来越丰满了起来。我们也相信，以这样有血有肉的历史事实来彰显中国人民的人道主义传统和中国文化中的真善美价值观，必将有助于进一步提升中国的国际影响力，促进中国对外政治、经济、文化交往与合作的发展。

如何充分运用信息网络，拓展党建工作的内涵和空间，创新联系群众的方式？上海自2008年起开始推行的“双版主、双进入”虚拟社区管理方法，给出了自己的探索和经验。“双版主”，就是居委会干部与网民选出的版主共同担任业主论坛的版主；“双进入”，就是居委会干部进入网络论坛，而论坛版主进入真实社区，双方加强交流沟通，配合政府部门工作。在网络新兴媒体迅猛发展，新时期党的基层组织建设备受关注的时代背景下，这一管理方法有效解决了现实与虚拟社会之间的信息与管理不对称问题，不仅破解了网络社区管理难题，还搭建起为民服务的全新舞台。

“小巷总理”：网上为民解忧

汪　轩　梁建刚

哪里有群众，哪里就有党的工作。

自2008年起，社区干部上网当版主的探索，由杨浦区新江湾城街道的星星之火，蔓延到全市多个区县有组织、有系统地推行。

三年多来，全市有近2 500名社区干部接受了系统培训并上网开展工作，活跃的社区干部网络版主有近300人，日均发帖5 000余条，总计发帖量已经接近10万条，在做好新形势下群众工作、提高社区干部为民服务能力、促进社会和谐稳定等方面取得了积极成效，引起了各方广泛关注。

社区新版主

“宝宝要打预防针了，谁能帮帮我？”

2010 年 4 月 27 日，杨浦区新江湾城街道一户新添宝宝的居民正为宝宝满月打预防针的事有点烦恼。家人想起了小区的网络论坛，于是坐到电脑前进入小区书香银苑业主论坛，发帖询问："小孩子打预防针好像都要去对口的地段医院。有谁知道我们小区对口的地段医院在哪里？先谢了。"

十多分钟后，附近一栋居民楼里，居委会书记孟海梅午饭后如常打开电脑进入小区论坛。看到这一帖子，她立即回复："我们政立路对口医院是殷行地段医院，地址是杨浦区包头路 959 号。"

马上，又有网友跟帖："请问户口在政立路的话，孕妇建小卡也是这家医院吗？"看到询问，孟海梅立即打电话向计生委员询问，得到准确信息后，她再回帖："是这家医院。凭双方单位开出的初婚未育证明，还有户口本、身份证、结婚证到居委会办理孕妇联系单，然后凭此单到医院建小卡。"

一来一往，孟海梅意识到小区最近新添宝宝的家庭应该不少，很多人都对相关信息了解不多。上班后，孟海梅特意组织居委会干部，系统梳理有关孩子、孕妇等各种问题，通过相关部门解答，在网上一次全部发帖公示，这下再没有人问类似问题了。

一个下午，一件突发，一条帖子，一位"版主"。其实她能做的，还有"置顶"（将帖子放在最上方醒目位置），亦可"潜水"（浏览帖子了解社情）或"冒泡"（发帖回复表达意见），当然也可以删帖。

这是上海首批社区干部网络论坛版主之一。这是在上海率先试点的杨浦区新江湾城社区。这就是上海正全面推开的"双版主、双进入"网络社区创新管理模式。

简单地说，所谓"双版主"，就是居委会干部与网民选出的版主共同担任业主论坛的版主；"双进入"，就是居委会干部进入网络论坛，而论坛版主进入真实社区，双方加强交流沟通，配合政府部门工作。

社区工作的老话是串百家门、知百家情、理百家事，但面对快节奏、私密性的现代居民生活，尤其已将上网作为一种生活方式的现代新型社区居民，居委会干部加入业主论坛，参与居民的话题讨论，耐心倾听居民心声和意见，努力满足居民需求，引导居民理性表达，就成为一线工作法的新内容。这是网络带来的全新串门法、知情法、理事法。

"20 世纪 50、60 年代的居委会干部要会拿扫把，70、80 年代的居委会干部要会拿笔杆。如今啊，居委会干部可要会拿鼠标。"新江湾城一位社区干部笑着说。

互动新家园

如今，新江湾城已有 17 个小区业主论坛，累计发帖量 60 多万个，平均日在线人数超过 3 000 人。每天上班先打开业主论坛，看看居民关心的话题，已成了每位社区干部的头等大事。

但很多人可能并不知道，如今备受称赞的探索，最初竟源自“被逼”。

对这一点，新江湾城的社区干部都很坦诚。“其实，某种意义上讲，认真关注网络民情，积极开展网络社区交流和服务，也是被逼出来的。”街道负责人说起了这样一件事。2007 年年底，由于新江湾城社区中心部位某楼盘的一些问题，业主论坛上反映的意见较多。这一情况，被街道宣传干部及时发现并上报，各方面积极应对，避免了事件恶化。恰巧，没隔多久，上海市网宣办（上海市网信办前身）和杨浦区委宣传部联合举办专题培训班，参加培训的干部们一下子深有感触：“当时我们

社区干部在讨论如何与网友有效互动。

新江湾城的业主论坛已总计发帖约23万条，在居民中影响很大，学习利用这个平台，使之成为通达民意、了解民情、疏导民怨的有效载体，真是太及时、太重要了。”

社区干部上网与居民互动，线下解决问题，究竟有什么好处，有多重要？

新江湾城街道东森涵碧小区居委会的经验是：来自网络的声音，最及时反映居民关切，第一时间回复，再复杂的事件也能有效处理。2009年8月，小区论坛上出现了政悦路即将拓宽的消息，一时间真假消息被炒得火热，有网民提出“大家签名抗议”。发现问题的东森涵碧居委会(筹)干部孙波和其他社区干部一面稳定群众情绪，一面迅速向有关部门核实情况，得到道路没有拓宽计划的确切消息，旋即上网发帖澄清，又组织业主沙龙线下面对面交流，再请来区建交委领导说明情况，使事件得到平息。

居民的事儿、百姓的事儿，大多“一地鸡毛”，而它们往往又是居民切身利益的所在和真实心声的表达。“让人气愤，好不容易想周末睡个懒觉，早晨6:30就被头顶的装修声吵醒了，真想打110……”这是雍景苑社区居委书记张洁看到的一条帖子。她查清地址、找到物业、现场劝阻，之后，又想到小区新建，类似问题应该还有许多。于是，张洁立即展开调查，在网上回复，到现场调解，一来一往间，一些触及居民利益的事儿都一一迎刃而解。

更让社区干部感受到网络价值的，是论坛交流一个对一群，信息能更有效便捷地送达，过去只能走访、发布告栏的时代一去不回了。让古浪苑居委会顾培红印象深刻的，是沃尔玛在小区附近设店前，需要招聘员工，原来只能在小区内张贴招聘启事，现在发布到网上，一周内点击量就达到了8 000条，这让她很激动。“过去贴通知，不知道大家看了没，但现在很清楚，起码有8 000人次点击看过。”

充分运用百姓广泛使用的社会网站，听到群众最真实的声音，广泛收集民意、反馈民情，权为民所用，情为民所系，利为民所谋，这是上海全面推进基层网络宣传工作探索创新的亮点之一。也只有如此，政府的服务才能真正实实在在。

串门新方法

林林总总，社区干部做版主的好处说不完，但还有个最实际问题，做版主，你怎样能让居民信服、接受？

“业主论坛是现代化的信息地盘，个中又不乏‘武林高手’，弄得不好是要被踢出去的。”社区干部版主的话，轻松中透着几分感慨。新媒体带来了人与人、人与组织、人与社会之间的更多互动，每个人都可以由信息接受者变成信息发布者，人与人要平等交流。但这对传统的政府管理者们来说，要想成功融入新媒体，这种转型不简单。

简单举两个例子，你知道“硬盘”、“神马”是什么？你可知有时在网络对话中，结尾加个“亲”字有多重要？当网上有人骂你，你怎样处理？这些都是网络沟通的艺术，是网上串门的必需；这些对习惯了公对公的干部们来说，要学。

首先是基础的培训应用。现在，全上海社区干部的基础培训项目都已主要依托上海网络文化建设的公益平台——东方社区信息苑开展，每期培训 40 个课时，以集中授课和定点上机的方式，每位受培训干部都会领到一张“上网卡”，一年内在全市 400 多个信息苑就近上网学习。

社区干部在接受基础培训。

更重要的，是学会网络的语言，了解网络世界的沟通技巧。“在网络论坛上，简单堵舆论、删帖子，是最不明智的。”有社区干部这样评价，“双版主、双进入”模式实现了“虚拟的网络、真实的心”。网络的虚拟，让老百姓更愿意将心里话讲出来，只有正视问题，帮助百姓合理、合法地表达诉求，才能树立政府真正的威信，也让社区干部感受到自己的价值。

当然，实实在在、不断改进的服务，才是走进民心的最终路径。“随着工作深入，我们发现问题的处理解决常需多个单位协作，原‘双版主、双进入’模式已向‘大论坛、全进入’方式探索。不光社区干部，派出所、社区服务中心、街道妇联等都应逐步进入论坛，我们希望以后社区学校、就业指导中心等也能参与进来。”新江湾城街道负责人说，“只有如此，政府的服务才能真正落到实处”。

将400万虚拟注册用户转换为实名注册用户——上海篱笆网率先在网络社区中形成了“真实交往、可信可靠、和谐互助”的行为规则。注册实名制，把守法用网、文明上网的要求，从政府倡导、企业推动，转化为每一个用户的自觉行为。篱笆网的实践证明，一个强有力的规则能大大改善网络环境，能给用户、企业、网站以及社会带来多赢。

扎紧“篱笆” 实名护民

郭艺珺

垃圾信息成堆、“水军”泛滥、恶意谩骂攻击……在互联网时代，这些网络“顽疾”困扰着大多数社区网站。

谁来管？怎么管？2010年，上海篱笆网率先与网民互动，通过注册用户手机实名认证的方式，构建起“真实内容、真实用户”的“真实社区”。扎紧“篱笆”，是为了找到一条创建“清洁网络”的出路。

“万能的篱笆”之困

网络是虚拟的，但网友们的网络生活，从来不是虚无的。

在上海，有一家走过九个年头的同城生活网络社区，被网友们亲切地称作“万能的篱笆”。说它万能，是因为网友人生中的每一个重要阶段，都可以在篱笆网上找到根据地和有用的信息。

钱小姐是2005年注册篱笆网的老用户。从买房装修，到婚礼准备、养育孩子，在这个虚拟社区中，她与处于同样人生阶段的网友一起讨论问题、分享经验，“虽然彼此素不相识，但感觉如朋友般亲切”。她自诩自己的生活已经被“篱笆化”，登录篱笆网是她每天的必修课。

可是钱小姐两年前却遇到了一件令她气愤的事情。当时，她在篱笆论坛的“初为父母”版块发帖询问购买儿童安全座椅。一位妈妈用自身经历推荐了一个品牌，谁知用了几个月就裂开了。她后来发现，那个“妈妈”换了“马甲”不断推荐。

钱小姐所遇到的问题并不是个案。随着社交网络的兴起，越来越多的人在网上结交朋友，获取信息，表达想法……但是，互联网上诸多不良现象也愈演愈烈，虚假信息、恶意炒作、语言暴力，让很多和钱小姐一样的网友遭遇一次次不愉快的经历。

受网络“垃圾”骚扰的网友们很受伤，“万能的篱笆”也感到很困惑。

创建于2002年的篱笆网目前注册用户超过400万，已是家庭装修和婚庆服务信息的聚集地，日均2 500万人次的浏览量。正是这个上海本地化的社区网络成了各色“网络水军”的重点“渗透”目标。

篱笆网总裁张国华坦诚说：“随着我们社区里网友越聚越多，商业价值不断上升，大量乔装打扮的网上推销员潜入，种种忽悠乃至坑蒙拐骗，败坏了大家的消费体验；在各个讨论区，仗着虚拟身份，有些人把问题探讨变成了人身攻击和‘人肉搜索’；遇到一些突发事件，不少过激言论煽动和影响着网友情绪……”

其实，这不只是篱笆网独有的困境，而是国内网上社区普遍头疼的问题。为了净化环境，一些社区网站被迫关闭遭“网络水军”侵袭的重灾区，可这又会影响大多数网友的交流互动，也影响网站自身发展。

“规则”护航网络社区

为将网络垃圾拒之门外，再三权衡之后，篱笆网决定建立一支“网络社区管理员”队伍。

市民夏先生是“篱笆网”蜜月版的管理员，网名“大熊猫”的他，早在八年前就注册成为“篱笆网”会员，堪称元老。类似夏先生这样，“篱笆网”还有很多义务和专职的管理人员，他们24小时负责社区的稳定和“清洁”工作。

这也是一支没有任何商业业绩考核的社区管理员队伍。“对他们的唯一考核就是社区的稳定和纯洁。”张国华介绍说，这支社区管理员队伍实行 365 天×24 小时的“社区巡视”，在用户眼里，他们是社区的服务员、调解员；在“水军”眼里，他们是社区的巡警和城管。

尽管有专人每时每刻管理，但随着用户的不断壮大，篱笆网管理层发现，光靠人的管理，还会出现疏漏和差错。“大熊猫”说：“有一段时间，‘水军’专挑凌晨3:00大量发帖、刷屏。”“常回家聊聊”版块的斑竹、网友“板寸”也提到，“水军”袭来，网友们的原创帖、求助帖就被“淹没”在各种垃圾信息的海洋里。

网站每天 50 万条的发帖、回帖量看似很多，但张国华说，在网站实名制认证前，每天删除各类有害信息中仅“网络水军”贴就接近 6.5 万条。

“网络社区管理员”交流经验。

是否还有更有效的管理方式？张国华认为，在培养过硬的技术开发团队，为社区管理员提供技术支撑外，更重要的是建立规则，为用户营造更好的网络环境。

根据国内手机用户多的现状，篱笆网自 2010 年 3 月起推行了“手机号码验证的注册方式”，把虚拟 ID 和手机号码绑定，通过手机号码，进一步与现实社会的真实身份绑定，张国华表示，“在一个有信用的良好社会环境中，我们希望每个人都会尊重自己的历史和信用，会对自己所说的话负责”。对于部分网友提出的“手机认证个人信息是否会泄漏”，张国华给出了否定的答案。“只有网站 CTO（技术总监）一人可以接触到用户真实身份信息，其他人都无此权限。”

早在创办初期，篱笆网就已对商户实行实名认证，保证交易安全。但“全网络实名制”情况不同，“手机号码验证注册”方案实行当月，访问量下跌了 23％，许多习惯虚拟身份的用户转投他网。但篱笆网没有动摇：“用户需要一个能彼此信任的社区。”

不久，实名制的正面效果显现：篱笆网上的“水军”大大减少。“以前，我们的管理员和版主每天要手工删除六万多条‘水军帖’，2010 年 4 月推出实名制后，每天只需删除一万条了，一年以后，每天的删除量只有 1 500 条左右。”篱笆网网站总编嵇晓雄说，在“手机号码验证注册”的新规则下，“水军”每更换一个 ID，就需绑定一个新的手机号码，这大大增加了他们的“成本”。而对网站来说，网站监管从被动转换成主动的角色。

“真实社区”倍增信任感

其实，篱笆网也有担忧：实名发帖，用户会有顾虑吗？2011 年 1 月，篱笆网对 876 名注册用户的问卷调查显示，23％的用户称“一开始就没有什么顾虑”，68％的用户说“开始有些顾虑，现在基本没有了”。绝大部分网友对此持高度赞同态度，81.5％的网友称赞此举“抑制了商家炒作，赶跑了‘网络水军’，信息更真实”，92.3％的网友认为“基本杜绝了违法不良信息”。

不过，篱笆网管理层坚信，当“网络水军”消失、虚假广告消失、“人肉搜索”消失，“本分”的网民就愿意长期留驻，新用户也会不断涌入。两三个月之后，篱笆网的访问量果然止跌企稳，并且重新增长。目前，老用户中，50％已转为实名认证用户，新注册的用户 100％实名。

篱笆网探索真实社区，受到广泛关注。

不仅仅是维护了虚拟网络环境，在实名认证后，网站对用户的管理更加科学有效。篱笆网规定，将三个月无违规记录的用户列为“安全用户”，三次以内一般违规的用户为“观察用户”，多次违规或严重违规，取消用户资格。

在注册实名制的基础上，篱笆网还进一步建立了用户分级管理制度、不良信息和网络水军防范系统、社会事件和网络舆情预警、研判、汇报机制。这些制度和机制的建立，把虚拟社区管理的“篱笆”扎得更紧了。据篱笆网统计，注册实名制前后因为过激言论和低俗内容被删除的帖子数量，其下降幅度分别达到30%和60%。此外，在重大活动和突发公共事件上，实名制使网站的应对能力更加处于主动位置。

篱笆网蜜月版的版主“Aadyxia”就发现，实行用户实名认证后，社区的管理工作轻松多了，“以前会有各种各样的旅行社发帖做广告，有的用户出去旅游后发现和之前的承诺不符，导致我们在会员纠纷调解上花费了大量时间。现在‘水军’发帖、虚拟广告、违法不良信息的数量大为减少”。

2011 年 3 月，“资深篱笆女”钱小姐也回到网站，她感受到了明显变化，“论坛就是另一个社区，我们住在一个小区，有了平等的规则，就能更好地管理小区，让小区更干净、更文明、更和谐”。

有专家表示，真实社区的追求已经成为当今互联网的趋势之一。例如，美国 LinkedIn 就是一家实名注册、真实社交的社区，人们在上面找工作，比在传统招聘网站上容易得多。此外，Facebook（脸谱网）、Google（谷歌）也都在追求建立真实的网络社区。只不过篱笆网是实行手机号码实名验证，他们是通过对内容的分析实行实名制。

随着用户实名制带来的网络环境改善，篱笆网的技术团队腾出了大量的精力开发新产品，“我们相信，篱笆网建立真实社区的长期探索和不懈努力，会取得让用户、企业和社会三方满意的效果”，张国华信心十足地说。

创立四年，上海淘米科技网络有限公司坚持“妈妈放心，孩子欢喜”的经营理念，打造了“摩尔庄园”、“赛尔号”等多个中国儿童民族卡通品牌。淘米的产品为什么能让孩子喜欢，让家长放心？关键是创新了中国儿童通过互联网获取健康快乐的方式。淘米创作健康向上的儿童网游及衍生产品，对于改变当下网络游戏的芜杂局面、提升网游特别是儿童娱乐产业的品质和艺术，都是一次值得肯定的尝试。

孩子“淘米” 妈妈放心

陈 茜 郭艺珺

在母亲节设置小游戏，引导孩子跟妈妈说“我爱你”；培养孩子良好的上网习惯，每天凌晨到6:00关闭服务器；每隔45分钟强制用户休息；家长可通过手机或电子邮件绑定孩子的账号，随时监督……

2008年4月25日，淘米推出了国内第一款面向儿童的网络虚拟社区《摩尔庄园》，独创了儿童网络产品运营规范，注重情感教育成为特色。三年一度的中国出版政府奖，在2011年把音像电子网络奖颁发给淘米旗下游戏《摩尔庄园》，开了儿童网游先河。

淘米用自身发展证明，只要构建行业内绿色、健康的上网环境，中国的孩子们需要并且可以在儿童网游世界里快乐地成长。

建孩子的快乐庄园

2011年7月29日，上海漕河泾开发区一幢大楼里，淘米又一次迎来了60多位

"淘米接待日",小"摩尔"和他们的家长们被深深吸引。

参观体验的小"摩尔"和他们的家长。"摩尔",是淘米首创的国内第一个网上虚拟社区"摩尔庄园"里的形象,孩子们在这个虚拟社区里都是以"摩尔"的形象出现。从2009年年底成立"接待团"、设立"淘米接待日"至今,淘米已接待近百批次的儿童和家长。

看着小朋友们一会儿摸摸玩偶,一会儿对扭蛋感到好奇,淘米创始人兼CEO汪海兵更坚信:"孩子们喜欢我们的产品。"

登录"摩尔庄园",用户只要通过注册流程就可以获得一个可爱的鼹鼠卡通形象,拥有自己在庄园里的住所,通过打工、游戏、帮助别的同伴获得"摩尔豆",然后用自己所挣得的"摩尔豆"装扮自己、装扮小屋。

在这个由淘米产品团队原创的社区里,设置了近20个不同的活动场景、十余个互动参与的任务、数个小游戏,打造了么么公主、菩提大伯、凯文叔叔、丝尔特姐姐等数个原创卡通人物形象。

汪海兵说:"相比于学习知识,孩子们也许更想从网上获取快乐。"在摩尔庄园里,每周都会发生新故事,孩子们参与故事发展,游戏剧情每周更新一次,相当于孩子每周看一集动画片。"摩尔庄园"俨然成了一部"可以玩的动画片"。

圣诞将至,圣诞老人却被绑架了。如果不去解救,所有人都将不会收到圣诞礼物,对摩尔庄园来说,这是一个巨大的危机。

你,庄园里的一名普通摩尔,踏上了去解决这个危机的道路。完成一系列的任务后,找到圣诞老人的衣服。

圣诞老人告诉你被绑架的原因,原来人们已经忘了圣诞节的含义是爱和给予,而只是索取礼物,捣蛋鬼们希望通过绑架圣诞老人,让所有人过一个没有礼物的圣诞节,从而理解圣诞节的含义。

这就是摩尔庄园的圣诞节任务——儿童们在拯救圣诞节危机的同时,也明白了圣诞节的意义。这样的游戏任务符合儿童的兴趣与心性,也不难完成。但对于儿童,已经有足够并且适当的吸引力。

在淘米首席运营官程云鹏看来,这正是淘米的优势,"一般游戏讲格斗、打拼,我们的游戏讲故事。比如玩贴春联,小朋友不懂为什么要贴,我们就讲一个好玩的故事,东方来了一条船,船上装满春联、福字……"2008 年淘米首款游戏"摩尔庄园"问世,被称为"可以玩的动画片"。短短三年,淘米先后推出"赛尔号"、"小花仙"、"功夫派"、"哈奇小镇"等七款游戏,在儿童游戏市场遥遥领先。

讲吸引人的故事,还要讲有教育意义的故事,2011 年六一期间,淘米联合上海团市委开展"我把幸福告诉你"活动,通过一个个游戏形象,教孩子们认识什么是真正的幸福。母亲节期间,"摩尔庄园"开展我爱母亲活动,收到超过 70 万条写给母亲的真心话;西南地区遭遇旱灾,"摩尔庄园"通过游戏任务进行环保教育,得到逾 61 万名儿童响应。

设身处地为家长着想

在摩尔庄园之前,中国的孩子在互联网所能得到的绿色健康的服务几乎处于空白,唯一存在的是小游戏,玩单机版的小游戏。

然而,游戏也好,动画片也罢,如何吸引用户又不让他们过分沉迷,是绕不开的话题。

对于儿童沉溺游戏的担忧，淘米有独特的对策。为了让家长安心，淘米每晚24:00到次日早晨关闭服务器，将孩子“拒之门外”，寒暑假也不例外。程云鹏说：“由于时差，海外用户会抗议，因为他们那里是白天。不过考虑绝大多数用户，我们还是坚持这样的选择。”每个游戏隔45分钟强制休息，如果连续在线2小时，游戏体验将下降，或者速度变慢。

淘米首创的国内第一个儿童网上虚拟社区“摩尔庄园”，深受孩子们和家长的喜欢。

细心的开发者还考虑到了键盘的安全问题，淘米在中国第一个推出儿童虚拟社区产品不支持数字键盘输入，这一举措有效地防止孩子泄露电话。此外，淘米成为全国首个提出儿童安全上网绿色公约的运营商，摩尔庄园通过与儿童互动flash小游戏的方式，让他们知道如何进行互联网使用的自我管理。淘米甚至开发了儿童浏览器，从源头上屏蔽不良信息，让家长放心。

一个特别的“管理系统”为家长设置专门账号，与相对应的儿童账号进行捆绑，可以查看孩子的登录情况、在线时长以及消费记录，预设儿童账号的用网时间。随着手机、iPad等移动终端盛行，淘米及时升级家长管理系统，设置了“妈妈提醒”功能，帮助家长实时掌握孩子上网娱乐时间。

2011年1月6日，中国第一个儿童专用视频“淘米视频”正式上线，推出了“儿童动漫”、“在线课堂”、“智慧探索”等栏目，还根据儿童年龄层对推荐视频作了细分。

拒绝游戏中的广告植入，淘米创了游戏界特例。“儿童判断力不强，不能让他们过早受广告影响。”汪海兵一直坚守这个原则。

从摩尔庄园的后台数据显示来看，摩尔庄园的绝大多数用户在该款网络产品的使用上基本都能够保证健康的网络使用习惯。用户每天平均在线时长在半个小时左右，60%的用户登录集中在周五的晚上和周六、周日。

“小摩尔”们在接触互联网游戏的同时，学会了克制、守纪和交流。而这些，正是孩子们在这个新时代逐渐缺失的东西。在安全的游戏中寓教于乐，也成了家长们放心的理由。

早在2009年，程云鹏组织编写了中国第一个《儿童绿色上网家庭手册》，这一国内第一部儿童互联网安全教育图册，引导孩子绿色健康的网络使用习惯，目前已向社会免费发放五万余本。淘米还携手复旦大学建立了中国第一个公益“儿童与网络研究实验室”，从实际研发互联网产品的厂商角度，参与研究帮助儿童健康上网的举措。

潜移默化之中，并不是所有的家长对这类儿童虚拟社区表示出反感，相反已经有一些家长开始认可这种儿童游戏社区了。“与其让孩子在网上玩那些血腥、暴力、色情的游戏，还不如让他们来玩这种干净的游戏，疏导比压制要有用得多，因为我也不可能24小时看着孩子，让他不上网、不玩游戏。”一位家长表示。

打造中国儿童卡通品牌

为了让“孩子喜欢，妈妈放心”，淘米将广告商拒之门外，宁可用笨方法发展，从网络走到现实，打造“全媒体迪斯尼”梦想。

2012年4月，作家黄海锋创作的小说《赛尔号英雄战队》面世。这部小说就是以“赛尔号”为原型。黄海锋说：“‘赛尔号’与成人游戏有很大区别，它更像一个运营在互联网上的卡通故事，有故事主线、鲜明形象、自成一体的价值观，这是我看重这类素材的原因。”

事实上，淘米授权的实体图书发行已近1 500万册。4月，网站将推出根据“摩尔庄园”改编的第一套电子书《摩乐乐成长记》，与动画片配合的抓帧书计划也在进行中，有望覆盖约100万小读者。

在动画片领域，2011 年 6 月淘米推出第一部国产动画片《摩尔庄园》，为孩子们提供绿色、健康、高品质国产动画片及品牌，赢得受众和专业人士肯定，在全国 95 家省市级电视台播出后，重点受众超一亿。2011 年 7 月淘米首次推出动画电影《赛尔号》(寻找凤凰神兽)，倡导环保主题，以 4 700 万元票房拿下暑期国产动画电影票房冠军，获得有中国动漫界奥斯卡之称的金龙奖最佳动画长片奖，并入选“国家动漫精品工程”。2012 年，《摩尔庄园》和《赛尔号》续集电影都已蓄势待发，直指暑期档。

电视机小屏幕上，同样活跃着淘米的卡通形象。在金鹰卡通等全国 100 多个电视频道，现在都可以看到淘米动画片。未来五年，淘米计划围绕《摩尔庄园》和《赛尔号》打造千集动画片，每年 200 集。

汪海兵一再强调：“‘妈妈放心、孩子欢喜’不是淘米的经营策略，而是整个公司的经营价值观。”为此，淘米在多个领域做出了尝试和努力。在内容方面，淘米做绿色、有利于孩子们健康成长的故事情节；在品质方面，淘米坚持精益求精，不追求分钟数而追求高质量，前后推出动画片三季 156 集；对于合作方，淘米选择业内最有口碑的。

公共文化服务体系建设

社区学校：没有围墙的大学校
文化指导员：把艺术送进社区
东方讲坛：讲给百姓听
东方宣教：配送文化的“中心厨房”
东方信息苑：市民的文化便利店
数字电影“高速”进乡村
一卡畅通268家图书馆
星期广播音乐会：坚守公益30年
市民音乐会：“高贵”不贵
“低票价”：让寻常百姓走进艺术殿堂
“天天演”：繁华都市中的欢乐舞台
上海电影节：“亚洲戛纳”星光闪耀
上海书展：全民阅读 书香满城
世博信息服务：引导7 000万客流

这里是“从摇篮到拐杖”的学习园地，这里是丰富多彩的文化乐园，这里还是弘扬海派文化的平台和市民的精神家园。上海全市已有220所社区学校、5 000多个分校及教学点，95%以上为整建制，开设了八大类1 200多门课程，还有通用教材，在校学员达35万。去社区学校已成为许多市民的生活方式。在这些显著变化的背后，是上海东方社区学校服务指导中心的专业化指导、多元化服务和规范化管理。

社区学校：没有围墙的大学校

李　婷

当78岁的龚金盛在电脑里把妻子前些年的笑脸嫁接在自己拍摄的影像旁，爱人一脸诧异：“我什么时候和你拍过这张照片？”老龚是社区学校摄影班的学员，在班里，他学到了不少数码摄影的技巧，尤其是PS技术大有长进。如今，通过电脑对摄影作品进行后期制作，是他生活中的一大乐趣。

像老龚这样退休后还去社区学校“充电”的居民，在梅陇镇不在少数。闵行区梅陇镇社区学校共开设了40多门课程、100多个班，包括书画、器乐、数码等。每逢春秋两季报名日，来报名的人络绎不绝，有当地的社区居民，也有外来务工者。去社区学校，已成为许多上海市民的生活方式。

据统计，全市已有220所社区学校、5 000多个分校及教学点，遍布17个区县的200多个街道乡镇、4 000多个居委村委，常年在校学员达35万。广大居民称赞社区学校是“没有围墙的大学校”。

95%以上的社区学校为整建制

社区学校最早可以追溯到20世纪50年代的“扫盲”运动，上海建起了一批成人学校。到70年代末80年代初，为满足老年人的精神文化需求，应运而生的老年学校是中老年朋友的乐园。进入90年代以后，市民学校成为继成人学校、老年学校后又一支社区文化教育的生力军。1997年6月，静安区静安寺街道社区学校在市西中学挂牌成立，这是上海首家社区学校。此后，全市各街镇社区学校陆续建立。

上海市社区学校通用教材及相关资料。

成立于2004年的上海东方社区学校服务指导中心，专门组织协调各区县相关部门，对全市街镇社区学校及分校、教学点开展专业化指导、多元化服务及规范化管理。“中心”组织编写的“社区学校通用教材”自2006年面世以来，陆续出版了《魅力科技》、《医学常识》、《网络天地》、《收藏文化》等众多书籍，几年来累计配送数量达到120万册(套)，为众多社区学校的内容建设提供了有力的支持。近几年，中心积极推动全市社区学校的整建制改造，短短几年间，95%以上的社区学校已实现了从借用制到整建制的过渡变迁。

2012 年 3 月 15 日，由市文明办、上海东方社区学校服务指导中心主办的首届上海市社区学校校长研修班正式开学，将用两年时间对全市 220 所社区学校校长开展集中研修，不断提高社区学校管理队伍的理论素养、工作水平及服务能力。这也标志着上海社区学校向规范化运作方向发展。

“从摇篮到拐杖”的学习园地

珠算，曾是小学数学的必修课，但如今许多孩子却无缘学习这门“古老”的技能。在徐汇区华泾镇社区学校，新布置了一间教室，里面除了各种充满童趣的招贴画和写有数字的玩具，还有一只只小算盘。学校招收了 70 多名社区里的孩子，每周双休日教他们在游戏中学会“珠心算”。即在头脑中形成一个“虚拟算盘”，听到四则运算后，利用“珠映像”的变化进行心算。这大大提高了孩子们的思维能力，来报名的人趋之若鹜。

社区学校的课程安排可谓丰富多彩，令人目不暇接，共设置了社科、语言、科技、技能、养生保健、表演艺术、视觉艺术、手工艺术等八大门类 1 200 多门课程。

外籍志愿者老师与社区学校英语班学员互动。

从孕妇的育儿知识，到 0—3 岁婴幼儿智力开发，到未成年人的传统教育、中青年的充电培训、心理咨询，再到老年人的养生保健等，几乎涵盖了各年龄层次。

68 岁的刘大爷，是浦东新区洋泾街道社区学校的学员。每天早上 8:00，把孙子送去上学后，刘大爷一般都会来这学习书画艺术，度过一天的时光。刘大爷说，自从八年前退休后，洋泾街道社区学校成了他日常生活的重要场所。白天，儿子、媳妇去上班，孙子上学，家里只剩他一个人。挥毫泼墨不仅提升了艺术修养，也少了一人独处的寂寞。刘大爷说，这样的生活蛮好。

“从摇篮到拐杖”的全过程培训为社区学校带来了人气和底气。2012 年 1 月 15 日，洋泾街道社区学校正式启动招生，第一天报名人数就达到了 700 多人。现在，学校每年有近 5 500 人次的居民在校学习。更有一些社区学校的热门课程，需要提前报名预约，甚至要托人说情“开后门”。

丰富多彩的文化乐园

许多社区学校积极搭建平台，促成社区文化团队的组建和展示，让社区学校成为居民名副其实的“文化乐园”。

以长宁区新泾镇社区学校为例，组建了田野合唱团、田野舞蹈队、田野书画社、田野沪剧团、田野江南丝竹队、田野摄影协会等 12 支文化团队。现在，以“田野”命名的各类文化团队已有 200 余支，参与人数超过 20 000 人，常年开展演出、展示等各类群众性文化活动 300 余场次，几乎“天天有活动、周周有演出”。

2011 年 11 月 3 日，首届上海市社区学校展演活动正式启动，来自全市各区县社区学校的 25 支文艺团队近 500 名演员参与了首场展演。在为期两个月的展演期内，全市各区县 220 所社区学校近 70 支文艺团队的 1 500 多名演员进行了舞蹈、时装、戏曲、拳操、歌咏、器乐等六大类专场演出。同时，在全市 17 个区县的 29 个分会场也集中展示了一批社区学校优秀特色项目，内容涵盖剪纸、编织、微雕、顾绣、绒绣、舞龙、农民画、瓷刻、书法、鼓文化、打莲湘等，生动反映了广大社区居民在社区学校的状态。

社区学校还是弘扬海派文化、推广传统文化的有力推手。比如，闵行区莘庄镇社区学校推出的《莘庄蛋壳画》等五门特色课程，就是为了满足社区居民学习传统文化的需求而设置的。而金山区廊下镇社区学校的打莲湘、宝山区淞南镇社区学

首届上海市社区学校展演活动。

校的皮影戏舞蹈队、杨浦区五角场镇社区学校的剪纸沙龙等，无不打上海派烙印、富有浓郁的地方文化特色。

在2010年的上海世博会，社区学校的作品更是“露了一手”、惊艳一片。松江区泗泾镇社区学校的雕刻班几位学员联手创作的《“上海三景”竹木微雕》，受邀献展上海世博会，受到观众喜爱。普陀区宜川路街道社区学校的海派瓷刻还参加了上海世博会公众参与馆“秀空间”的特色展示，获得中外嘉宾的好评。

星罗棋布的精神家园

而从诞生那天起，社区学校就在提升上海城市精神文明水平、市民素养等方面扮演着一个不可或缺的重要角色。

在2006—2007年度上海市政府实事项目“百万家庭学礼仪”系列学习行动中，上海东方社区学校服务指导中心组织全市社区学校，共完成“学礼仪”培训考核57万余人。此外，“百万社区居民世博知识”培训近250万人；“百万社区居民文明观博”培训超过170万人；“百万社区居民世博双语”培训近百万人。许多社区学校还推出“车轮式”的滚动培训，实现满额开班、天天有班。同时，在居(村)委教学点举办了礼仪践行班、双语学习辅导班、世博知识讲座等，培训对象从原先的社区居民，扩大到社区内的企事业单位、外来务工人员等，深受社会好评。普陀区真如镇和桃浦镇的社区学校结合农民工多的特点，更开设了世博双语农民工培训班，为农民工提供免费培训。

为保证重大培训工作的顺利完成，上海东方社区学校服务指导中心对社区学校的培训在课程设计、课时规定、培训方式等方面提出明确要求，并依托上海市社区学校网，开通在线培训及网上考试绿色通道，开设学习课件下载专区，累计访问量达1 500多万人次。

在键盘上敲击对生活的感悟，在琴键上弹奏对生命的热爱，用创意剪裁对时尚的见解，用巧手编织对美丽的憧憬……课堂、舞台、广场，到处可以看到社区学校学员的身影，他们是上海精神文明建设和公共文化服务的又一道亮丽风景。

在全市17个区县200多家社区活动中心里，活跃着2 000多名文化指导员的身影。五年多来，上海东方社区文化艺术指导中心搭建了一个覆盖全市的指导员网络派送平台，根据社区需求和预约，派送指导员近六万人次，辅导社区艺术团队2 000余个，指导社区文艺爱好者160万人次。社区文化指导员涉及音乐、舞蹈、戏剧、曲艺、书法、美术、摄影、非遗等多种艺术门类，他们走进街道社区、乡镇田头，带去了高雅艺术，提高了居民的修养，还帮助文艺爱好者登上了向往的舞台。

文化指导员：把艺术送进社区

奚佳璐　卢秋勤

在上海，无论你住在哪里，出门15分钟就能找到一家社区文化活动中心。在这里，在琳琅满目的“文化菜单”面前，上海东方社区文化艺术指导中心的“指导员派送”当数最受欢迎的项目之一。

2006年9月，上海东方社区文化艺术指导中心（以下简称“指导中心”）正式挂牌成立。

五年多来，“指导中心”以本市专业文艺院团和文化机构为依托，通过培训、认证、推介，建立了一支融音乐、舞蹈、戏剧、曲艺、书法、美术、摄影、非遗等多种文化艺术门类、人数达到2 600多人的社区文化指导员的资源库。

五年多来，“指导中心”搭建了一个覆盖全市200多家社区文化活动中心的指导员网络派送平台，根据社区需求，派送指导员近六万人次，辅导社区艺术团队2 000余个，指导社区文艺爱好者160万人次。

五年多来，“指导中心”架起了一座通往社区的文化艺术之桥，高雅艺术走进社区，专业艺术工作者走向民间，“乡音和曲”社区戏曲大赛、“舞动精彩”社区舞蹈时装大赛、“浪漫海滨”社区合唱比赛，一台台来自街道社区、乡镇田头的社区文化指导员辅导成果的展示性比赛，已经成为每年中国上海国际艺术节群文活动的一道亮丽的风景线。

“文化指导员”社区受宠

徐家汇街道社区文化活动中心坐落于热闹的南丹路上，六层的大楼内几乎囊括了所有的文化活动项目：舞蹈教室、摄影沙龙、戏曲教室……如果你想知道社区文化指导员在哪间教室辅导，那么你只要稍作观察，哪里的学员最多，哪里就一定有一位正在认真辅导的指导员。

每个星期三，来自上海民族乐团的李裕祥老师都会来到徐家汇社区活动中心辅导这里的民乐队。不大的教室里，民乐队的队员们坐得满满当当，在李老师的指挥下，拿着乐器演奏得颇有专业水准。自从李老师来这里辅导，整个乐队的水平都上去了，不仅教他们怎么演奏，还告诉他们很多民乐知识。在教室的最后，还坐着七八个学员，他们既没有乐谱也没有乐器，可是这听课的认真劲一点都不输前面的队员。其实啊，这些“板凳选手”可都是李老师的铁杆粉丝，听得最入神的王阿姨自称是头号粉丝。王阿姨说，平时她没什么别的爱好，就是喜欢听听民乐。下个月，她就要叫儿子帮她也买一个乐器，争取早点脱离“板凳选手”，转正做一个真正的乐队队员。

据活动中心的负责人介绍，活动中心的文艺团队有舞蹈、合唱、摄影、戏曲、戏剧体验、大众乐团等等，自从李老师来民乐队辅导以后，这里的团队都想申请一个“指导中心”的指导员。

“现在报名进沪剧班的人真不少，大家都慕名而来，教室里位子都摆不下了，很受欢迎。”虹桥街道社区文化中心主任项明媚说，每周三，只要沪剧班一上课，这里就是整幢楼最闹猛的地方。

眼见课程深受大家欢迎，也让平雪瑛这样的专业沪剧演员信心倍增。“看到沪剧在社区里人气那么旺，我自己也很感动，大家上课都很要学，这是我们沪剧的希望。”作为专业院团的演员，平雪瑛是第一批加入社区文化指导员行列的，同时也是

“上海市十佳优秀指导员”。虽然没有丰厚的报酬，但是，为了这份热情，平老师也一教就是四年。

四年前，在单位领导的鼓动下，她走进了社区文化中心的课堂，向这些沪剧迷们教授唱法。“第一次还挺不好意思的，虽然舞台经验丰富，但真的站上讲台，还是有些不习惯。但是，社区里的这种气氛和活跃度大大超乎我的想象，仿佛找到了事业的第二春，这种感觉蛮灵的！”

平雪瑛老师加入社区文化指导员行列，一教就是四年。

其实，像李老师和平老师这样热衷于社区文化的老师全市一共有两千余名。他们奔波在上海的各个社区文化活动中心，崇明横沙乡、金山石化、嘉定马陆……全市 203 家活动中心都留下了他们的身影。他们的付出不仅让老百姓得到了实实在在的文化辅导，更掀起了一股“指导员”的热潮。

指导员派送一键完成

“指导中心”成立初期，指导员的预约和派送全靠电话和传真，即使所有工作人员从早忙到晚，也难免会出现差错，合唱老师派到了舞蹈队、周三辅导写成了周四辅导……可即使这么忙碌的工作，指导员派送也只覆盖全市个别区县几十个活动中心。而如今，仅 2012 年 2 月份的派送数据显示，“指导中心”派出指导员 1 093 人次，辅导团队 248 支，受辅导群众达 36 866 人次。

每周二，小小的越剧教室就是崇明县横沙乡社区文化活动中心最热闹的地方，越剧队员们在指导员陈慧玲的带领下，有模有样地唱着越剧，一招一式颇有专业水准。要问指导员是怎么来到横沙乡的，队员们会告诉你，老师是电脑里派来的。

其实，几乎翻了好几倍的工作量却没有任何失误，并不是工作人员增加了好几倍,横沙乡的指导老师也不可能从电脑里走出来……说起来,这还要归功于2008年启动的“网上派送”计划。

经过近四年两次改版后,指导员网上派送工作平台已建成一套网上预约、网上派送和网上反馈的无纸化办公系统。活动中心工作人员只需在“指导中心”的官方网站,登录后就可以查阅指导员资料库。在这个网上指导员的超市里,你不仅可以看到指导员的年龄、专业等基本信息,还能通过照片、艺术经历和获奖情况对指导员有一个直观的了解。团队根据自身的需求在网上可以直接点击预约指导老师,“指导中心”的工作人员会详细查看活动中心递交的预约需求,为社区团队派送最为适合他们的指导员。派送成功后,活动中心也只需通过网站填写指导员的授课记录,将指导员的授课情况直接反馈给活动中心。

现在,如果活动中心需要为他的团队预约一个指导员,没有繁复的申请流程,也没有反复的电话沟通,只要轻轻点击鼠标,指导员便会从网上“来到”社区。

我的舞台我做主

曹阳社区文化活动中心舞蹈队成立已有十年,在“指导中心”派送的指导员的带领下,在普陀区也是小有名气。可是在这些漂亮阿姨的心目中总有一个小小的心愿,那就是站上真正的舞台,一展她们的风采。为了参加“舞动精彩”舞蹈大赛,这些阿姨们铆足了劲,认真地练习,从一开始的毫无斩获,到获得“舞动精彩”金奖、在国际艺术节天天演舞台上表演,曹阳社区文化活动中心舞蹈队将自己的经历视为“传奇”。“一开始在舞台上跳舞我还有些紧张,可现在,我可是台上最闪亮的跳舞阿姨……”

不仅仅是热情的舞迷需要舞台,戏迷们也要一展才华。家住川沙的李老伯是一名铁杆的沪剧迷,不仅爱看沪剧而且还爱唱,老伴就是他唯一的观众。2011年,听说家门口的活动中心在举办“乡音和曲”戏曲大赛,他就报了名。虽说是第一次在这么多人面前演唱,李老伯倒也不怯场,一曲“沙家浜”唱完,场下响起了热烈的掌声。下场后李老伯说:“这个舞台可是我的舞台啊,第一次有这么多人听我唱戏,真是太开心了。”

像这样的比赛“指导中心”每年都会举办,除了“舞动精彩”社区舞蹈及时装表演大赛、“乡音和曲”社区戏曲演唱大赛,还开展了“悦活社区”摄影大赛和“春华秋

焦阳老师带领大家“舞起来”。

实”展演，就是为了给这些文艺爱好者搭建一个属于他们的交流展示平台。

春华秋实，硕果累累。一开始只有几十人的指导员队伍，如今已经壮大到了两千多人。他们用自己的奉献和才华架起了一座通往社区的艺术之桥，这些可爱的文化指导员，让百姓在家门口就享受到了文化大餐，让社区的文化生活更加多彩。

“上海有多大，东方讲坛就有多大。群众需要什么，东方讲坛就提供什么。”这是东方讲坛保持旺盛生命力的根本所在。作为覆盖全市的公益性讲座，东方讲坛采用连锁式、菜单式运作，七成举办点设在街道社区，七成讲座面向基层群众，讲座题目请市民点单，讲座内容贴近市民生活，八年来累计举办各类讲座15 000多场，直接听众达460多万人次。春风化雨，东方讲坛为广大群众提供了所需的精神食粮，丰富了人们的文化生活，在上海乃至全国都享有广泛声誉，业已成为优秀精神文化产品的集散地。

东方讲坛：讲给百姓听

何 畏 胡正青

“种桃种李种春风”。在上海加快公共文化服务体系建设的进程中，2004年6月，上海市委宣传部和市社联共同创办了东方讲坛。八年来，讲坛累计举办各类讲座15 000多场，直接听众达460多万人次，二次传播受众超过两亿人次。八年来，东方讲坛经过春风化雨般的辛勤耕耘，成为上海覆盖面最广、参加人数最多、规模最大的公益性讲座。“听讲座”，成了许多上海市民文化生活中不可或缺的一项内容。

把讲坛办到百姓家门口

作为一个面向基层、服务大众的宣传思想文化工作新阵地，“接地气”，是东方讲坛的生存之道。

“接地气”，是东方讲坛的生存之道。

东方讲坛现有举办点335个，其中72%设在街道乡镇、社区文化活动中心和社区学校。在浦东、宝山、杨浦、徐汇、长宁、闸北、虹口、普陀、闵行、松江、嘉定、奉贤、青浦、金山、崇明等区县，还实现了每个街道乡镇设点的全覆盖。据统计，2011年，东方讲坛70%的讲座都在基层举办，其中，有636场在郊区举办，占全年区县讲座总场次的59%，大大便利了社区市民的听讲。已经退休的浦东新区北蔡中心小学校长丁富贵，是东方讲坛的老听众，他深有体会地说：“过去听一次讲座很费劲，一是要坐长途车到市区去听；二是还要有资格，一般像我们这样的学校，只有校长才轮得到。现在好了，在家门口就能听到了。”

这个面向百姓的公益性、社会化教育大平台，拆掉了学校与社会之间的篱笆，让市民共享学校的教育资源，又引进了社会科学领域各学科的专家资源。正如区县宣传部门的同志说的那样：过去请一位大学教授来郊区做讲座，难得不得了。东方讲坛开办以后，一年就有几十位专家学者来讲课，这对区县的公共文化建设起到了很大的推动作用。

讲坛跟着百姓需求跑，于是，又出现了这样的风景：百姓跟着讲坛跑。一天跑几个地方，听几场讲座的听众不是少数。75 岁的蒋珏老太太，是东方讲坛闵行区古美社区市民讲师团成员，自从听了东方讲坛第一课后，她就成了它的“迷”。哪里有东方讲坛讲座，她就跟到哪里。从东方讲坛的忠实听众，到东方讲坛的市民讲师，蒋珏老太太无比自豪。她说：“东方讲坛的讲座，贴近老百姓生活，很多话说到老百姓心里去。一些困难群体，常常能从这里获得知识、获得力量。”

八年来，东方讲坛听众爆满的场景常常出现。在现场，这边晚到的阿姨，从包里拿出折叠小板凳，从从容容坐下；那边匆匆赶来的母女，干脆席地而坐；过道上挤着加座，贴墙壁站满了人……

把知识送到百姓心坎上

“不是我不明白，这世界变得快。”用这句话形容当下知识更新之快，很是贴切。“你说这 CPI 和 PPI 有啥关系？”“你说我们天天吃的东西里头，哪几种藏着反式脂肪酸？”“我家孩子想创业，你说行不行？也不知要具备点什么条件……”看看，闲话家常也会带进那么多新名词、新概念。如今，不仅每个人脑子里打着转的问号多，而且大家在意的问号各不相同——试图帮百姓解疑释惑的东方讲坛，想要办好难度确实不小。

但东方讲坛没有给难住，工作人员付出更多努力“以多对多”：每年，他们交给各举办点以供挑选的讲座“菜单”上总有近千个话题，涵盖“形势热点”、“人生发展”、“家庭教育”、“心理健康”、“法律知识”、“经济金融”、“国防知识”、“历史文化”、“艺术鉴赏”、“养生之道”等十个大类，尽量做到百姓想听什么，专家就讲什么。如上海世博会前后，东方讲坛的“迎世博天天讲”系列讲座，在全市各处讲了千余场，许多上海市民得以从中了解和理解世博文化。又如 2008 年汶川大地震后，东方讲坛举办了“地震灾难后的心灵创伤与心理救助”、“灾害事件中媒体与社会民间组织作用”、“国内外综合减灾和应急管理的现状和发展趋势”等相关讲座，引导人们对城市安全、危机应对、心理救助、社会服务等问题进行理性思考。

“心理健康与美好生活”、“健康的职场心理”、“亲子互动与学生心理动机”……在上海，东方讲坛的每一场心理知识讲座，听众都会爆满。遍布全市的东方讲坛举办点，每年都开设心理知识讲座，传播和普及心理健康常识，已成为提供心理服务的品牌。

东方讲坛把知识送到百姓心坎上，百姓想听什么，专家就讲什么，几乎场场满员。

东方讲坛的大受欢迎，是近年来上海坚持以人为本、不断创新群众工作方式方法的一道缩影。在“提供贴心服务，化解百姓心忧，打开百姓心结，敞亮百姓心灵”的探索中，一系列行之有效的做法和经验正在逐渐形成。

把品牌建设机制化

“桃红李白皆是景”。东方讲坛坚持年年讲，月月讲，天天讲，八年来，不断创新工作机制，逐步形成了一套行之有效的工作模式：

一是讲坛管理网络化，听众组织社会化。东方讲坛积极吸纳社会各界的参与，做到重心下移、贴近群众、立足社区、强化服务。无论是各区县、高校党委宣传部，还是市、区的图书馆、博物馆、美术馆、档案馆、文化馆，都积极承担起东方讲坛的举办功能，突显了覆盖面广、群众性强、社会影响大等特点。

二是讲座选题菜单化，师资选聘签约化。东方讲坛办公室承担了主题策划、内容开发、师资签约、讲座配送等日常工作,依靠社会科学界“五路大军”的大力支持,形成了近 2 000 人的特聘讲师队伍。基层举办点对“题目任我选,专家尽我挑,讲座层次高,演讲内容好”感到十分满意。

三是内容设计主题化,系列组合模块化。东方讲坛在更新和充实讲座内容的同时,不断探索以模块集成为抓手的运作方式,通过不同内容的模块组合,彰显了整合能力强、内容更新快的特点。八年来,东方讲坛开发了近百个主题系列讲座。“走近大师”、“院士风采”、“青年创业”、“感悟职场”、“四季养生”……东方讲坛,仿佛一块磁石,将不同年龄、不同职业的市民牢牢吸引在周围。

四是品牌形象标识化,宣传推介传媒化。为了树立品牌形象,东方讲坛专门设计制作了 logo,并为各举办点配发了统一制作的铜牌。讲坛开办以来,与新闻传媒建立起了良好的合作关系,开发了电视版、广播版、网络版、报刊版和图书版,使广大市民乃至长三角地区的听众,足不出户,就能听到东方讲坛,成为沪上公共文化服务的一道亮丽风景线。

从讲座日均三场,到如今的日均六场;从讲师几百名,到如今的 2 000 多名;从举办点分布不均的 48 个,到如今遍布全市的 300 多个;从百姓眼里的新生事物,到如今家喻户晓的讲座品牌……当网络传播着信息,影视为观众圆梦,综艺娱乐着大众时,东方讲坛犹如启迪民智的春风,催人奋进的时雨,用讲座塑造心灵,引领着核心价值观。

上海东方宣传教育服务中心被居民誉为上海社会化宣传教育和公共文化服务的“中心厨房”。它在全市164个社区和120所学校设立了服务点，每年为居民配送堪称海量的“美味佳肴”和“时令果蔬”，满足了不同阶层、不同社区居民的文化需求，其影响力还辐射到了周边省份。而今，享用“中心厨房”配送的各类“文化佳肴”和“文化美食”，已经成为沪上不少居民的生活时尚。

东方宣教：配送文化的“中心厨房”

邵 曼

上海普通老百姓家门口日常“文化食谱”的“三菜一汤”是哪些？“菜谱”又是如何搭配的？有没有额外的“饕餮大餐”？是否有“秘制酱料”？欲知详情，请到上海东方宣传教育服务中心（简称“东方宣教中心”），看看这间上海社会化宣传教育和公共文化服务的“中心厨房”，如何采办、搭配、烹调出可口的“文化大餐”。

弄堂口的“三菜一汤”

2012年3月23日下午，年过九旬的朱老伯照例早早来到淮海中路社区文化活动中心二楼小剧场，坐在为他设置的专座上，与周边的观众兴致勃勃地讨论着即将开场的淮海社区“东方社区剧场‘周周演’暨东方宣教中心文艺配送300期专场演出”。

"三菜"之一：东方社区剧场。图为淮海中路社区的"东方社区剧场"300 期专场演出现场。

淮海中路社区的"东方社区剧场"安排在每周二的下午，从 2006 年 9 月配送演出至今，已整整 300 场。当天的演出由上海智镯演出公司的专业演职人员和社区文艺爱好者共同呈现，越剧、器乐、杂技、舞蹈、相声等十个节目，市民们看得喜滋滋乐呵呵。朱老伯感慨地说："这样的演出，我等了 300 期，看了 300 期，希望还能再看 300 期……"

演出中，由淮海社区"阳光星期六"交谊舞队带来的开场舞，六对彩妆舞者的认真表演赢得了邻里们的阵阵掌声。"我们申请了两个'阳光星期六'的体育健身项目，每周五晚是瑜伽，每周日晚是交谊舞，都很受欢迎，刚刚的开场舞就是他们交谊舞班的成果展示。"社区文化中心的黄主任介绍。

三楼的社区图书馆不大，东方宣教中心配送书碟专架上，文学艺术、人文社科、

“一汤”：名家名角竞相登场。图为姜昆、王汝刚出席讲座。

生活实用、青少年读物、科普百科等五类书籍碟片摆放整齐，据管理员讲，这些书籍借阅率颇高。

如果说，文艺演出、体育健身、书籍碟片，是送到居民家门口的三道“家常菜”，那么，不定期请来潘寅林、陈钢等名家做专场文艺讲座，由王汝刚等大腕们给百姓来场团拜大型演出，就是一道道内容更丰富、味道更可口、更值得期待的“罗宋汤”了。

东方宣教中心与本市大多数社区文化活动中心签署了协议，设立了“东方文体资源配送连锁服务点”，社区居民日常文化的“三菜一汤”通过服务点也就很快“上桌”了。

2010 年 5 月，东方宣教中心还进一步扩大了“餐厅”版图，延伸到了上海的“飞地”——苏北大丰农场、安徽省黄山市的练江牧场和黄山茶林场。从此，每年两次的集中演出，让远在他乡的上海人，也能真切地感受到故乡的温暖。

“食材”量大质优

在上海，以居民和基层单位“点菜”、政府“买单”的形式开展社会化宣传教育、配送公共文化服务和产品已经多年。而东方宣教中心正是整个产品开发、内容配送体系里的“中心厨房”。截至目前，它在全市17个区县的164个社区设立了“东方文体资源配送连锁服务点”，在120所中小学校设立了“阳光星期六”文体活动点。

多年来，东方宣教中心多形式开展社会化宣传教育，多渠道策划采集制作优秀宣教产品，多途径搭建公共文化服务平台，成效显著。仅2011年，就向31个区县委办宣传部，240个街道社区、中小学等基层组织经常性配送资源，采集、制作、配送宣传海报、DVD、书报刊、学习资料等物化类宣教产品1 350多种28万多件(套)，采集沪剧、越剧、评弹、曲艺、文艺综合等40个品种的文艺演出2 068场，编制专题图展四套，采配舞蹈、体育健身等九大类40多个品种的优秀健身活动项目13 757场次，策划组织大型经典艺术讲座31场，发布各类宣教短信超过90余万条。全年直接受众约1 147万人次(统计不包括物化类宣教产品的传播人数)，成为上海社会化宣传教育和公共文化建设的一支重要力量和有效平台。

“中心厨房”这么大的“吞吐量”，如何保证“食材质量”呢？

每年，东方宣教中心紧密围绕时事政策教育、先进典型宣传、社会环境宣传、公民道德教育、思想政治教育的工作重心、重要节点，积极组织宣传产品的开发，借助群众喜闻乐见的文化形态，开展有针对性的社会化宣传教育。特别是围绕重大节庆活动，统一组织设计、制作、发布宣传海报、户外喷绘公益广告、视频公益广告等宣教产品，形成同城效应，营造浓厚社会氛围，确保各种“菜肴”健康可口。

每年，东方宣教中心定期开展两次集中的招投标，分别对文艺演出、体育健身、书籍碟片三大项常规配送项目，面向全国的演出院团、体育教练机构和图书供应商，进行招标，经严格的邀标、投标、评标、定标程序，与各“供货商”签订合同、直接对接，从“源头”保证“食材”品质。此外，在之后的配送过程中，还有针对这些“供应商”的临时及年度考核，确保每一道“文化菜肴”货真价实。

东方宣教中心多形式开展社会化宣传教育，"食材"量大质优。

社区按口味"点单"

东方宣教中心如何保证他们的文化"菜肴"能够符合不同社区居民的胃口？且看每个社区每道菜的"烹制"过程。

第一步是"出单"，东方宣教中心每年都定期做一份居民需求调查分析报告，并据此向社会公开招标购买文化产品和服务，再制作成"菜单"式的目录。

第二步是"点菜"，各网点登录网络申请平台，根据分头调查掌握的本服务区域居民的口味"点单"。

第三步是"上菜"，东方宣教中心负责协调院团，将各网点订好的节目按约定时间送到。院团到网点表演时，还被要求带去一份服务情况反馈表，统计观众人数并记录居民意见。

每年，东方宣教中心也会对基层服务网点实行考评。根据考评结果，确定服务点的不同星级，并据此相应调整下一步配送工作计划，在第二年度相应调整"菜单"的"丰富"程度。

除了针对基层单位“标准菜单”的“三菜一汤”以外，还有“饕餮大餐”——分众化的特别配送。比如，为丰富外来务工人员的精神文化生活，2008 年起，东方宣教中心每年为上海总工会建设的“职工书屋”配送图书、音像制品；针对社区文艺爱好者的“经典艺术系列讲座”，从 2005 年至今已举办了 300 余场，卞祖善、袁雪芬、周小燕等名家都曾在讲座上亮相……及时发布各类社会化宣传教育和公共文化建设信息的宣教短信，已成为各级宣传干部和部分社区群众的“可口零食”。

“时令蔬果”与“秘制酱料”

家住静安区石门二路街道的张阿婆发现，从 2011 年起，他们社区文化活动中心的布告栏、宣传栏上，多了许多科普挂图，内容从核辐射到消防安全，从夏季保健到地沟油的辨别，丰富多彩，月月见新。没错，这些就是东方宣教中心特别推出的科普“时蔬”。除了各类简明实用的挂图，居民还不时会收到《垃圾减量和分类方法实用手册》等小册子。这些应时的“科普时蔬”，让居民们的生活更健康、更环保。

正餐之外，还有多道餐后水果。2011 年 8 月，东方宣教中心举办了历时一个多月的“舞比风采——上海市社区健身展示暨社区群众民族舞蹈秀”集中展示活动，全市有 14 个区县的 50 余支舞蹈队共 800 多人踊跃参与。跨年举行的“阳光运动，精彩你我”——2011—2012 年度阳光联赛主题活动，以赛代练，更是吸引了来自全市中小学的许多篮球、乒乓球、羽毛球爱好者，并将在 2012 年暑假举行的“阳光嘉年华”主题活动中，决出各奖项的年度总冠军。

值得一提的是，在东方宣教中心这间“厨房”里，还有很多“秘制酱料”。专业的活动策划团队、视觉系统设计团队、视频采编制作团队、网站后台管理团队，让这间厨房出品的系列产品，从活动策划到现场摄像，从场地布展到奖品设计，从网上订票到后期产品，无不打着“东方出品”的鲜明烙印，并获得了多方肯定。仅在 2011 年庆祝建党 90 周年前后，东方宣教中心就设计发布了建党 90 周年系列招贴画 4 款，户外公益广告、易拉宝、招风旗共计 11 款，制作公益宣传片两部，在移动电视、户外大型电子显示屏、东方网等平台同步播出，并在参与本市重大项目“我们共产党人”大型主题展览中几个主题活动的同时，同步推出 90 集电视系列片《我们共产党人》，反响强烈。围绕辛亥革命 100 周年制作的宣传品，不仅受到社区群众的欢迎，也得到了专业人士的充分肯定。

一星期就到位

享用东方宣教中心配送的各类“文化佳肴”，成了沪上不少居民的生活内容。家住打浦桥街道的老金是位退休教师，每个月底，他都让儿子上东方宣教中心的网站，把下一个月的“排片表”打印出来。有一次，到了月底 29 日了，网站却还没挂出“排片表”，老金急坏了，直接找到中心来，因为他要根据这张表安排自己下一个月的文化生活，否则心里没个着落。

东方宣教中心的文化服务也有了外地“粉丝”。苏州一位老先生，接连好几年，每场“经典艺术系列讲座”都坐火车赶来听，逢年过节，还给中心的工作人员带来自制的小礼物……

2011 年 9 月中旬，东方宣教中心接到一份来自华灵学校的书面申请，希望在已经派送篮球教练的基础上，新增羽毛球和乒乓球教练。这所学校的在校生，70%以上是外来务工人员子女，家长为生活奔忙，少有精力顾及他们。东方宣教中心配送的文体活动，丰富了学生们的业余生活。这次又迅速作出安排，及时通知学校上网正式申请，一接到网络申请，东方宣教中心会立即通知有关机构安排落实，一般一星期就能到位。

2011 年开通的微博，更是让粉丝们有了另一个家。

“只要老百姓喜欢，再远的地方我们都会把社会化宣传和文化服务送过去!”这是东方宣教中心一直秉承的工作理念。

上海的东方社区信息苑，实际上就是将各种与互联网相关的高新技术进行集合创新，直接落地在城市与乡村社区，面向普通群众，甚至弱势群体，具有公益上网、信息传递、现场培训、数字影院放送等多种功能的新型互联网公共文化设施与服务平台。如今，东方社区信息苑已达到 2 000 余家，覆盖上海全市所有 17 个区县，成为上海公共文化服务的社区基石。

东方信息苑：市民的文化便利店

梁建刚

东方社区信息苑是个啥？

是网吧、活动室、电影院、培训中心，还是图书馆？

2004 年，当上海东方社区信息苑落户长宁新华路街道，大家对这个开在社区文化中心里的“新邻居”就有这样的感觉，好奇又疑惑，看它摆上了电脑，装起了大屏幕，这里到底做点啥？

八年后，再随意走进一家社区文化活动中心，若问最热闹所在，直指东方社区信息苑。八年间，上海已建成覆盖全市 17 个区县、200 多个街道，300 多家东方社区信息苑、1 669 家东方农村信息苑的庞大网络，遍及每一处街道、乡镇，源源不断将网络大时代的优秀精神食粮输入社区，送到老百姓的身边，年服务总人次已超 1 400 万。

上海东方社区信息苑，实际上是以上海市政府公益性上网服务为基础，将各种与互联网相关的高新技术进行集合创新的新型互联网公共文化设施与服务平台。

它直接落地在城市与乡村社区，面向普通群众，尤其各类弱势群体，具有公益上网、信息传递、现场培训、数字影院放送等多种功能。

如家门口的邻居般亲切实在，如便利店般便捷有用，喜欢它的人们，为它起了个亲切的名字——“家门口的数字文化便利店”。

“便利店”里卖点啥

这几天，在宝山区淞南社区文化活动中心，正举办一堂特殊的“公开课”。

一眼望去，台下坐着的，全是白发苍苍的老人，却个个瞪大眼睛，认真地听着老师讲解。回车键、空格键在哪？鼠标点点就能在医院挂号？在网上买东西真比商场便宜啊？……

准确地说，这是一节最基础简单的电脑操作课。课堂上，年轻的老师耐心地将繁琐的电脑术语一点点整合成各种形象，回车键叫“大块头”、空格键称“姚明”……听得老人们连连点头。老师说，要教老年人学会电脑，除了耐心细致，还要在讲解上趣味化、形象化，只有这样老年人才能真正记得牢、学得好。

简单？一点也不。在如今这个网络大时代，电脑、网络已成为许多人生活中再平常不过的事物，工作、娱乐得心应手。但是，并非所有人都有条件获得上网所需的正确知识与资源——老人、外来务工人员，对他们来说，网络或者仍然陌生，或者根本无法掌控。

“我家里好几台电脑，小孩都不让碰，教一两次就嫌我笨，反应慢。”课上，一位老伯的话引起了很多老人的共鸣。

“看过‘网游致死’的新闻，看过那么多孩子沉溺网络，但我又不能不让他学电脑。怎么办?”这是一位母亲焦虑中的网上留言。

这是必须正视的社会现实。对于正致力于文化体系建设中的上海，城市整体文化素质的提升，不仅需要“大型商场”，也需要老百姓身边的“便利店”，一座城市，“阳春白雪”与“下里巴人”，不是矛盾体，而是各有各领域。在某种角度上说，后者更加重要。

这一点，正是东方社区信息苑的目标所在。

作为上海市实事项目工程，自 2004 年起，上海开始了东方社区信息苑建设，要求每个社区文化活动中心必须提供 150 平方米的场地，配备 50 台电脑，提供电子

东方社区信息苑为中老年人开办“公开课”。

阅览、信息资源共享工程整合及远程流媒体互动等网络信息服务功能。东方社区信息苑由此开始由点铺开，并委托东方数字社区发展有限公司负责全面建设和运营管理。

也正是从这时开始，社区活动中心不再只是个唱唱跳跳的地方，通过每天开放13 小时，提供 17 个频道、56 个小栏目，20 000 册在线免费阅读的电子图书、500 多部正版中外影视节目、数百部多媒体中小学教材自主辅导课件等，居民每天足不出社区即可享用文化大餐。

除了让社区居民学习电脑操作和免费上网，东方社区信息苑通过设定开放日，定期邀请专家、学者、达人等为社区居民提供各类公益性质的专家讲座和技能培训，涵盖电脑维修、牙科检查、法律咨询、摄影技术、新闻阅读、电影专场等各种服务，让社区居民不出社区即可享受网络时代的所有便捷与舒心。

是不是就像家门口的“便利店”？

“便利店”有多方便

花了 15 元，办张公益卡，走进信息苑，牡丹江苑的退休老人郑亚珍不久便找到了自己的“老有所乐”。

原本只能在家做家务，如今的她每天都会到家附近的信息苑上网看看新闻、收发 E-mail、网络购物，或用 QQ 聊天。闲时，她甚至还会组织网友小聚，再将照片上传到个人博客上——眼花缭乱的网络冲浪技巧样样纯熟，她因此还得了个“网络达人”的称号。

不仅是老年人。通过采取“疏导结合”、丰富活动内容、每日限时三小时等措施，信息苑也能成为让家长放心、孩子喜爱的“第二课堂”。

就读于六师二附小的赵旭就尝到了甜头。2011 年暑假，一直被父母限制上网的他，偶然走进了信息苑，办了张少儿卡。从简单操作开始，慢慢地，通过老师辅导，他竟喜欢上了网页制作。用电脑为班级做板报，制作精美的个人网页，小赵越来越得心应手。

还有一群生活特殊的人，残障、智障、精障人士，信息苑一样敞开大门。

在环东苑，每天都能看到小宋和妈妈的身影，小宋是脑瘫儿，却是个游戏和音乐迷，他喜欢每天来信息苑和朋友一起下下五子棋，随着音乐打打拍子。嘉定菊园苑专门设立“阳光学园读书日”，每周推荐一本电子书，“悦读导师”带大家一起分享阅读的快乐。

文化无分贵贱皆有需，老百姓更渴望精神食粮，信息苑正是以这种需求为契机，满足百姓切身需求，结果场场爆满。

还不止于此。将目标定位于信息渴求度最高群体的信息苑，显然不会忽视当下上海一支重要的建设力量——400 万外来务工者。如何让他们安居乐业，融入上海，共享城市文明成果，共建和谐家园，是一个摆在全国、全社会面前的大课题。

东方社区信息苑给出的答案是，平等对待，直面所需。

比如，最实在的技能培训。29 岁的孟祥俊来自安徽，他的经历实实在在：原本在饭店做切配工，不甘心的他想突破自己，却苦于囊中羞涩，2010 年他参加了东方社区信息苑连续两届举办的“万名农民工绿色网上行”公益培训项目，学会了各种电脑操作，拿到结业证书，不久便被老板升职管理账目，成了得力助手。

外来务工人员在东方社区信息苑与家人网络视频聊天。

甚至，改变了生活的方式。“像城市人那样生活”，是很多外来务工者的心愿，信息苑就是一座舞台。

一次偶然机会，来上海十年的苏满平带着儿子参加了信息苑的几次活动，苏满平惊讶地发现，两人的生活都变了。儿子在这和许多上海孩子一起玩闹，性格越来越开朗，上海话越来越溜；她自己学会了上网，学会了网购，眼界开阔了许多，被老乡说越来越有上海范。

对“新上海人”而言，东方社区信息苑是充电器，是加油站，是文化娱乐的主要场所，更是融入城市的重要通道，这里就像一扇窗，放眼看世界，生活大不同。

从“便利店”到“家园”

东方社区信息苑的成功绝非偶然。

它不大，既无高精尖，亦没新奇特，但它的眼光在向下，双手在打开，考虑最广大老百姓的文化享受，着眼最基础切实的文化需求，老百姓不花一分钱，在家门口就能学习，就能享受，于是才有了这一片热烈掌声。

东方社区信息苑的成功，并非无迹可寻。

上海举办多年的东方讲坛，在社区与专家零距离；上海推行的“阳光星期六”，每周六打开中小学大门，文娱设施免费向群众开放……从某种角度上说，这些都与东方社区信息苑一脉相承。这是一个新的以普通百姓为服务对象的社区文化活动大格局。

而拓展公众对文化资源的享受度，正是上海新一轮文化体制改革中鲜明的特点。如何探索出基层文化活动管理新机制新办法，让文化设施硬件充分运转，体现公益性，正是上海近年来公共文化建设的着力点所在。

如此，也就不难理解，上海在不断承办各类国际文化艺术节的同时，加大新建和修葺社区文化活动中心，不断扩充东方社区信息苑的苦心。也不难理解，经八年发展而来的东方社区信息苑，越来越红火的原因。

最近，针对社区居民的生活需求，东方数字社区发展有限公司最新为社区居民专门研发了沪上首家面向社区的实名制社交网站——“社区数字家园”。在这里，市民可以直接找到各个政府职能部门，直接向他们提出意见互动；可以在“真人图书馆”寻找各领域专家，排忧解难，为子女提供成长成才的借鉴；还可以寻找志同道合的朋友，一同出游……这是真正的绿色“网络家园”。

在上海，放映员们背着拷贝、设备辗转送电影下乡的画面已淡出——一条看不见的“高速公路”，正以最快速度把电影这一百姓喜闻乐见的文化产品送到农民的家门口。农村数字电影，这项2006年启动的工程，正向这座城市最热切期盼电影的角落延伸，越铺越广，使上海在全国率先实现农村电影放映“数字化”。眼下，上海与“农”搭界的八区一县的所有行政村，一周放映一场电影雷打不动，看片的百姓不用掏一分钱。

数字电影“高速”进乡村

李　婷

住在奉贤区奉城镇久茂村的陆阿婆年过九旬，很喜欢看电影，但因为年纪大，路途又远，过去只能偶尔由家人利用休息日陪到镇上的影剧院过过瘾，一个月能看一场已很开心。现在，她每星期都能看一场电影，因为上海东方永乐农村数字电影院线给村里配装了数字电影放映设备。不仅能在家门口看电影，想看什么还可以自己点——跟村里负责数字电影放映的方春妹提出要求，如果这部片子在院线的“影片片库”里正好有，过不了几天就能看上。

2006年3月28日，在上海市委宣传部、市文广局牵头下，由上海永乐股份有限公司、上海东方网股份有限公司、上海精文投资有限公司出资，上海东方永乐农村数字电影院线有限公司组建成立。它采用企业经营、市场运作、政府买服务的模式，对本市与“农”搭界的八区一县，1 760个行政村文化活动室实施数字电影发行放映的指导、维护和内容配送任务。

经过三年的努力，到2009年，上海成为全国最先实现农村电影放映“数字化”的地区，并且在全国率先实现所有农村室内放映点每年免费放映52场数字电影。即一村一周放映一场电影雷打不动，看片的百姓则不用掏一分钱。据统计，2010—2011年，上海农村数字电影放映平均每年在85 000场以上，受众人次每年超过500万。

数字电影带来“幸福时光”

每月15日是宝山区罗店镇社区文化活动中心的免费电影日，下午13:30开场。中午12:30，社区文化活动中心490座的大放映厅里，后排座位渐渐被结伴而来的老伙伴们坐满了。“我伲老早就出门了，坐公交车来的，免费的，到这里看电影，也不要钞票。”一位阿婆说。

银发之中，走进两张年轻面孔。“80后”徐明其说：“宅在家里，用影碟机或上网都可以看电影，但来电影院，气氛不一样。”已经第二次光顾“免费电影日”的徐明其还带上了同事徐晓栋。“上小学时，学校组织看电影，就是来这里。现在，这儿重新有了人气，好像小时候的记忆都回来了。”

这样的“幸福时光”在本市并非罗店镇居民所独享。早在2009年，本市与“农”搭界的八区一县的所有行政村文化活动室都配置了数字电影放映设备。

下午14:00，蔡家弄村公共服务中心。推开房门，厚厚的窗帘遮住正午的阳光，排排坐着的每一双眼睛都紧盯着前方的投影屏幕，画面上是刘德华饰演的蔡锷与小凤仙告别。“放的是《建党伟业》，很多观众早就来了。”放映员顾玉静说，“每周日下午13:00是服务中心固定的电影放映时间，一个月四场。遇到寒暑期、节庆，还会加场，有时一个月就加两场，像今天就是。120张座位总归坐满的，我们还准备了加座。”

顾玉静在服务中心当放映员已多年。“每到放映时间，村民早早聚了过来，先聊聊天，有时还讨论讨论村里的事务。全村有几千村民，这两年还有不少外来务工者借住，大家有这样一个场所，田头乡间有什么矛盾，也能说开，看完电影，就都笑嘻嘻回家了。”

“以前，每到夏天，总盼望着流动电影放映队能来放一场露天电影，家家户户搬着板凳来看。”家在奉贤区四团镇的王老伯回忆起露天电影的盛况津津乐道。如今，数字电影放映设备安到了离家不远的村文化活动室，王老伯连连称好。

免费数字电影受到群众的欢迎。

农民观众有了选片自主性

数字电影打破了农村电影放映的时空局限，拉近了农民和电影的距离。更重要的是，农民观众有了选片的自主性。

不同于以往放映队下乡放什么、观众就看什么的模式，安装数字电影放映设备后，上海所有农村数字电影放映点都可根据当地居民的喜好预订影片。东方永乐农村数字电影院线在收到各村放映员的订单后会及时向国家广电总局电影数字节目管理中心申请并付费，经后者授权后将影片下载到移动硬盘上，再交给村放映员。

所有放映设备的费用，是由市、区县和镇按比例共同承担的，放映片租先由院线经市文广局核准后每年分三次反馈院线，农民看电影不需要花一分钱。

为满足上海农民选片和及时观看新片的要求，东方永乐农村数字电影院线加强卫星下载新片的管理,引进专业人才注意搜索国家广电总局电影数字节目管理中心网站的新片预告,设专人夜间值班,全面下载新发行的影片。六年来,该院线通过卫星下载已库存故事片 1 700 余部,科教短片 80 部,在电影领域基本适应了上海农民的欣赏习惯,满足了农民选片、点片、看新片的个性化订片要求。

2008 年,没有明星、没有红毯、没有话题层出的新片发布会,上海首届农村数字电影节拉开帷幕。这也是东方永乐农村数字电影院线为"个性化订片"推出的一个创新举措。为期一月有余的电影节上,集中放映 30 部候选影片,邀请普通农民观众成为电影节的主人,看影片、写影评,参与各项活动,让农民选出最喜爱的影片,在全国农村数字电影界开了一个先例。

正如好莱坞大片越来越多地在中国与海外同步上映一样,如今在上海,"城市电影"和"农村电影"的首映时间差距正在缩短。上海农村地区 2009 年放映《建国大业》,与市中心的许多高级影院首映该片时间只相差十多天。

"我们正在努力追求'城乡一体化'大背景下的城乡文化均衡。"东方永乐农村数字电影院线总经理姜晓文表示。

传播公益信息的有力平台

在满足百姓文化需求的基础上,农村数字电影放映在协助各政府部门加强和创新社会管理的工作中做了不少有益的探索。

东方永乐农村数字电影院线先后与上海世博局、市环保局、卫生防疫站、反邪教办公室、禁毒办、公安局治安总队等单位合作,配合这些单位结合各阶段中心工作开展电影放映贴片宣传。比如:组织院线各放映队、放映组于 2008 年 8 月至 2010 年 10 月共放映迎世博贴片宣传片 156 889 场;于 2010 年 1—9 月放映反邪教专题电影和宣传口号 1 790 场;配合市公安局治安总队带着反邪教题材电影下到大型工地、大学……组织各放映单位配合本市农村禁毒宣传的贴片放映和集中时段放映禁毒故事片的工作,从 2009 年开始已持续了三年,放映的规模、范围、周期不断扩大,宣传内容也依靠数字播放手段每年能有多次更新。这一举动受到国家禁毒办领导的重视,要求在全国推广。2011 年,市禁毒办、市文广局、市农委共同决定要把利用农村数字电影放映平台进行贴片禁毒宣传当成一项常态工作来做。

与此同时,农村数字电影放映还成了传播公益信息的有力平台。市农委、市消防局、市疾控中心、市环保局制作的公益广告通过贴片的形式在电影放映前播放，与农民、进城务工者息息相关的疾病预防、治疗，以及农业知识等相关信息由此得到了最直接的对口传送。还不计订片放映场次多少的成本核算，承办了市总工会等单位在城市街道及乡镇文化活动中心为进城务工人员举办的节日农民工数字电影公益专场。2011年，该院线参加了由中国电影发行放映协会举办的，由国家广电总局为纪念建党90周年推荐的60部优秀国产影片和新中国成立以来50部优秀民族电影的放映活动，为本市纪念建党90周年营造了良好的氛围。

农村数字电影放映服务的版图在不断扩大。在市文广局的推动下，数字电影公益放映被推广到了本市各区县的社区公园夏季露天公益放映，基本改变了城市社区公园露天公益放映缺少新片、大片的局面。市群众艺术馆面向社会的公益放

农村数字电影放映也是传播公益信息的良好平台。

映也加入了东方永乐农村数字电影院线，即使每月放映 30 多场，而且基本是白天放映，但观众上座率一直很高。2011 年，该院线的放映点更是拓展到了上海在安徽、江苏的"飞地"农场居委会文化活动室。为方便这些地方放映员的工作，特向国家广电总局电影数字节目管理中心额外申请安装了远程授权系统。

这一身边的"电影院"，不仅是一项文化惠民工程，也在百姓心中种下了电影的记忆。

在上海，图书借阅已集点成网。2000年，上海推出了一项图书馆信息化创新：以网络技术为支撑、以“一卡通”为串联，建立上海市中心图书馆服务体系。截至目前，全市已有268家图书馆“入网”。读者手持“一卡通”，就可以在一家图书馆借书，然后就近去另一家图书馆还书。这张“一卡通”，受到了广大市民和读者的欢迎；这个全球最大的城市图书馆联合体，提供的是便捷高效的公共文化服务。

一卡畅通268家图书馆

李 婷

迟先生爱读天文图书，常常借书来看；可他家住在崇明的人民路，过去借一次书得换两路公交车再换地铁，耗费近三个小时跑到位于淮海中路的上海图书馆，算算路程，竟超过99公里！现在好了，他只要走几步路到在家附近的城桥镇图书馆，便能办妥一切。

如此便利，要归功于上海图书馆信息化领域中的一个创新。2000年，以网络为技术支撑、以“一卡通”串联的上海市中心图书馆服务体系诞生，它以上海图书馆为总馆，区县图书馆、街道图书馆等为成员馆，组建图书馆联合体。12年过去了，“一卡通”在全市的布点已达268个，实现了从市、区县到街道三级公共图书馆的全覆盖，真正做到了把全市的图书馆资源捆绑成一个巨大的公共资源，最大限度地为公众服务。据称，这个惠民的城市公共文化服务体系，也是目前全球城市图书馆最大的单一集群系统。

“捆绑”资源，扩大共享范围

“实现资源共享，让公众便捷地借阅所需图书，是我们这些做图书馆的人的梦想。”上海图书馆馆长吴建中说。以往的限制在于各家图书馆各自为政，每个馆服务的范围都很小。怎样把全市的图书馆资源捆绑成一个巨大的公共资源，最大限度地扩大共享范围？

上海市中心图书馆服务体系应运而生。它是在不改变各参与图书馆的行政隶属、人事和财政关系的情况下，以上海图书馆为总馆，其他区县图书馆、高校图书馆和专业图书馆为分馆，街道图书馆等为点而组建的新颖的图书馆联合体。

考虑到成员馆书刊资源的数量和质量，直接影响到“一卡通”服务效益的发挥，在中心图书馆创建之初，协议书上便写明：上图总馆向各区（县）公共分馆和街道

街道图书馆成为上海市中心图书馆服务体系的一部分。

(乡镇)图书馆分别一次性提供 15 000 册和 2 000 册中文新书(产权为上图总馆所有)作为启动投入。同样,文件上明确了各区(县)分馆、街道(乡镇)图书馆在“一卡通”书刊资源上的持续投入,分别为每年新增 15 000 册和 1 000 册中文新书。

与此同时,上海不断加大投入。2000 年 12 月 5 日,上海市委宣传部下达了《关于上海图书馆申请建设知识库和中心图书馆的批复》,明确提出增加中心图书馆及“一卡通”专项经费 1 000 万元。自 2001 年起,上海市财政专辟中心图书馆补助专项经费用于中心图书馆建设。为了保障区县公共图书馆的持续投入,2005 年 8 月,上海市财政局和市文广局联合下发了《关于“十一五”期间区县图书馆购书经费投入与使用的意见》文件,明确“‘十一五’期间区县图书馆的购书经费应按本区县户籍人口数和财政的实际情况核定,要求区不低于人均 1.80 元/年,县图书馆不低于人均 1.60 元/年”。2008 年初,市财政局和市文广局再次联合发文,将内容调整为区县图书馆的购书费要达到“不低于人均 2 元/年”。截至 2012 年 3 月,“一卡通”外借图书藏量累计达 959 万册。

“通借通还”,便利百姓

享受如此丰厚的图书资源,市民读者所要做的,就是带上身份证、交 100 元押金,办个“一卡通”借阅证。目前,上海总馆、区县分馆、街镇服务点都可以现场办证、续证,此外还有网上续证等多样化的服务。拿着借阅证,读者可以到全市 268 家开通“一卡通”服务的任何一家图书馆,借阅各类藏书。如果要借的书没有馆藏,也不用着急,可以利用网络,通过“一卡通”书目检索系统,在其他图书馆中找到它,然后选择最近的图书馆去借书。还书更容易,把书交到任何一家“一卡通”图书馆就行。这正是业内人士呼吁了多年的图书“通借通还”。

借书还书省时省力,加上选书范围大大扩展,不少远离图书馆多年的读者开始回归。古美街道的朱老伯从繁华的淮海路搬迁到闵行古美地区,居住条件改善的同时,感慨没有好的书店可以去“泡”,从居委会得知“一卡通”后,一年多的时间里,先后光顾了七八个服务点,共借了 100 余册各类书籍,朱老伯由衷地感慨“我喜欢”。

市民李先生,是为老板开车的司机。以前,把老板送到目的地,常常是百无聊赖地坐在车里干等。从朋友那儿了解到,凭一张“一卡通”借阅证就能在全市 268

家图书馆借书、还书，他赶紧去办了一张。现在，他车开到哪里，书借到哪里、还到哪里。他感叹："一卡通"提供的便捷借书服务，让他既能打发时间，又充实了自己。

2011年，上海图书馆与上海少年儿童图书馆联合，从当年的6月1日起推进"一卡通"向少儿延伸。在短短十个月中，涵盖市、区县、街镇的76家图书馆开通了少儿"一卡通"服务，上海的小读者也可以随时随地享受到通借通还的便利了。

如果懒得去图书馆，还可以享受到它的远程服务：在任何一个能够连通互联网的地方，登录上海图书馆"e卡通"网络平台，输入"一卡通"卡号及身份证号码，被上海图书馆购买的、已经获得厂商授权的3 000多种全文电子期刊和40余万种电子图书可供读者查阅、下载。

据统计，截至2012年3月，"一卡通"办证总量超过136万张，上海市中心图书馆系统注册活跃读者约为54万，全年书刊流通量达2 957万册。各项数据显示着"一卡通"受到了广大市民和读者的欢迎。便捷、高效、覆盖城乡的图书馆公共文化服务体系，正在发挥积极的持续的同城效益。

"技术+物流"，保障书籍良性回流

不过，或许有人会有这样的疑问：读者借书时，一般都喜欢选资源丰富的馆，还书时，则往往就近还，会不会因此导致图书流通不畅，如何保障书籍的良性回流？

据了解，"一卡通"回流的手段是"技术+物流"。例如，从上海图书馆借出的图书，归还在崇明图书馆，在这本书完成扫描归还的一刹那，它已成为崇明图书馆的资源，直接可以在该馆上架，被另一个读者借阅，再归还到其他的图书馆，继续上架。按照这样的方式漂流下去，可能它不久后会自动回到上海图书馆的书架上。

自然回流之外还有物流的介入。2006年9月，上海图书馆与闸北区劳动局下属的创亦职业教育培训有限公司合作建立了400多平方米的"一卡通"图书分拣中心，用以处理图书的分拣、消毒、流通以及调配等业务。2008年1月起开展"一卡通"社会化物流配送服务。每周，物流公司都会在固定的时间将268家图书馆需要物流的书刊统一运送到分拣中心，在进行分拣、消毒后，按书刊所属各馆归类，送还各馆，同时带回返程书。物流的频率是市区每周两次，郊区每周一次，从而保障了图书的流转。

这个"一城一网一卡一系统"的同城服务网络，突破了图书馆各自为政的局面，

工作人员将分拣好的图书分别装箱配送。

使它们对读者的开放程度从单馆和局部区域一下子扩展到全市范围。2007 年，上海市中心图书馆“一卡通”信息系统建设暨向社区基层服务点延伸项目荣获了第二届文化部创新奖。据透露，在未来的发展中，“一卡通”的建设将与数字图书馆的建设紧密结合，它推出上海市民数字阅读计划，开拓数字阅读新业务，打造“数字阅读城市”。

30年来，上海星期广播音乐会坚持“低票价、高品质、普及型”的亲民定位，坚守公益，服务百姓，使工薪阶层也能轻松迈进古典音乐的殿堂。其强大的演出阵容、丰富的音乐表现形式，结合深入浅出的现场主持，创造了突出的口碑效应，被称为“上海市民心中神圣的低价公益音乐会品牌”。作为“上海优秀媒体品牌”的星期广播音乐会，是迄今为止中国历时最长、影响最大的普及型系列音乐会，也是上海城市文化的一道亮丽景观。

星期广播音乐会：坚守公益30年

曾晓萌

第一次把音乐会从实况录播改为现场直播并使之常态化；第一次以主持人讲解作品贯穿音乐会；第一次邀请香港流行歌手来沪演出；第一次举行户外交响音乐会……

作为上海历史最久、影响最广的公益音乐会品牌，星期广播音乐会创办30年来，始终坚持“低票价、高品质、普及型”的亲民定位，不断创新，不断开拓，成就了上海城市文化的一个又一个“第一”。

为市民普及经典音乐

2007年12月16日上午，当年最后一场星期广播音乐会“钢琴与芭蕾”在上海音乐厅上演。上海市市长韩正率领市机关60位工作人员未通知主办方，事先在音乐厅售票窗口购了票，悄然走进剧场观看演出。音乐会形式新颖、格调高雅，陈钢、

"钢琴与芭蕾"演出现场。

秦云铁等音乐家和季萍萍、吴虎生等舞蹈家的精彩表演，深深感染了现场观众，剧场内气氛热烈、掌声不断。

几天后，韩正致信星期广播音乐会，写道："我怀着欣喜和欣慰的心情观看了12月16日的星期广播音乐会，广大市民对于艺术的热爱和渴求令我欣喜，而你们为传播经典、普及艺术所做出的努力令我欣慰。星期广播音乐会自创建以来，始终致力于普及古典音乐、提高市民的音乐修养，取得了很好的效果，已经成为上海一道动人的文化风景。"

星期广播音乐会由上海人民广播电台创办于1982年，隔周周日在上海音乐厅举行，采用舞台演出与广播现场直播的形式，寓教于乐，向广大市民介绍、普及经典音乐。在国际权威古典音乐杂志《留声机》(中文版)举办的演出季评选中，星期广播音乐会曾连续两年被评委会全票通过授予"最佳普及活动"奖。

30年来，朱践耳、龚一、陈钢、陈燮阳、谭盾、陈其钢、叶小纲、陈佐湟、魏松、唐俊乔、黄蒙拉、孙颖迪等几代音乐家都曾与星期广播音乐会结下了不解之缘，来自美国、法国、奥地利、西班牙等世界各国的音乐名家名团也都曾先后亮相《星期广播音乐会》，上海交响乐团、上海歌剧院、上海爱乐乐团、上海民乐团、上海音乐学院乐团等本地乐团更是轮流演出。在星期广播音乐会 25 周年庆典音乐会上，五位指挥家陈燮阳、曹鹏、张国勇、王永吉、张洁敏历史性地首度同台执棒，一时间成为音乐界津津称道的盛事。

始终坚持"低票价"

星期广播音乐会始终坚持服务百姓原则，坚守公益阵地，2004 年至今，始终坚

星期广播音乐会的"社区之旅"，得到居民的追捧和交口称赞。

持“低票价”，30 元、40 元、50 元三个档次的音乐会门票价格连续九年没有涨价。在演出门票动辄数百元、甚至上千元的情况下，不少乐迷都把星期广播音乐会亲切地叫做“听得起的音乐会”。

正是因为得到了方方面面的大力支持和资源共享，星期广播音乐会才能够做到“听得起”。一方面是赞助商的力量，招商银行从 2005 年起连续八年赞助星期广播音乐会，赞助金额更是从六位数逐步增长到了七位数，成为企业品牌与文化品牌交互辉映的典范；另一方面是场地、院团、音乐家的支持，上海音乐厅从星期广播音乐会创办之初就是其“主阵地”，在场租费上一直给予较大优惠，而上海歌剧院、上海爱乐乐团、上海交响乐团、上海音乐学院室内乐团、上海民乐团等各大院团以及众多音乐家更是鼎力支持公益性的星期广播音乐会，在演出费用上往往只收取商业演出的一半甚至还不到；再加上主办方自身拥有的广播电视媒体资源力量，“几个力量”相结合，这才成就了星期广播音乐会这一公益品牌能够得以维系并不断壮大。

2005 年 8 月，星期广播音乐会开启“社区之旅”，使人们在居住小区的广场甚至自家的阳台上，都能领略以往只能在高雅的音乐厅堂才能欣赏到的古典小品和歌剧选段。在两个月的时间里，上海交响乐团、上海爱乐乐团、上海歌剧院、上海音乐家室内乐团的艺术家们深入仁恒滨江、春申万科、东方城市花园等十大社区，举行了十场精彩的演出，受到小区居民的交口赞誉，到场的观众总计达 60 000 人。继而在 2006 年 10 月举办的“星广会工业园区行”活动，选择了上海七大工业园区和大型企业搭台唱戏，把古典音乐免费送到数万员工面前。

此外，星期广播音乐会还屡屡举办面向弱势群体的慈善义演，如自闭症儿童专场、农民工子弟专场等等。同时还为慈善事业做直接贡献，其中，单是 2007 年 1 月 3 日通过东方卫视向全国直播的星期广播音乐会“新年爱心演唱会”就募集到善款 365 万元，悉数捐给上海慈善基金会。

30 年来，星期广播音乐会引起全国媒体的持续关注，解放日报称其为“上海市民心中神圣的低价公益音乐会品牌”。

公益品牌产生效应

星期广播音乐会坚持在节目内容上下功夫，形成系列化、品牌化。星期广播音

上海城市交响乐团与自闭症孩子同台演出。

乐会先后以作曲家、乐器、作品内容等为主题，推出著名作曲家系列、乐器系列、大师系列等。其中，“著名作曲家系列”用 12 场音乐会的篇幅全面介绍莫扎特、柴可夫斯基等大师的代表作品，使广大听众系统了解古典音乐。该系列受到乐迷们的热烈欢迎，收到较好效果。

2007—2008 年，星期广播音乐会推出三个大师系列：“完全贝多芬”系列，指挥家陈燮阳执棒上海交响乐团，把贝多芬的九部交响曲系列地介绍给观众和听众，系列演出套票创下了提前三个月就已售罄的纪录；指挥家张国勇最擅长指挥肖斯塔科维奇的交响曲，由他执棒的上海歌剧院交响乐团为星期广播音乐会的观众奉献了“永远的肖斯塔科维奇”系列；指挥家陈佐湟最为精通的勃拉姆斯交响曲，也以“辉煌的勃拉姆斯”系列通过上海爱乐乐团完美演绎，呈现在星期广播音乐会的舞台上。这三个大师系列使广大听众完整地了解了大师们的作品全貌。

为了提高普及的效果，在献演名家经典的间隙，节目主持人妙语如珠，时而讲述名家的人生故事，时而解读作品的艺术趣味和内涵，让听众发出会心的笑声。在传统的音乐厅现场音乐会基础上，星期广播音乐会还推出名家课堂、音乐沙龙、户外公益音乐会以及音像制品等各种形态的衍生产品。

2006年2月，著名指挥家陈燮阳高举银棒，在能容纳1 700名观众的深圳市民活动中心划出了第一道弧线。星期广播音乐会深圳行，在当地观众中引起了不小的震动。随后，星期广播音乐会联手上海交响乐团前往武汉、重庆、成都、西安、郑州、济南、天津、沈阳、广州、南京等十个城市举办全国巡演，将星期广播音乐会普及推广经典音乐的工作推向全国。

令人欣慰的是，近年来，北京、深圳、青岛、南京等地的文化传媒机构不断派人来上海观摩考察星期广播音乐会，国家大剧院“周末音乐会”、深圳音乐厅“美丽星期天”音乐会、上海东方艺术中心“市民音乐会”等众多公益音乐会品牌也如雨后春笋般成长起来。星期广播音乐会的公益实践得到了业内的呼应和社会的支持，为百姓带来了真正的实惠。

花上三五十元，享受一场"文化大餐"——自 2006 年 7 月创办以来，东方市民音乐会坚持以高品质、低票价推广和普及古典音乐。六年间已举办了 363 场，吸引了 30 多个国家的百余位艺术家及音乐团体登台演出。指挥大师祖宾·梅塔在了解了东方市民音乐会的运作情况后，把感动写成文字："艺术是情感的载体，音乐是心灵的港湾。我为上海长年拥有观众达十多万人次的音乐普及演出品牌而赞叹！"

市民音乐会："高贵"不贵

李 婷

2012 年 4 月 21 日上午 10 时，小提琴独奏《梁祝》（选段）在东方艺术中心音乐厅回荡，张建鲁、迟立明、韩蓬、杨小勇等十余位音乐人走上东方市民音乐会的舞台，联手带来"聆听老上海"怀旧经典音乐会。

2006 年，当东方市民音乐会推出时，不少人以为像这样没有赚头的公益演出只是"做个姿态"；但令他们惊讶的是，这个学生票 15 元，普通票价始终维持在 30 元、50 元、80 元的普及性演出不仅延续至今，而且从最初的"一月一场"增加到 2009 年起的"每周一场"，2010 年还依托保利院线，成功"拷贝"到了长三角五个城市。2011 年，东方市民音乐会更是从上海走向全国，在浙江、江苏、安徽、河南、湖北、山东、广东、重庆等九省市上演 161 场。

转眼近六年。六年间，东方市民音乐会已举办了 363 场，与之相配合的音乐普及讲座 58 场，来自 30 多个国家的百余位艺术家及音乐团体，为累计 50 多万人次的观众献上了精彩纷呈的音乐节目，成为全国剧场最大规模的公益性、普及型演出品牌。

激活“休眠的需求”

一段时间以来，不少上海市民进剧场看演出的需求处于“休眠状态”。拥有约2 000万人口的上海，每年观众人次不足700万，人均每年看演出1/3场。而纽约百老汇一年的观众超过1 200万人次，伦敦西区一年高达1 300万人次，华盛顿每年人均观看演出达7场之多。从票房收入看，2009年上海约为7.25亿元人民币，百老汇为10亿美元，伦敦西区为5亿英镑，差距明显。

如何激活市民潜在的看演出需求？

2006年7月，由上海市浦东新区文广局、浦东新区文明办、新民晚报社和上海东方艺术中心联合主办的东方市民音乐会应运而生。

从初创起，东方市民音乐会就决心为吸引更多的市民走进剧场作长期的不懈努力，对每一场演出都精心策划。第一年的市民音乐会，主推通俗易懂的音乐作品，让听众从容跨过古典音乐欣赏的“门槛”；2009年，推出“世界著名音乐家系列”，逐场介绍巴赫、威尔第、马勒等名家作品；2010年，借着上海举办世博会，推出“世界风情主题系列音乐会”，带听众领略美国、法国、意大利、奥地利的音乐风情。

为了更快提高市民的音乐修养，每场音乐会上，主办方还会邀请主持人为观众介绍曲目的常识、背景、相关的乐理知识以及作曲家的生平等。全国“金话筒”张培、电视台名嘴张民权、资深电台音乐主持又俐、小铃、王平、雪飞等都曾亮相。

东方市民音乐会一场场积攒着人气和口碑。渐渐地，这一场散后，售票窗口前便排起了两三百人的长龙，争购下一场门票。看东方市民音乐会，已经成为许多人的文化消费习惯。市民俞尘谦还记得第一次来到东方艺术中心的情景：“就像刘姥姥进大观园一样。”而随着欣赏东方市民音乐会次数的增加，那种距离感越来越小。“现在成了我们家周末的保留节目。有时上午看完音乐会，下午就来听免费讲座。每次中午去地铁站吃饭的时候，我们发现每家小吃店里有三分之一的人都是刚看完东方市民音乐会出来的。”

2011年，东方市民音乐会做了一项观众调查，结果显示，每场必听的观众占12.59%，平均一两个月就会来听一场东方市民音乐会的观众超过三分之一(34.12%)。在有关满意度的调查中，选择满意和非常满意的观众分别是32.55%

和 66.47%(合计为 99.02%)，较 2009 年调查时的 28.04%和 62.48%(合计为 90.52%)均有可喜的提高。

"高贵"不贵的奥秘

在东方市民音乐会上，听众经常会有与名家名团不期而遇的惊喜。不过，疑问随之而来，最低 15 元、最高 80 元的票价，即便观众坐满音乐厅，一场票房收入不过 6—7 万元，还抵不过一家交响乐团一场 10 万元的演出费，名家名团是怎么请来的?

答案是：搭东方艺术中心的"顺风车"。

作为东方市民音乐会的主办方之一和演出地，东方艺术中心凭借"听交响到东方"的艺术特色，吸引了不少世界名团和名家到访，每年的演出数量在 500 场以上。丰富的节目资源给予东方市民音乐会源源不断的活力。

2006 年 10 月，英国 BBC 交响乐团来东方艺术中心举办两场音乐会，音乐总监贝洛拉维克执棒指挥。就在首场音乐会的前一天，正好有东方市民音乐会。东方艺术中心请来贝洛拉维克客串指挥上海爱乐乐团演奏一支乐曲。10 月 28 日上午，他和夫人悄悄坐进东艺音乐厅，当乐团返场演出时，这位满头银发的大师，突然出现在舞台上，指挥演奏热烈喜庆的中国乐曲《春节序曲》，音乐厅里一下子轰动了……

2010 年 5 月 1 日上午 10 时，以"零差错"的纪录闻名于世的斯图加特广播交响乐团奏响"晨曲"。这场东方市民音乐会是上海世博会开幕后的首场正式演出，票价依旧是 15 元、30 元、50 元和 80 元，听众把 1 900 座的音乐厅坐得满满的。罗杰·诺林顿爵士亲自指挥，他一登台，就用刚刚学会的中文说道："世博，你好！上海，侬好!"回应他的，是如雷掌声。

紧接着，"庆世博交响月"推出，短短 40 多天里，费城交响乐团、英国 BBC 交响乐团、英国爱乐乐团、法兰克福广播交响乐团以及瑞典广播交响乐团等国内外 10 个乐团轮番亮相。

再来看看东方市民音乐会这些年的总体阵容：担纲演出的 40 余个中外音乐团体中，既有上海交响乐团、上海爱乐乐团、上海歌剧院、上海民族乐团、中国大提琴爱乐等国内知名乐团，也有亚洲青年交响乐团、西班牙皇家塞维利亚交响乐团等国外名团。登台的演奏家来自世界30多个国家和地区，其中不乏闵惠芬、林昭亮、龚一、潘寅林、黄蒙拉、濑田裕子、何塞·马利亚·戈拉多等中外艺术名家的身影。指挥阵容同样强大，不仅中国指挥名家曹鹏、郑小瑛、马革顺、汤沐海、陈燮阳、张国勇、陈佐湟、卞祖善、林友声、许忠、杨洋等倾力献演，庞信、佩德罗·哈尔夫特、查伟革、沼尻龙典等国外指挥也热情加盟。东方市民音乐会，已经成为世界各国演出团体在上海相互交流的平台。

市民们正在演播厅外排队入场。

依托院线走向全国

2010年，东方市民音乐会又开始了新的征程——走出上海，走向常州、泰州、温州、合肥等泛长三角城市。这种由院线剧场联合推出、贯穿全年、长期举办的演出品牌在全国当属首创。东方市民音乐会针对不同年龄、不同层次、不同时段安排了丰富多彩、老少皆宜的系列音乐会。从新年伊始的维也纳新年音乐会、元宵佳节的“难忘的旋律·元宵节专场”，到暑假期间的“夏季逍遥音乐会专场”，再到圣诞时的"'铃儿响叮当'圣诞音乐会"，100 场音乐会包含着多姿多彩的音乐形式。著名指挥家曹鹏、林友声、林大叶，著名小提琴演奏家潘寅林等，还现场进行了生动的讲解，受到当地观众的热烈欢迎。

来自武汉的韩先生是东方市民音乐会的常客，常常不远千里只为听一场音乐会，很是嫉妒上海观众的好耳福。他说，多年前第一次来到上海，新天地的时尚古典让他不能忘怀。这些年，吸引他的除了新天地，还有东方市民音乐会，有时在回家的路途上忍不住做起白日梦：要是能把市民音乐会搬到武汉该有多好！如今，这一梦想已然成真！

2011 年，依托保利院线，东方市民音乐会再次扩展"版图"——在苏浙沪皖三省五市推出高品质音乐会的同时，又在常州、泰州、温州、合肥、马鞍山、武汉、河南、烟台、青岛、重庆、东莞、深圳、惠州等地上演精华版市民音乐会，全年总场次达 161 场。

从上海浦江东岸起调，东方市民音乐会奏出了"高贵不贵、文化亲民"的乐章。

为了让更多普通市民进得了艺术殿堂，看得到高雅艺术，从2011年起，上海设立总额1 000万元公益性演出专项扶持资金，打造上海大剧院、东方艺术中心等14个公益性演出定点剧场和品牌，并在上海大剧院、东方艺术中心、上海文化广场、天蟾逸夫舞台等四家剧场开展营业性演出低价票试点，文化惠民之举受到了广大观众的热烈欢迎和一致好评。

“低票价”：让寻常百姓走进艺术殿堂

李君娜

2011年12月20日，上海大剧院发售低价票的日子。

家住北新泾的叶老先生与老伴一大早就出了门。9:00许，他们到了大剧院，工作人员告诉他们，他们要买的低价票中午才正式开售。

“无妨，等一等好了。”叶老先生说。他退休那一年，正是上海大剧院开业第一年。13年过去了，虽然路过人民广场无数次，他和老伴从没有进过一次大剧院。原因？“当然是因为票价太贵啊。”

下午13:00许，上海大剧院打开售票窗口，开售价位在80元以下的16台26场演出低价票。现场人头攒动，排在队伍前面的叶老先生和老伴顺利买到了《非洲脚步》和《天鹅湖》四张公益票。

夫妻俩心满意足，走前不忘对工作人员说道：“下一次如果发售低价票，阿拉一定还来。”

让老百姓看得起好“戏”

这一幕的背后，离不开上海市公益性演出专项扶持资金的“功劳”。

在上海，每年有逾万场演出上演，它们滋养着城市的文脉，也提升着城市的品位。但在选择日益多样、供给更加丰富的当下，依然有不少市民因无力承担昂贵的演出票价而难以走进剧场观赏心仪的演出。

如何让更多市民有机会走进剧场，特别是像上海大剧院、东方艺术中心、上海文化广场等标志性剧场？

在充分调研和广泛征求意见的基础上，上海市委宣传部和市文广局从 2011 年起设立了总额为 1 000 万元的上海市公益性演出专项扶持资金，以鼓励剧场、剧团和演出公司合力打造公益性演出定点剧场，形成一批特色鲜明的公益性演出品牌，并在部分标志性剧场开展营业性演出低价票试点。

此举一经推出，立即得到热烈响应。众多人士认为这是让市民能轻松走进艺术殿堂的惠民之举。

以上海大剧院为例，2011 年 12 月 20 日集中销售的 80 元以下门票，覆盖了自 2011 年 12 月 24 日至 2012 年 2 月 24 日所有在大剧院内演出的节目，数量达 3 000 张左右，总体优惠金额在 30 万元以上。

低价并不意味着低质。从美国纽约大都会歌剧院高清歌剧《波西米亚人》、奥地利施特劳斯爱乐乐团音乐会到上海大剧院版《胡桃夹子》、俄罗斯明星芭蕾舞剧院《天鹅湖》，以及上海大剧院“京昆群英会”的华彩篇章《孙膑与庞涓》、《白蛇传》等精彩演出，令沪上艺术爱好者大呼过瘾。

几乎在同期，东方艺术中心也一举推出四场重量级音乐会的 80 元低价票，其中包括波恩贝多芬交响乐团音乐会、荷兰阿姆斯特丹皇家音乐厅管弦乐团音乐会、巴伐利亚广播交响乐团音乐会、小提琴天后穆洛娃和瑞士巴塞尔乐团音乐会等。短短两个小时内，400 张世界名团音乐会低价票售罄，还连带售出近 2 000 张其他演出的低价位门票。

这些满盛着“艺术大餐”的公益票往往在半个多小时内就被抢购一空。寒冷的冬日里，一阵阵欢呼声响起，一道道欣喜的暖流在热爱艺术的这座城市汇聚……

公益、营业演出“花开并蒂”

专项资金扶持的重点放在了公益性演出阵地的建设上。目标是在全市打造10个公益性演出定点剧场，确保每月至少组织20场公益性演出，全年达到200场。

通过严格的项目申报与专家评审，上海大剧院、东方艺术中心、文化广场剧场、天蟾逸夫舞台、上海音乐厅、上海话剧艺术中心、宛平剧院、艺海剧院、兰心大戏院和大宁剧院等十家剧场被评为首批公益性演出定点剧场；上海城市剧院、贺绿汀音乐厅等两家剧场被评为首批公益性演出非定点剧场；作为培养未成年人艺术修养的重要基地，上海木偶剧团仙乐斯演展厅和中福会马兰花剧场等两家剧场被评为少儿戏剧公益性演出定点剧场。

据统计，从2011年第四季度起至2012年2月底，上述14家公益性演出剧场精心组织了百余场公益性专场演出，观众人次达到十余万。

除了免费的公益性演出，大量营业性商演的高票价在专项资金的扶持下，理性回归。

好戏大家看，30元、50元、80元的低价票让市民真正得到实惠。

上海大剧院、东方艺术中心、上海文化广场、天蟾逸夫舞台等四家剧场实施开展营业性演出低价票试点，每场演出至少保留5%不超过80元的低价票，更多市民因此有机会观赏到顶级院团和艺术家的精彩演出。

营业性演出低价票试点在市民中掀起了一次次购票看戏的热潮，也极大地激发了剧场、剧团和演出公司的积极性，启发了他们对低价票试点常态化运行机制以及通过低价票试点带动演出高票价回归理性的思考和实践。

2012年以来，各试点剧场纷纷推出新举措：上海大剧院宣布每月第三个星期日公开发售下一个月所有开票演出的80元低价票，并将演出信息提前在大剧院官网和微博进行公布，购票观众可根据兴趣领取当月免费公益活动入场券，同时推出第二轮 14 台 20 场演出的数千张低价票及 100 个“艺术福袋”。东方艺术中心在每月第一个周六发售低价票，第二轮推出 20 余台演出的 20 000 张低价票和公益票。

试点剧场的成功，也带动了国有院团的积极性。上海文广演艺集团旗下六个国有院团主动推出龙年新春“文化大礼包”，推出近 20 台演出的 2 200 张不超过 50 元低价票，并表示将持续在“黄金周”等长假期间推出惠民低价票。

据统计，至 2012 年 2 月底，四家试点剧场在 200 余场演出中售出了低价票，仅 2011 年第四季度就售出低价票 80 000 张。

剧场、剧团、观众“三得利”

1 000 万元专项资金，说少不少，说多不多，只有把每一分钱都花到实处，才能让老百姓得到更多的实惠。

为了管好、用好这笔专项资金，市委宣传部和市文广影视局在决定设立专项资金之初，就立足实际制定资金管理及补贴办法，建立配套的资金评审程序和现场监管制度。

制度方面，《上海市公益性演出专项资金补贴办法》对公益性专场演出、营业性演出低价票以及上述工作的实施主体、基本要求、推进方法等给出定义，并特别强调公益性演出最高票价不得超过 80 元，必须保证一定比例的名团名家名剧和八成以上的上座率，强调四家试点剧场必须保证除公益场以外的每一场营业性演出都要保留 5%的不超过 80 元低价票。

抓手方面，建立公益性专场演出季度申报和总结制度，组织专家开展内容月评工作，组织文化市场三级联动巡查队伍现场查看上座率情况；加强对公益场和营业性演出低价票实施情况的实时监管，确保低价票落到实处；明确“公益性演出票和营业性演出低价票原则上每人限购三张，团体购票原则上不得超过总票数的 50%，低价票须凭有效证件购买并入场”等规定，防止出现“黄牛”倒卖公益票和低价票的现象。

这些具体规定意味着低票价不再是“纸上谈兵”，确保了观众能真正享受到这笔专项扶持资金。

为了达到公益性专场演出“低价高质量”的目标，公益性专场演出要求坚持“剧

上海文化广场“剧艺堂”为观众送上精彩的俄罗斯 TODES 舞蹈团公益性专场演出。

团与剧场、剧目与项目、明星演员与青年演员”三结合，在打造特色品牌上动脑筋，在提升演出质量上下功夫。各剧场主动与剧团、演出公司加强合作，策划形成了各具特色的公益性专场品牌，除原有的“艺术课堂”、“东方市民音乐会”、“星期广播音乐会”、“星期戏曲广播会”等，还有文化广场的“剧艺堂”、天蟾逸夫舞台的“好戏大家看”、上海话剧艺术中心的“话剧下午茶”、宛平剧院的“民星大舞台”、艺海剧院的“戏剧月月演”、贺绿汀音乐厅的“名师讲演堂”、城市剧院的“城市之光”、大宁剧院的“大宁艺术源”以及两个儿童剧亲子场品牌。

各剧场推出的演出既有多年来积淀的经典剧目和优秀剧(节)目，也有“出炉”不久的新剧目；既有名家名角儿的担纲演绎，也有优秀青年演员的精彩亮相；既有国内外知名院团的参演，还有民营院团的热情参与，涵盖了音乐、舞蹈、戏曲、话剧、儿童剧等艺术领域。

此外,为培养剧场及院团的市场开拓意识,探索公益性演出可持续发展的良性机制,市委宣传部和市文广局坚持降低票价外,也坚持剧场、剧团和演出公司共担社会责任的保障性手段,按照市、区两级资金扶持及票务营销各占三分之一的方式,明确要求各定点剧场积极开展票务营销,确保每场公益性专场演出上座率在八成以上。

凡此种种,在演出专项扶持资金的长效机制下,不仅老百姓得到了实惠,剧团剧目也得到了长足发展,而提供公益性低价演出的剧场拥有了更好的市场口碑和人气效应。剧场、剧团、观众的"三得利",也将最终反哺于演出专项扶持资金制度。

上海国际艺术节“天天演”广场演出始于2001年。11年间，已有数百个国内外专业表演团体在这个舞台上放歌献舞，数千优秀群众文化节目和演员在这个舞台上展露才华，数百万人次观众在这里享受了户外艺术的无穷快乐。在海纳百川的都市中，在“天天演”这片不大的舞台上，“让人民大众拥有更多机会欣赏艺术、展示才华”的愿望变成了现实。

“天天演”：繁华都市中的欢乐舞台

赵崇琦

金秋十月和繁华申城的惊鸿一瞥，交汇出凝练百年的经典；十里南京路同豫园的交相辉映，碰撞出雅俗共赏的潮流。“天天演”的故事，就从这里开始。

上海国际艺术节“天天演”广场演出始于2001年。当初，一个“让人民大众拥有更多机会欣赏艺术、展示才华”的愿望在舞台上变成了现实，并逐渐被大家认可、熟知。从此，“天天演”这个舞台如同一位“草根明星”，飞入了寻常百姓家，成为了每年十月上海市民最为津津乐道的话题，得到了社会各界的广泛认可。2008年“天天演”活动荣获文化部颁发的群文活动最高奖——群星奖。

一个没有国界的舞台

“天天演”是一个没有边框、没有国界的舞台。在这里，民族与世界交汇、传统与现代碰撞、通俗与高雅融合、经典与时尚相约。

11年来，先后有世界各地的艺术团队在“天天演”的舞台上留下足迹：德国民族铜管乐队、智利民间舞蹈、澳大利亚巨型木偶巡游、巴黎浪漫的康康舞、日本传统的“钱太鼓”和真伎乐、挪威皇家军乐团、匈牙利国防军舞蹈团、美国阿里西亚哑剧团、西班牙合唱团、冰岛爵士乐、朝鲜万寿台歌舞团、比利时钢琴演奏、新加坡“狮城”艺术风情……俨然像个小小“世博会”；而来自我国天南海北的艺术团队也纷至沓来：神秘的雪域高原面具舞、刚毅的山西绛州鼓乐、原生态的内蒙、青海、云南的音乐舞蹈、从大剧院里原封不动搬到广场舞台的甘肃敦煌韵……五洲四海的风情集结到“天天演”的舞台，绚烂多元、气象万千、美不胜收。

“天天演”在优秀文化资源的吸纳整合方面凸显出极大的开放性，它利用艺术节剧院演出的资源，将许多外国专业和民间的艺术团队带到了人民大众的面前。

“天天演”不但汇集了各地各国艺术之精华，同时求新求变，为提高百姓文化生活而寻找突破。2011年艺术节期间，世界一流乐团德国柏林爱乐乐团来沪演出一

柏林爱乐乐团在南京路世纪广场“天天演”舞台上演出。

票难求。为了让更多市民能欣赏这场顶尖水平的交响音乐会，主办方别出心裁地想出在南京东路世纪广场“天天演”舞台上直播音乐会的方案。这一大胆创意在全国范围内尚属首创!

音乐会当晚，世纪广场现场反响热烈，现场摆放的500个座位座无虚席，栏杆外也被没有领到票的乐迷里三层外三层地围着，许多古典音乐发烧友更是在寒风中站满了整个演出场。指挥家西蒙·拉特尔在演出后率部分演奏家到广场与市民互动、致意，令广场上高潮迭起，欢呼不断。发烧友中，有下午16:00就到现场的袁阿姨，自抵达后她就再也没有离开过这个最贴近栏杆的位置。她开玩笑地说，“我拿出了小朋友们看歌星演唱会的劲头——死守，跑开了，就没有那么好的位置了”。

创新意识滋养着“天天演”活动的无限活力，创新的观念与时代的脉搏紧扣，创新的内容使不同层面的群体都能找到自己所喜欢的演出形式。

戏台子“搭”进豫园

老百姓喜欢什么，“天天演”舞台就有什么。

2002年“天天演”舞台从南京东路延伸到豫园商城广场，在九曲回廊前，一个戏曲“天天演”的舞台诞生了。京、昆、沪、越、锡、淮等剧种相继登场，杂技、魔术、独脚戏、小品、木偶、滑稽和说唱悉数展演，观众喜爱的艺术家们倾情献演。每天下午，这里总是最热闹的。

京剧是我国的国粹，虽然形成于北京，但在上海也是有着相当深厚的群众基础。在豫园“天天演”舞台上举办的“乡音和曲”大赛——京剧复赛专场，参赛选手来自各行各业，有退休工人、教师，也有在职职工，有在读大学生，也有小学生。从参赛选手的水平和履历来看，既有全国戏剧大赛“中老年组”第一名的获得者，也有之前从未登台的选手。以孙友琴为代表的来自聚声戏剧沙龙的13位演员，他们里面竟然有中国核武器的研制人员。戏曲爱好者张瑜刚感慨道:“‘天天演’戏台既丰富了群众业余文化生活，又为戏曲爱好者创建了一个好舞台。”

艺术家和观众零距离接触，艺术和人民从来没有贴得这么近。“天天演”，使古色古香的豫园商城中心广场成为了欢乐的海洋，多姿多彩的艺术给百年豫园的历史文脉注入了新的隽永。

"天天演"广场演出自创办以来,已有 11 年时间。期间数百个国内外专业表演团体的艺术家,在这个舞台上放歌献舞,数千优秀群众文化节目和演员在这个舞台上展露才华,数百万人次的观众在这里享受了户外艺术的无穷快乐!在沸腾红火的台上台下,在风华绝代、青春如歌的上海,我们看到了一个让人民大众如痴似醉的节日。

我们和"天天演"有约

在游客眼中,"天天演"是他们在游览名胜时遇到的一道别样的文化风景;在上海文化建设进程中,"天天演"是一张特别打造的文化名片;而在观众眼里,"天天演"是他们生活的一部分;在"天天演"专题文化周里,"天天演"又变身为展现文化的舞台、实践艺术的平台。

每天,"天天演"观众席里总有那样一群人,端着相机、架着摄像仪、互相招呼、互相寒暄。他们中有位耄耋老人,曾风雨无阻地用照相机、摄像机记录下每场演

"天天演"已经成为许多上海市民生活的一部分。

出，见证了每一年"天天演"的演出与成长。也有"粉丝"曾告诉过工作人员："有'天天演'的这一个月，我什么家务都不干了，就天天过来看演出。"甚至有粉丝天天来义务为"天天演"维持现场秩序……正是这些相约数十年的常客，组成了"天天演"不散的观众席。

"天天演"不仅吸引上海市民，也深受国外游客喜爱。有一位因旅游而入住附近的波兰姑娘在宾馆房间里看到"天天演"的热闹场面后，天天端着相机守着"天天演"拍照。她说："虽然唱歌、朗诵等语言类节目看不太懂，但很喜爱舞蹈、魔术这样的节目，因为这些节目的语言都是相通的。"

"天天演"的舞台，每年在延伸。"青春放歌"校园文化展演周、"和谐礼赞，劳动欢歌"职工文化展演周、"乡音和曲"上海社区戏曲大赛、"舞动精彩"上海社区舞蹈大赛……一个个鲜活的专题活动通过"天天演"舞台相继诞生、成熟，形成了万千民众共同参与的文化景象。

除了有艺术家们带来的专业表演，普通市民群众也渐渐地参与到演出中来。广泛的社会参与夯实了"天天演"的坚实基础，为"天天演"注入了新的生机和活力。

让艺术走近你我他

中外艺术家进社区、进企业、进校园，是艺术节 13 年来的传统节目。

艺术节期间，在厂区花坛旁、村镇小河边、校园礼堂内，不时出现外国艺术家们的身影。来自立陶宛、德国、瑞士、罗马尼亚等国家的音乐舞蹈团队，用浓郁的民族音乐，让社区居民感受各国的风情万种，精彩的民间舞蹈引得居民热烈共舞，共享文化节日的快乐，同一首歌用不同的语言一起唱响时感觉真是奇妙；没有语言障碍的国际哑剧艺术大师、魔术大师、木偶艺术更自如地在社区大展身手，引来一片欢声笑语。

崇明陈家镇是距市区几十公里的新建镇。演出那天，陈家镇社区文化中心广场前人山人海，村民们自发从家里搬来了板凳、长凳，围坐在舞台前观看表演。他们为来自巴西、土耳其的舞蹈拍手鼓掌，也为外国友人展示了"鸟哨"、海派秧歌等极具民俗特色的表演，颇有你方唱罢我登场的味道。有的村民看得目不转睛，乐呵呵地表示，这是他第一次在家门口看到外国人表演。有的村民为了观看演出，甚至爬上了树。演出结束后，外国艺术家们与村民们和着节拍一起载歌载舞，笑容挂在每一个人脸上。艺术的芬芳，驱赶了远郊秋天的寒意。

多元的城市文化孕育“天天演”活动的亮丽品牌。“天天演”在上海这座海纳百川的城市中不断发展，它的内容和形式都得到了不断的创新，将各种多元文化形式不断接纳、整合，逐步完成了品牌成熟化的过程，成为上海国际艺术节不可或缺的组成部分，也成为上海大都市的一张文化名片。

创立于1993年的上海国际电影节，是目前中国唯一的国际A类电影节，也是目前全球“板块最齐全、内容最完备”的A类电影节。经历了近20年的磨砺，上海国际电影节已发展成为亚太地区最具规模和影响力的国际电影节。在推动中外电影交流合作、传播当代电影文化的同时，上海国际电影节加强人才“孵化”和项目“孵化”，使国产新片、中外合作项目、新人新秀层出不穷，为推动我国电影创新和“走出去”发挥着重要作用。

上海电影节：“亚洲戛纳”星光闪耀

许晓青

“不言自明，世界各地的电影人都希望在中国敲响大门。”2011年夏，跨国传媒大亨默多克在黄浦江畔举办的第十四届上海国际电影节上这样感慨。

拥有上千个座位的专业电影放映厅内座无虚席，唯一的加演场次一票难求，这是2011年德国大师文德斯执导的3D纪录片《皮娜》亚洲首映时的盛况。这经典一幕的发生地不是东京，也不是香港，而是一年一度的上海国际电影节。

上海国际电影节创立于1993年(原为隔年举办一届，2004年起每年举办一届)，是目前中国唯一的国际A类电影节。经历了近20年的磨砺，上海国际电影节已发展成为亚太地区最具规模和影响力的国际电影节，被国际影人誉为“亚洲戛纳”。

与中国电影共成长

1993年，上海国际电影节诞生时，中国尚未加入WTO，国内的文化体制改革也才刚刚萌芽。

20 年前，国家广电总局将中国第一个国际电影节定在上海还有更深的内涵：上海作为中国电影的发祥地，在相当长的一段岁月里，它几乎就是中国电影的代名词。上海，为中国的民族电影工业带来了生生不息的动力；上海，为中国电影长廊奉献了最丰富的影像。上海国际电影节可以说是上海这座城市写给中国电影、世界电影最动人的告白……

在国际同行看来，上海国际电影节与中国电影一样，是如此年轻。但也正因为年轻，一切皆有可能。2002 年，中国电影票房不足 10 亿元，国产电影产量只有 100 部左右，全国城市影院银幕仅 1 400 多块；2011 年中国电影年产量达 791 部，票房达 131.15 亿元，银幕已达 9 000 余块。

有多少明星来走红地毯，一直是大众衡量电影节地位的标准之一。2009 年，在全球金融危机的背景下，柏林、戛纳电影节等无奈"瘦身"、星光"黯淡"，但黄浦江畔的上海国际电影节的开幕式红毯却是逆势飘红。

首位摘得奥斯卡影后桂冠的黑人女影星哈里·贝瑞在上海大剧院台阶上的回眸一笑，成为上海国际电影节历史上的经典定格之一。捧得"小金人"不久的《贫民窟的百万富翁》导演丹尼·博伊尔出任这一年"金爵奖"评委会主席，他说："出席上海国际电影节实现了我的夙愿。"

哈里·贝瑞的回眸一笑，成为上海国际电影节历史上的经典定格之一。

明星与佳片，相得益彰。近年来，上海国际电影节参赛片数量连续刷新纪录。2011 年,共有来自 102 个国家和地区的1 519部长片、9 785 部短片报名参与各竞赛单元角逐,短短九天内,3 000 多名中外电影人齐集上海,均创新高。来自世界各地的 470 多家媒体、2 000 余名记者对电影节进行了全景式报道。

在业内人士看来,上海国际电影节也是目前全球 A 类电影节中"板块最齐全、内容最完备"的电影节,包含交易市场、电影论坛、项目创投、亚洲新人奖和传媒大奖评选、手机电影节、国际学生短片大赛等。

多年来,到访上海参与电影节的奥斯卡大赢家们这样评价上海国际电影节:"是上海国际电影节给了我这样一个机会,和优秀的中国电影人见面","这是如此丰富而多元的一届电影节","这是一个难得的、接触中国电影和观众的平台"。

电影产业的"孵化器"

近年来上海国际电影节的事业越做越大,国产新片、中外合作项目、新人新秀等层出不穷。上海国际电影节已经成为我国电影产业重要的"孵化器"。作为上海国际电影节促进中国电影产业发展的核心内容——中国电影项目创投、合拍片项目洽谈等已连续举办多年,通过专业培训师的封闭培训、中国项目的公开陈述、"一对一"的项目洽谈、与名家大师面对面之后,达成各类合作意向累计近百项(次)。

21 世纪的第一个十年,通过亚洲新人奖的评选和中国电影项目创投等,宁浩、张猛等一批新锐导演浮出水面,于是中国观众才看到了《疯狂的石头》、《钢的琴》等在各方面获得极大成功的影片。2011 年,韩杰导演、王宝强主演的《Hello! 树先生》,成功进入上海国际电影节主竞赛单元,并摘得两项大奖,此后在国内院线公映,再度获得好评,成为电影节"孵化"新人新片的经典案例。

近年来,电影节创投项目的最大亮点是邀请到吴宇森、冯小刚、比利·奥古斯特、休·赫德森等电影大师担任项目艺术总监。其中,冯小刚和吴宇森等,更亲临电影节大师班,向入围的年轻导演面授机宜。他们认真阅读项目并与年轻导演真诚交流,让年轻后辈受益匪浅、信心倍增,

除了在亚洲和中国层面推动年轻创作力量成长,上海国际电影节的系统"孵化"作用,还体现在持续举办的"国际学生短片大赛"和"手机电影节"项目。"国际学生短片大赛"为国际学生进入行业设立窗口,历年报名影片数量与辐射国家不断增加,到 2010 年的高峰时期,已达近千部短片,覆盖全球 47 个国家和地区。为了

适应日新月异的新媒体环境，并为世界各地的学生提供更大的舞台，该单元于2011年打造成"手机电影节"，吸引了约9 000部参赛作品。

通过人才孵化与项目孵化相结合，上海国际电影节的产业定位日趋鲜明。连续多年参与电影节的著名导演吴宇森表示，鼓励创新，对于中国电影、对于上海国际电影节而言，都具有深远意义。

"365天的电影节"

打造"365天永不落幕的电影节"，这是一个全新的理念。从开幕到闭幕，每届上海国际电影节仅短短九天，但举办一届成功的国际电影节绝非朝夕之功，而是蕴含着电影节团队持之以恒的勤勉与创新。经过近20年的积累与探索，上海国际电影节已经形成了一支专业化、年轻化、高效率的办节团队，坚持不懈地在世界电影舞台上努力实现中国梦想。

在推动中国文化走出去方面，上海国际电影节已经形成了一套行之有效的做法，坚持"走出去，请进来"的办节理念，达到"不出国门，走向世界"的良好效果。电影节一方面促进中国优秀影视作品走出去，另一方面把国际买家请进来，近年来电影节交易市场、论坛等异常活跃。2007—2009年的短短三年间，上海国际电影节交易市场展厅，从500多平方米增加到2 000多平方米，国际买家翻了两番。电影节实际销售的影片数量增长了五倍还多。

2007年，中央新闻电影制片厂的纪录片《又见梅兰芳》引起十多家境外媒体的浓厚兴趣，八一电影制片厂的《我的长征》、《夜袭》、《太行山上》在法语市场受到欢迎。2008年，河南电影电视剧制作集团公司的少林系列功夫电影吸引12个国家和地区的买家争购。2009年，国产电影《叶问2》通过电影节平台征服了15个国家和地区的买家。

近年来上海国际电影节"金爵奖"、"亚洲新人奖"中的中国面孔逐步增多，中国电影的亚洲影响力逐步增强。赵薇、陶红、艾丽娅、王宝强等中国明星的演技获得评委会肯定，《碧罗雪山》、《郎在对门唱山歌》等文艺片受到国际关注。

不仅美联社、路透社等对上海国际电影节进行持续报道，在国际电影界颇具影响力的《好莱坞报道》(*Hollywood Reporter*)、《综艺》(*Variety*)、《国际银幕》(*Screen*)，以及《亚洲电影周刊》(*Asia Business*)等也与上海国际电影节建立长期合作关系。这些电影报道的中坚力量从 2006 年起每年派出专业记者、市场总监等，来上海国际电影节组织报道，甚至由主编亲临现场“督战”。

如今，在每年上海国际电影节闭幕之后，法国戛纳电影节、德国柏林电影节（合拍片市场）、俄罗斯莫斯科电影节、法国巴黎电影节（巴黎计划）、韩国釜山电影节（电影项目市场）、亚洲电影投融资会等均会与上海国际电影节继续合作。在这些知名电影节举办期间，他们通过伙伴关系，为上海国际电影节以及中国电影继续做持续不断的推广，为中国电影走向世界搭建起一座座桥梁。

上海国际电影节已经成为推动中外电影交流合作、传播当代电影文化的重要平台。但组委会清醒地意识到，上海国际电影节应该牢牢抓住当前我国加快经济发展方式转变、大力发展文化产业的重要机遇，在世界电影发展潮流中不断借鉴经验，茁壮成长，为促进中国电影的繁荣与发展作出新的更大贡献。

从2004年以来，上海书展以“我爱读书，我爱生活”为主题，营造出一种满城书香的全民阅读氛围，引领了阅读风尚；同时，它又以“立足上海，服务全国”的理念，打造出一个供全国出版界、文化界展示、交流、交易、研讨的开放平台。而今，上海书展已经成为上海市民一年一度的文化节日，成为全国全民阅读活动的示范平台，成为全国出版界、文化界有影响力的专业展会，成为全国重要的文化地标。

上海书展：全民阅读　书香满城

周思琴

八年书香之旅，铸就书业盛会。

2004年，上海书展从沪版图书看样订货会“蜕变”为区域性地方书展；2011年，上海书展成功升格为全国性重要文化展会，由新闻出版总署、上海市人民政府共同举办，上海市委宣传部、市新闻出版局承办，作为全国全民阅读活动的示范平台。

走过八年的上海书展，坚持探索创新，致力于推动城市阅读，完成了一次次的“华丽转身”，规模不断扩展，参展出版单位从170多家，增加到500多家；书展主会场零售额从1 300万元，增加到4 000多万元；文化活动从170余项，发展到440余项，成为中国出版界、文化界有影响力的专业展会，与香港书展、台北书展并驾齐驱。

上海书展成功营造了市民爱书、读书、尚书的良好氛围，成功展示了上海城市的文化底蕴和文化魅力。文化名人的星光熠熠和普通读者的熙来攘往，在一年一度的文化节日里，交汇成一道独特的文化风景。在2010年上海书展开幕式上，著名作家莫言说："这个夏天，上海这座城市因阅读而成为全世界最美的城市。"

服务读者，引领阅读风尚

阅读，塑造着城市的精神和品格。上海书展以"我爱读书，我爱生活"为主题，从2004年开始，就坚持走向读者大众，并致力于将"阅读是一种生活方式"的理念送入千家万户。这一功能定位契合了国家倡导全民阅读，提高国民文化素质和文化软实力的文化发展战略。

2011年，上海书展作为全国全民阅读活动的示范平台，与以"书香中国"为口号的全民阅读活动结合，进一步凸显倡导阅读、引导阅读、推动阅读的功能。在活动的策划和组织上，着力打造"书香中国"阅读论坛、"书香·上海之夏"、"上海国际文学周"、"上海国际童书嘉年华"、"书香上海时间"、"今晚我们读书"等品牌活动，在上海乃至周边地区营造了爱读书、读好书的全民阅读氛围。

2011年上海书展吸引了全国500多家出版社前来参展，为读者准备图书15万余种，各类活动400余场。同时，全市17个区县的图书馆、社区文化服务中心、农家书屋等组织开展了40余项形式多样、内容丰富的全民阅读活动。在各区县大中型书城、主要门店和知名网上书店、大型图书馆增设20多个书展分会场，形成场内场外、业内业外、线上线下、地上地下（地铁网点）高度互动，烘托出满城书香的全民阅读热烈氛围。

七天里，因书结缘的写书人、出书人、卖书人、读书人，汇聚在这个文化大平台零距离沟通、交流、碰撞。一如应邀来沪参加上海书展的诺贝尔文学奖得主勒克莱齐奥在书展开幕式上所说：书籍和文学可以跨越千山万水，将不同的文化联系在一起，使人们增进认同，携手走向未来。

在各区县图书馆，各种讲座的门票每天都是一早就预约一空，而上海图书馆每天1—2场1 000张讲座门票在书展还没开始就领完了，很多读者从头到尾站着听完全场；另外，上海展览中心和上海图书馆周边的宾馆入住率上升了20%，很多外省市的孩子，由父母带着来上海赴书展之约。

2011上海书展创下了历史新高：主会场实现销售码洋4 040万元，分会场实现销售码洋1 430万元，中国书业馆配年会实现团购码洋9 300万元。数据之外，

上海书展以“书香中国”为口号，倡导全民阅读。

还有众多赞扬书展“软实力”提升的市民声音：“书展的活动更有文化内涵了”，“人性化的服务更到位了”……

“更好的阅读，造就出一个更好的城市。”上海书展年年刷新的数字表明，经过八年的不懈努力，坚持阅读、坚持学习的精神已融入上海这座城市的发展脉搏。上海书展，不仅是提醒人们重拾书本、重温书香的一个标志性场合，更在促使人们重新体认阅读的价值。

新华社这样评论：“我们能够真切感受到上海书展给广大读者的精神文化生活所带来的变化，感受到上海书展给中国文化产业发展所带来的导向作用。”

面向全国，体现开放气质

上海是一个开放包容的城市。上海书展始终坚持“立足上海，面向全国”的定位，邀请全国各家出版社参加，着力为全国出版业打造一个开放的大平台，让全国出版界在这个文化平台上展示、交流、交易、研讨，也让读者分享全国各地的出版精品。

八年来，上海书展努力实践这样一个重要理念：主办是上海，主角是全国同行。上海书展坚持采取零租金招展、零距离进入的优惠措施，并将上海展览中心最好的场地中央大厅全部提供给全国出版社，此举得到了全国出版界的热烈响应和高度评价。

2011 年，升格为全国书业重要展会的上海书展，以其历年积累的“磁场效应”吸引了全国 500 多家出版单位来沪参展，使该届书展成为历届参展出版社最多、新书首发最多、举办活动最多的一届。据统计，2008 上海书展共有 40 余本图书首发，2009 上海书展首发新书活动达到 60 余场，2011 上海书展新书发布则突破了 100 场。这些首发新书受到读者热烈追捧，销售势头喜人，绝大多数登上当年书展畅销书排行榜。很多出版社表示，很看重在上海书展上的“试水”。科普出版社副总编辑杨虚杰说，上海书展是“最接地气”的书展，让出版社和读者直接面对面交流，可以知道读者需要什么。上海书展举办时段已成为国内一批大社名社安排重点产品生产的重要档期。业内人士认为，上海书展已成为国内重要的新书发布平

上海书展“磁场效应”显著，吸引了国内的大社名社。

台，成为引领出版业潮流的风向标之一。

人民日报评论说，“书展举办地上海展览中心，几乎成为沪上乃至周边地区的巨大文化磁石”，而让书展产生“磁场效应”的，正是上海“海纳百川、追求卓越、开明睿智、大气谦和”的开放的城市精神。

吸引“大家”，凸显文化品位

坚持文化品位，营造浓郁的文化氛围，是上海书展不断追求的目标。

上海书展强化“大家”概念，名人大家是“大家”，广大读者也是“大家”，努力推动名人大家牵手普通百姓。上海书展不仅成为大家名家云集的大舞台，也是普通百姓享受精美文化的盛宴。广大读者在品味书香的同时，有机会零距离聆听社会名人和大师的思想，得到精神和心灵上的滋养，使上海书展这个有形的平台得以拓展，实现了无形的文化传播功能。

上海书展每年安排约400场活动，不仅数量众多，更追求文化内涵的丰富。从“当代最好也是最有争议性的作家之一”珍妮特·温特森，到台湾小说界新一代领军人物骆以军；从2011年获茅盾文学奖的毕飞宇，到当前作品非常畅销、但尚未被传统文学界接纳的年轻作家天下霸唱和南派三叔；从国务院发展研究中心研究员吴庆到中欧国际工商学院金融学和经济学教授许小年；从不顾年事已高、一笔一画为每位读者签名的老翻译家文洁若，到专程赶来的台湾导演吴念真……8月的申城，不仅墨香四溢，而且星光璀璨。近300位国内文化界、经济界、科技界、教育界、医学界、艺术界等社会各界代表和海外著名作家、学者及演艺明星纷纷相约上海书展，充分显示上海书展已成为全国重要的文化地标之一。这些名家名人的到场，既提升了书展文化品位，又引领了阅读风气，进一步扩大了上海书展在全国的文化影响力。

2011上海书展在活动策划和安排上，更加注重提升文化品位，在保持传统活动基础上，同步举行“上海国际文学周”，请来了诺贝尔奖获得者勒克莱齐奥，爱尔兰著名作家托宾，英国著名女作家温特森，日本新锐作家岛田雅彦，中国港台地区作家骆以军、董启章等，大陆作家王安忆、格非、毕飞宇等，与广大读者零距离对话。此外，还精心打造“书香·上海之夏”全民阅读品牌，由著名学者和作家张维为、孙皓晖、江晓原、格非、陈村、陈丹燕、孙甘露等，以学术文化和文学创作为主题开设系列讲座，营造浓郁的书香氛围。这些活动几乎场场座无虚席，许多读者是站着听完的。勒克莱齐奥感慨地说："我很感动，没想到我的作品在中国有那么多热情的读者。"

正如人民日报评论文章标题所言，"最是书香能致远"。回首八年，上海书展逐步成长壮大，影响不断拓展，让人们享受到了更多阅读的快乐，使上海这座城市增添了更多的书香气质。展望未来，上海书展将继续秉承"立足上海、辐射长三角、服务全国"的理念，在保持和强化"全国"、"首发"、"大家"概念特色的基础上，坚持创新，坚持以人为本，把上海打造成全国的出版高地，打造成市民的读书福地。

上海世博会举办期间，上海及全国各地媒体投入巨大热情，有声有色地报道了世博盛况。除了新闻宣传外，全面、及时、准确的信息服务更是上海世博会的一大亮点，也是媒体服务世博的一大创新。这个由各家媒体合力编织的世博服务信息传播网络，以不同方式、不同载体、不同渠道，不间断地传递着关于世博园区的各类信息，包括交通路线、天气预报、票务情况、各出入口等候人数、场馆排队时间、各片区在园人数、非正常开闭馆场馆等。“要看世博，先查信息”，成为世博会参观者的习惯。世博信息服务，既是一次全媒体传播的探索实践，也是“以人为本”的新闻理念的升华。

世博信息服务：引导 7 000 万客流

郭艺珺

184 天的世博盛宴，如何选择最合理的参观时间、如何安排最科学的参观路线、预约该如何办理、安检需注意什么、园区内何处就餐、园区外哪里住宿、交通拥挤程度如何、天气预测情况怎样……这些世博参观者最为关心、最需知晓的服务信息，通过全天候运行、覆盖全媒体的“世博服务信息专递”，准确、详尽、及时地提供给 7 000 万世博会游客。

这是上海世博会服务信息宣传的一次探索实践，更是一次“以人为本”新闻理念的升华。当世博信息服务“集结号”吹响，无论是传统媒体还是新兴的网络媒体、移动视频、社会化媒体都被调动起来。海量的服务信息“搭乘”着各种载体，“快递”到游客和市民手中，来自园区现场的声音，第一时间传递到城市的各个角落。

信息服务的一张巨网

上海世博会期间，家住武宁新村的董沪民三天两头从普陀区往世博园区跑。2010 年 10 月 13 日一大早，董沪民又忙着听广播、看报纸、查资料，为他的第 42 次进园参观“做功课”。

“参观世博会不能‘打无准备之仗’。”老董说，自上海世博会开园以来，他每天读报、上网，看电视、听广播，随时了解世博会最新信息，费城交响乐、西班牙弗拉明戈舞……一场场精彩演出都不舍得错过，无处不在的世博服务信息就是他的“贴身向导”。眼看上海世博会闭幕在即，游兴不减的老董已早早买好门票，准备实现自己 50 次世博游的目标。

“譬如 AB 片区现在人很多，我就先到 DE 片区参观。”老董分享自己的“实战”经，自己到世博园区，手机、地图、相机必不可少。手机用来上网查信息，同时“眼观六路，耳听八方”，随时留意园区的广播和大屏幕显示，往往能排最短的队看更多的馆。

2010年4月11日 星期日 世博服务信息专递 3

水上游 7座水门带你赏两岸风景

世博水上交通方式一览

4条入园航线

3条出园航线

园内5条轮渡线

首批3座世博水门投运

答问

10号线昨开通，11条涉博线全部建成

上海地铁里程：420公里

跨进商路“蓝色大海”

世界贸易中心协会首次参与世博会

铁路上海站安保每30米设一岗

20日起周边进入车辆须经3道安检

《清明上河图》“动”起来

中国馆背后的故事

上海世博会将首设青年周

长安汽车与丹麦馆签约合作

五千人次地铁志愿者提供服务

幼儿迎世博摄影赛落幕

世博生活用纸源自包装盒

园区志愿者激励方案确定

“经验积点”提供成就感与感召力

上海主要新闻媒体均推出了“世博服务信息专递”栏目，方便游客。

“目前世博园有多少人？”“现在园内有啥演出？”“去世博园最方便的公交线路？”随着世博会开幕，不止老董一人，很多参观者逐渐养成了通过报纸、网站等“先查信息再出门”的习惯。

对更年轻的游客而言，智能手机成为了他们的出行“标配”。排队时手机上网一查，当天国家馆日、活动节目单、交通餐饮、排队时间等心里就都有底了。除了即时入园人数外，还能在网上随时查询到各出入口入园人数、各片区在园人数等各种详细信息。

无论身处园区哪个角落，都能实时了解整个世博园的情况。园区园外，几乎无人不感受着一张信息网的强大，也更离不开这张信息网的服务。

世博服务信息传递及时有效。手机报等新兴媒体第一时间高效传递服务信息。

上海世博会开幕后，上海媒体一手抓新闻主题报道，一手抓新闻信息服务，一个“世博服务信息传播平台”应运而生。几乎所有上海主要新闻媒体都推出了“世博服务信息专递”栏目，集中宣传涉博服务信息。

这是上海史无前例的服务信息大网络——把有信息发布需求的各类主体比如园区运行指挥部、安保指挥部、交通保障部门、旅游部门、气象部门等整合了起来，通过上海 12 家主要平面媒体、20 多个广播电视频率频道、近 10 家主要网络媒体及商业网站、设在公交地铁楼宇的 33 000 个东方明珠移动电视收视终端、2 700 个城市文明志愿者站点 LED 显示屏以及 5 家主要媒体的手机报等，传递着来自园内外海量的世博服务信息。中央和兄弟省市的主要媒体也分别开设“世博服务信息专递”栏目。通过这个网络，世博会主办方可以在第一时间把社会公众需要及时了解，并据此做出行为决策或调整行为决策的信息几乎全覆盖传播。

或许游客们并不知道，仅仅在交通信息的发布上，就采用了七种服务方式。这当中包括世博交通出行网、世博交通指南、电台电视台、世博交通服务咨询热线、可变信息标志、手机与车载导航等移动终端以及触摸屏终端，向世博会游客及时并全方位地提供交通出行方式、出行路径、换乘方案、世博园区客流信息、道路交通状态等信息，引导世博会游客选择合适的出行方式和出行路径。

传播与客流的一场赛跑

这是一场比拼传播速度和影响力的接力赛。

每天早上 9:00 至晚上 24:00，东广新闻台滚动新闻的播报时段正好也是世博园开放的时间。上海世博会期间，东广新闻台变身为“世博资讯频率”，将直播室设到了上海世博会国际广播电视中心。每天从世博园开门迎客直到 24:00 闭园，不间断地与世博网和世博交通网同步更新报道世博游客人数、各类场馆服务信息，并设置世博气象、世博提醒、世博路况等栏目，随时为听众提供世博会方方面面的消息。

与广播和网络相比，报纸的版面有限，面对每天繁多的世博服务信息，如何让读者更愿意看，看得更明白？新民晚报设置了游园攻略、品世博、馆外看门道、新三十六计、明日看点、视频观博、漫画三毛游园记等栏目，让读者喜闻乐见。新民晚报还了解到，不少读者有剪报的习惯，他们收集起来觉得有用的信息，并随身携带着入园，随时翻阅。新民晚报"世博服务信息专递"版面集中刊登了《上海轨道交通世博导乘图》、《世博园区 13 个出入口交通全攻略》等系列服务信息，并以彩版图解，一度成为细心读者的游园必备资料。

分散广泛的户外移动人群，同样能在第一时间获悉世博会的信息情况。"如果世博运行指挥中心有紧急信息需要发布，我们两分钟内可播出滚动字幕，五分钟内播出图版文字。"东方明珠移动电视工作人员说。专门为世博会制作的"今日世博最新"栏目每十分钟更新一次，每天滚动播出近百次。参观者即使在去园区的公交、地铁上，也能实时了解到入园人数、在园人数、各出入口及场馆排队情况、园内交通等最新动态，及时调整自己的出行线路和观博行程。

184 天里，在园区运行指挥中心，工作人员每天都要编写关于应对园区大客流的信息。工作人员杨晓萍说："我们平均每个小时要用中英文发布一次场馆排队信息，以平衡客流引导参观。"比如台湾馆改变预约券发放方式、庆典广场上演"升级版"音乐喷泉、周末大客流效应明显……"世博服务信息都要追着'热点'跑，要在第一时间提供给参观者。"

早在上海世博会开幕前夕，中共中央政治局委员、上海世博会执委会主任、上海市委书记俞正声在接受中央和上海主要媒体联合采访时就谈到，"最关注的问题是园区参观秩序，最费脑筋的是客流的平衡。我们将通过五方面引导措施尽力均衡客流。"这五方面的引导措施包括票务引导、政策引导、活动引导、信息引导、预约引导。

实践证明，全面、及时、准确、生动的新闻信息服务成为上海世博会均衡客流的一大利器，也成为上海媒体宣传世博的一大亮点——

开园初期，针对园区客流"东"热"西"冷、"日"热"夜"冷的特点，上海主要媒体纷纷报道企业馆、城市最佳实践区的精彩看点，推出夜间观博特色攻略，使"夜间观博"渐入人心；

5月下旬，针对少数地区发现伪造世博门票的问题，本市各主要媒体集中开展票务服务信息宣传，帮助游客甄别真伪，认清正确的购票渠道；

6月初，根据闭园后客流疏散压力比较大的特点，协调轨道交通管理部门连续推出五期世博轨交返程攻略，对不同居住区域的观博游客的回程路线进行规划，进行换乘时间、站点的提示；

7月开始，针对学生观博、亲子游人数增多，暑期观博、防暑降温服务信息成为重点；

8月初，作为百年世博的一大创新，网上世博会系列报道相继出现在报纸、广播、电视上……

10月16日，世博园区迎来百万客流。当天上午11:40，园区运行指挥中心就发布提示，提醒广大参观者合理安排参观时间，错峰出游。12:30，入园参观者超过76万，指挥中心发出通知：目前园区十分拥挤，请游客勿再前往园区。这一重要消息几乎第一时间在东方明珠移动电视、东广新闻台、东方网、上海世博会官方网站等媒体即时发布。不少参观者在获悉这一信息后，游园心态变得平和，有的及时调整了自己的参观计划。

人本理念的一次升华

早在2010年3月，在离上海世博会正式开幕还有两个月之际，一份题为《中国2010年上海世博会三日游攻略》的帖子在网上热传。这份攻略对每天何时入园，先参观哪个展馆，哪些展馆需要重点参观，哪些亮点需要停留脚步等均娓娓道来，并详细列出了三天高效参观世博园区的方法。数以十万计的网民浏览后，冠其为"民间最牛观博攻略"。观博攻略的热传，体现着游客对世博会信息服务的强烈诉求。

事实上，从世博会开幕前夕直至世博会闭幕，不少参观者出门前都会通过报纸、广播、网站等各类媒体了解一下实用信息；有些游客甚至在园区参观的时候，还不忘用各类智能手机上网，查询园区各类即时信息。"要看世博，先查信息"逐渐成为世博会参观者的一种习惯。这正是新闻媒体信息服务的结果。

面对世博会这样一个国际盛会和系统工程，各类媒体考虑的不仅仅是在第一时间向受众作出客观、真实、公正的报道，传递上海世博会成功、精彩、难忘的瞬间，还时时不忘从“参观者”的角度出发，提供游客最需要的实用信息和贴心服务，准确、细致、及时的新闻信息服务成为他们共同的追求。

譬如，上海世博会刚开幕时，参观者租用轮椅后出园，必须归还到最初的出借点，“原借原还”很不方便。媒体记者采访中获悉这一情况后，马上进行了报道。报道引起上海世博局参观者服务中心高度重视。反复研究后，世博园区改进轮椅借用方案，采取“异地归还”、“原借原还”、“应急租用”三种模式相结合。这一服务信息很快在版面上与读者见面，受到众多参观者的称赞。

随着高温天气的到来，世博园区各热门场馆排队等候区相继添置了遮阳棚、电扇、喷雾装置、垃圾袋、冰块、长凳……几乎每一条服务措施的出台都受到媒体的强烈关注。与此同时，新闻媒体的服务信息报道又推动园区相关部门，把每一条服务措施落实到位，使园区各项服务渐入佳境。

世博信息服务，在改变和创新中满足并引导世博游客的需求。世博官网的报道原先以新闻为主，改版后则把权威、及时、准确地为各界提供世博资讯，向参观者提供更细致、周到的服务作为首要任务，参观者最关注的实用信息被放置在世博网首页最醒目的位置，参观须知、交通餐饮、世博票务、天气预报、展馆排队信息、场馆预约指南、绿色通道手册等服务内容一览无余。作为中共上海市委机关报的解放日报，在推出服务性栏目和大量服务性报道的同时，还在上海报业史上首次四个整版打通，发布了超大版面的世博园区地图，这个特殊的超大版面成为广大读者争相研读、收藏的对象。

这是一次全媒体传播的探索实践，也是“以人为本”的新闻理念的升华。公众有理由期待，在平日里也能像参观世博会一样，享受到周到、及时、温暖的信息服务。大到台风、暴雨等极端天气预警，小到食品、药物安全信息……都能通过这张信息网“速递”给公众。

文化产业发展

上海文交所：帮文化找资本
“东方惠金”：为小企业雪中送炭
CMC：助中国文化产业走出国门
“飞碟”：华丽转身打造梦想舞台
“百视通”：领跑广电新媒体
“东方 CJ”：引领电视购物
“东方明珠”：从上海地标到文化品牌
老牌“上影”闯出新天地
“城市演艺”：中国“天鹅”翱翔海外
《妈妈咪呀！》：中国音乐剧的上海探索
盛大文学：从文学梦工厂到版权巨无霸
哪里有阅读　哪里有“译文”
音乐出版有“声”有“色”
中西书局：故纸堆里挖金矿

自2009年6月成立以来，上海文化产权交易所依托上海市场资源优势，不断创新服务，吸引了越来越多文化要素入场流转交易，积极推动了文化产业与金融资本的对接。文化产权交易是一个刚刚起步的行业。在上海探索“全国战略”和“全球视野”的大文化产业概念的过程中，上海文交所的“小机构、大市场”理念，将极有可能成为上海发挥资本市场功能、有效培植文化产业优质资源的又一次重大突破。

上海文交所：帮文化找资本

郭艺珺

“上海左手是金融，右手是文化，这是催生第一家文交所的土壤和空气。”2009年6月，在上海文化产权交易所（以下简称“上海文交所”）揭牌成立当日，上海文化产业专家花建如此感慨。

这是国内首家以文化物权、债权、股权、知识产权等为交易对象的专业化市场平台。而依托上海金融和文化资源优势，上海文交所积极延伸市场平台，扩大服务半径，吸引国内外文化要素流转交易，正探索从一个地方性文化产权交易所逐步迈向服务全国的试点交易所。

文化对接资本的上海优势

在中国动漫集团有限公司总经理金一伟的心中，有一个困惑：“为何中国的文化企业目前普遍面临着有资源、缺资金的局面，手里的文化资源很难得到资本市场的支持?”

2009年,上海文化产权交易所的诞生,让很多和金一伟同样既专注于文化创作、又致力于资金创收的文化商人颇为欣喜。

文化贸易并非新事物,但文化产权交易平台的搭设,用在场交易来打通文化产业链,却是我国文化产业发展的首次尝试。通过上海文化产权交易所这个大平台,既能集聚好的文化资源,又能集聚资本“伯乐”,让两者的对接从“偶然”成为“经常”。在金一伟看来,上海文化产权交易所在国内率先扮演起了“伯乐”的角色。

上海历来是一个文化大都市。上海拥有国内第一个国际A类电影节,依托这一电影节,上海成为国内最专业的电影交易市场所在地。上海电视节经过20多年的品牌打造,也已在业界享有盛誉。目前,上海已拥有九大知名文化展会,涵盖演艺、音乐、动漫、艺术等文化产业各个细分领域,汇聚了国内外丰富的文化资源。

而作为国内金融中心城市,目前上海各类金融机构总数累计超过1 000家,2011年金融市场交易总额突破400万亿元。相对强大的资本要素市场,相对集聚的资金流,对文化产业发展可以形成有力支撑。

天时,地利,人和。上海文化产权交易所的应运而生,从诸多方面都将进一步有利于文化交易市场规则和模式的升级进步。一方面,交易平台拥有常设性优势,将变“非常态”交易为“常态”交易;同时,公开、公平、公正的交易平台,让地下交易浮出水面,并通过交易机构对交易形成监管,最大限度降低交易风险。另一方面,基于交易平台信息集聚和辐射功能,文化权益或产品可以在更大范围内寻找买主,通过大市场真正实现其价值。

正是依托在资本和文化两大市场上的资源优势,上海文交所不断发挥优势,吸引越来越多文化要素到沪流转交易,推动了文化产业与金融资本的对接。数据显示,截至2012年4月,上海文交所各类文化产权挂牌项目已超过2 000宗,交易已完成300余宗,交易金额逾152亿元,交易市场规模居于全国前列。

打造“价值发现”大平台

当文化与资本联姻,会擦出怎样有价值的火花?三年以来,上海文化产权交易所一直在寻求两者结合的无限种可能。

2011年5月,上海一家文化企业欲剥离其非主业资产,出售麾下的物业管理有限公司。上海文交所积极介入，提供咨询、包装等服务，向市场推广该项目，最终促成竞价格局。经过 72 轮报价的激烈竞争，该项目成交价一路飙升，最终几乎溢价 100%。与之类似，上海文艺出版（集团）有限公司出让颐文实业有限公司 80% 股权等项目，都是文化企业调整结构、聚焦主业的举措。业内人士认为，文化企业剥离非主业将是常规动作，如何通过市场平台发现价值，卖出一个好价钱，从而反哺主业，将是众多文化企业关心的问题。在这方面，上海文交所发挥了独特的优势。

文化企业的主业发展，更是频频通过收购、增资等方式，实现业务的融合重组。上海文交所正凝聚优势，为各类资本进军文化产业提供平台服务。

2011 年 7 月，上海中润解放传媒有限公司通过上海文交所平台，以上海嘉美

上海文化产权交易所已在各类产权交易中积累了相对成熟的市场做法。

信息广告有限公司100%股权对上海新闻晚报传媒有限公司进行出资，以股权作价金额高达1.13亿元。而来自我国香港地区的一家户外媒体有限公司，也通过上海文交所，成功摘牌上海文广广告有限公司2.32%的股权，成为境外资本登陆内地文化产业的一个案例。

随着文化产业大发展，各路资本异常活跃，因此也更需要符合文化产业政策和特点的交易平台。三年来，上海文交所本着规范运作的原则，已在各类产权交易中积累了相对成熟的市场做法。

在涉足艺术品交易市场过程中，上海文交所则坚持不拆细、不连续交易、不向公众发售的“三不”原则，将传统产权交易模式引入艺术品市场，推出艺术品组合产权模式，着重将资金导入实际艺术创作领域，避免交易资金仅在炒家手中来回倒手。2011年以来，已成功推出以当代书画家黄钢系列作品为标的的“黄钢组合产权”等三个项目，在为金融资本与文化艺术品、艺术家个体牵线搭桥中，促使艺术品交易在规范中运行。

2010年，电影《我的野蛮女友2》出品方将五年独家信息网络传播权委托上海文交所挂牌交易，最终由香港一家经营网络视频的专业公司获得，这是影视信息网络传播权进入交易所交易的首次尝试。最近，上海文交所还引入民营资本合作成立了“品牌交易中心”，试图通过资本运作来“复活”那些在中国经济发展过程中曾经辉煌、如今湮没的“老品牌”、“老字号”所蕴含的文化价值和商业价值。

“所有的模式都是为了让文化项目成功对接金融资本，发现价值，乃至实现增值。”上海文交所总经理张天说。

服务更近，眼光更远

立足上海，服务全国，上海正探索着“全国战略”和“全球视野”的大文化产业概念。而作为开展文化产权交易的探索者，上海文交所正通过建立规范的文化产权交易市场，力争成为全国性、综合性的文化产业交易平台。

2011年底，一则好消息传来：中宣部、文化部、广电总局、新闻出版总署、商务部联合发文，明确中央文化央企产权必须进上海、深圳两家全国试点文交所交易。上海文化产权交易所董事长尹明华解读说，这意味着，上海文交所和深圳文交所“实质上成为可以进行地方和中央国有文化产权交易的文化产权交易平台”。

2012 年 3 月 27 日，上海文化产权交易所北京总部揭牌成立，这是上海文交所延伸市场平台，“零距离”服务央企文化产权交易的重要一步。当天，上海文交所与 14 家文化央企签约，成为这些央企的指定交易平台，并有 200 多个文化项目同时挂牌，涉及版权、股权、物权等领域。

而此前，上海文交所已在安徽设立“服务窗口”，向泛长三角地区提供各类文化产权交易服务。安徽文化产权交易所将 30 多个当地优质文化资源项目，标的金额高达 300 多亿元，委托上海文交所进行市场推介。

构建产业链，好作品也能成为好商品。正是这样一个充满想象力的交易平台，吸引了来自全国天南地北的文化创意“头脑”。

2009 年底，上海文交所与云南省签订战略合作框架协议书，着力打造一个以云南为核心，覆盖西南地区及东南亚各国的产业化、院线化、国际化演艺文化发展交流平台。半年后，上海文交所通过演艺交易平台，为《丽江情缘》寻找到了优质的演出代理商、资金及赞助方，实现了跨地域、跨行业的合作。

2010 年，甘肃著名作家金鑫创作的小说《阿米！走步！》在上海文交所挂牌，寻找合作伙伴和资金一起改编拍摄电影。版权所属方甘肃燊声文化传播有限公司仅有 600 万元资金，而拍摄电影的项目预算却高达 1 200 万元。接受申请后，上海文交所组织专业团队进行一对一服务，先后在全国十个省市向数千名投资人推荐。最终，为该公司引入五位投资合作伙伴，共融集到折合 1 500 余万元的资金及物资支持。目前，影片已经拍摄完成，计划于 2012 年年底在全国公映。

与此同时，上海文交所也积极拓展海外市场。2009 年 8 月成立东京办事处，并实现了 1 500 个境外项目挂牌；之后，上海文交所还与德国、瑞士、法国、澳大利亚、美国等国相关机构进行了沟通，探索建立海外分所的途径。

作为国内首家承担政府扶持功能性、市场化运作、专门从事文化产业风险投融资服务的企业，东方惠金的横空出世，在创新文化产业风险投融资和担保服务方面所作的有益尝试，真正为处于危难中的中小文化企业带来了希望，也正是这样一群懂金融、懂企业战略，更重要的是懂文化产业发展规律的专业人士，培育出了很多蓬勃发展的文化企业。

“东方惠金”：为小企业雪中送炭

田晓玲

长期以来，中小微型文化企业得到的银行贷款不多，获得风险投资的机会也少，加上传统的政府补贴扶持方式“盘子不足”、可持续困难，几大问题交织在一起，成为制约文化产业成长的一个瓶颈。

作为国内首家承担政府扶持功能性、市场化运作、专门从事文化产业风险投融资服务的企业，东方惠金的横空出世，真正为处于困境中的中小文化企业带来了希望。

建立三层次投融资平台

2007年底，上海富凯网络信息技术有限公司碰到了大难题。尽管公司已经在上海近十个区几百个居民小区完成了约2.5万个防盗门上的媒体位建设，但广告业务始终不见起色，门上广告媒体位的价值得不到社会认可，公司又需要大量前期资金的投入，由于无法从银行获得直接贷款，受制于资金的压力，许多业务的开展显得力不从心。

正在公司团队举步维艰的时候,东方惠金找到了他们,通过一番深入的优劣势分析以后,认定富凯网络是非常有潜质的。

双方也逐渐形成了统一的认识,对公司战略作出重大调整。东方惠金帮助其开展了关联公司的整合、内部管理的规范化等工作,同时采取"投贷联动"方式,先由东方惠金担保公司帮助其获得500万元的贷款,得以开展工程项目。2008年3月,在完成国资审批程序后,又追加了1 500万元的投资。

2008年当年,公司业绩就得到了大幅提高,广告收入达到600多万元,2009年广告收入增长约200%。2009年底,公司获得上海国际集团资产经营公司和上海科升投资公司的看好而溢价加盟。如今,富凯网络的业务模式已在南京、深圳、常熟等地得以复制。

不仅是富凯网络,不少有发展潜力的早中期文化企业都因为得到了东方惠金的帮助而走出困境,重获新生。比如,投资"内容+版权+渠道"独特模式的上海城市动漫出版传媒有限公司,时隔一年就获得国际著名娱乐传媒集团青睐而欲加倍投入。再如,投资初创的从事广电传媒业和新媒体"绿色收视率"调查和行为分析业务的上海泓安信息科技有限公司,投资一年内,公司研发、申报了25项专利成果,其中发明专利9项;一年内泓安又获其他基金溢价增资,其企业价值被国际行业巨头认可而欲高溢价入股。

这些成功案例的取得,都离不开东方惠金在服务于中小文化企业方面的理念、模式和产品创新。大家都知道,中小企业贷款难是目前我国各个行业中普遍存在的问题。但是具体到文化企业所面临的问题,又有其特殊性,需要有针对性的服务予以配套。

东方惠金对此有非常深入的观察,"文化企业发展的时期都不长,市场还处于培育期,尚未形成相对成熟的运营模式和持续盈利能力,其风险很难评估。而且文化企业的主要资产形式是品牌和无形资产,这类资产的市场价值评估缺乏权威的标准和方法,难以得到银行认同,其他资产中可以拿出来作为贷款抵押的屈指可数"。

针对这些特殊情况,东方惠金首先投资设立了"三层次立体化的投融资平台"。第一层面由东方惠金主动投资参股设立东方惠金担保公司、张江小额贷款公司、上海建信村镇银行,将社会金融机构均不受理的"疑难杂症"项目在体系内解决;第二层面是与建设银行、上海银行、浦发银行、交通银行等九家银行深度合作，获得大比例银行授信；第三层面是与张江国家文化产业示范园区、张江国家数字出版产业基地等全市近20家文化创意园区、上海市再担保公司、众多投资公司和基金结成联盟，紧密合作，丰富项目来源，扎根在产业基层。如此合力为中小微文化企业提供多方面、多渠道的服务，解决了常见的"只能服务好项目"的问题。

另一方面，公司积极运作母基金，引导成倍的社会资金来共同投资文化产业，形成"滚雪球效应"。发起设立的全国首家文化产业基金——华人文化产业基金，已成功投资了星空中国、人人网、东方梦工厂等一批国内外重大项目。

量身定制八类担保产品

2010年临近年末，东方惠金在市场调查中发现，上海新文化传媒公司因投、拍片业务的快速发展，特别是年末至2011年3月份是其用款高峰，导致流动资金存

东方惠金不定期召开会议，研究担保对象，制定投资对策。

在较大缺口，急需贷款。但是，之前其实际控制人杨震华已将名下所有房产抵押给银行获取贷款，故本次年关无法再通过银行实现融资了，其他担保公司也不肯受理，公司焦急万分。

眼看一个很有发展潜力的公司将陷于现金流漩涡，东方惠金即刻拜访了该公司，获取第一手资料。他们很快发现，经过十多年的发展，新文化传媒其实已经拥有了影视制作、发行、后制、演出、演艺经纪、广告等多种业务，所属各业务板块通过资源整合及互动已形成了良性循环的文化产业链，不仅积累了数百集影视作品、衍生产品的版权，并有多部连续剧取得了较好的收视率，公司也已连续多年有不大但较为稳定的现金流收入。但按照银行标准和担保行业通行规则，此单风险仍旧较大而不能做。

面对这样一个有潜力又的确存在风险的文化企业，东方惠金决定创新产品，制定特殊对策予以解决。东方惠金认真向业内专家请教电视剧行情、价值判断、盈利模式和风险表现，同时得到了消息称其所拍片子已获得基本认可并形成了采购意愿。于是，东方惠金仅凭杨震华个人的保证反担保，迅速邀请合作银行——上海银行浦东分行，在年底前为其集团合计提供了 1 500 万元的贷款。2012 年 3 月，上海新文化传媒公司还通过了中国证监会的上市审核。

新文化传媒所取得的成功，得益于 2007 年 12 月东方惠金正式开始文化产业融资担保业务的探索。东方惠金创新开发出了“软性反担保条件为主的八类担保产品”。

比如，对于影视制作类公司，一般都会和媒体签订明确的播映权购销合同，但对于前期制片费用的投入，因为缺乏有形资产的抵押和担保，很难获得银行贷款，东方惠金就采用“供应链融资＋个人信用保证”的反担保模式，重点考核公司业务履约能力和团队情况而非资产多少。

又比如，对于小微文化企业而言，信用保证极难采用，但是很多企业“一无所有”而又特别希望采用信用保证。准备打造一站式旅游服务产业链系统平台的上海优游信息公司就是一个典型，但临近上线却面临资金缺口难题。东方惠金就为其制定了以个人保证反担保的信用担保方式，帮助该企业获得了 30 万元的贷款支持。现在，该公司开发的旅游服务平台——“识途网”已经和国内数千家旅行社展开业务合作。

还有，多数文化项目完成周期为一年以上，而银行贷款一般不得超过一年，“还旧借新”的实际需求较普遍但风险很大。上海韬图动漫科技有限公司主营动漫形式的汉文化教育业务，在该公司银行流动资金贷款的过程中碰到了困难，对此，东方惠金担保公司提供过程控制担保，帮助其实现了风险可控的转贷。另外，东方惠金还多年坚持为其担保融资并争取了三年期400万元的长期贷款，现在，该公司的产品大量供给"援疆"建设和海外"孔子学院"等。

在东方惠金的量身定制下，很多焦急万分，甚至有些走投无路的企业都获得了担保贷款。

……

这些年来，东方惠金一直在践行着自己成立时定下的经营理念，那就是在文化产业里"孵化、创新、专业、成就"，而伴随着他们逐步地深入到中小微文化企业的身边，也开始越来越明白这些企业的需求，惟有服务产品不断推陈出新，才能真正满足这些企业的要求。东方惠金真正帮助到了众多中小微企业做成大事，真正为中国文化事业向前发展作出了自己的贡献。

华人文化产业投资基金是在中宣部支持下、经国家发改委审批成立的国内第一家专门从事媒体和文化产业投资的股权基金，由上海广播电视台、上海东方传媒集团有限公司旗下的上海东方惠金文化产业投资有限公司和国家开发银行下属国开金融有限公司发起。该公司在中国文化产业勇闯国际的过程中，提出了“资本加产业”的新途径，在遵循市场准则的基础上，努力实现产业与资本的对接，以此将中国的价值观与国际主流价值观融为一体，将中国元素推向国际。

CMC：助中国文化产业走出国门

孔令君

相信不少中国观众，都看过美国动画电影《功夫熊猫》。而大多数观众，在赞叹电影效果的同时，都不禁有这样的疑虑——充满“功夫”、“熊猫”等中国元素的卖座好片，为啥是美国人制作的？

这个疑虑伴随着一声叹息，在票房数据面前表现得更加明显——2011年上映的《功夫熊猫2》，全球席卷了6.63亿美元的票房，光是中国票房就创纪录地突破了6亿元人民币，遥遥领先国产动画电影票房冠军《喜羊羊与灰太狼》的1.5亿元人民币票房。

中国的文化产业究竟该怎么发展，才能与国际企业一争天下？究竟什么时候，我们也能拥有让全球观众惊艳、佩服的动画片和影视作品？这个问题，一直困扰着文化产业界，也让不少民众揪心。

对此，华人文化产业投资基金（CMC）尝试了一条创新的发展之路，通过把“熊猫”迎进来，将“星空”送出去，来探索金融资本与文化产业的对接路径。

“熊猫”回家：引进、消化、再创新

要发展，当自强；而在整体产业实力相对落后的情况下，如何快速追赶？也许，“引进消化再创新”是一条可行之路。

在这样的思路和努力下，全球观众所熟悉的功夫熊猫“阿宝”，已经成为“东方梦工厂”公司商标的主角。

而“东方梦工厂”，正是诞生过《怪物史莱克》、《马达加斯加》、《功夫熊猫》等家喻户晓动画影片的美国梦工厂动画公司，与三位中国伙伴在上海成立的合资公司。

从结构上说，由 CMC 牵头，与上海广播电视台旗下的上海东方传媒集团有限公司、上海联和投资有限公司合组中方公司。中方公司在合资公司中控股 54.55%，美国梦工厂占股 45.45%。公司严格坚持中方控股、中方控制重大决策的核心原则，并按照现代企业制度进行科学管理，以确保建立一个符合国内文化产业管理规范且高度市场化、国际化的运营实体。

以市场手段，推进文化传媒产业的发展，以资本为基础，保证中国价值观参与国际主流文化产业建设。其中意义，远比单纯地“接熊猫回家”深刻。

2012 年 2 月 18 日，成立“东方梦工厂”的消息从美国传至国内，在动画行业激起一片涟漪，“中国动画行业发展进入里程碑”，有媒体这样评论。

紧接而来的 3 月，随着美国梦工厂创始人卡森伯格连续拜访中国政府、外交部和文化部高层领导，接受中文媒体专访等一系列举动，更是让“东方梦工厂”成为了街头巷尾热议的话题。

这次“引进”，对国内动画人而言，必是好事。

据业内乐观估计，“东方梦工厂”将有力推动中国动漫产业迅速达到与国际同步的水准，实现文化产品的“中国原创”。“东方梦工厂”的动漫工业园将会培养一大批中国本土的、具备国际水准的动漫产业人才，其“溢出效应”和“示范效应”将带动广义文化传媒产业链上、下游的诸多重要环节，如创意制作、影像设计、影视发行、游戏数码、现场演出、品牌授权、文化旅游等，孕育出一大批本土的文化创意企业，“打造出中国自己的迪士尼”。

同时，“东方梦工厂”也可以成为中美开展人文交流的有效平台之一，它将逐步搭建起技术、创意、市场、企业的交流平台，未来生产的影视文化产品也将面向全球观众，增进民众之间的相知和互信。

前景如此喜人，但合作谈判的过程，是繁复而艰巨的。CMC作为“东方梦工厂”的中方牵头人，更是作为整个项目的发起者和领导投资机构，在这桩中美间令人艳羡的“联姻”中，自始至终都扮演着举足轻重的角色。从2011年7月开始，CMC董事长黎瑞刚与美国梦工厂创始人兼首席执行官卡森伯格，进行了一次次的越洋电话，经历了加州和上海之间来来往往的长途飞行，CMC的专业精神得到了梦工厂的认可。

值得一提的是，双方在谈判过程中，就项目主旨达成了一项至关重要的共识，那就是“东方梦工厂”将引进消化美国梦工厂核心技术，打造全球领先的动画影视技术企业，培养高端创意和技术人才，立足中国文化题材和核心价值，生产具有国际先进制作水准的原创动画影视及各类衍生创意产品和互动娱乐，面向全球发行。同时，未来在影视作品和衍生产品发展成熟的基础上，开发主题公园，力争把带有浓厚中华文化特色的主题公园逐步推向世界。

诚如卡森伯格所言，“东方梦工厂”将着眼于中国制作，将中国制作带向世界。因此，“东方梦工厂”将是华人文化产业投资基金所做的全新尝试，其最终的目的，是为了“走出去”。

收购“星空”：收购、学习、走出去

引进先进理念，建立合资公司，固然对本土人才培养和中国制作大有裨益，但根据以往经验，行业关键技术的转让往往存在壁垒，中国文化产业要“走出去”，更多地还要依靠自主创新。

而资本如何与产业对接，才能最大限度地带动产业良性发展？这是CMC收购星空电视业务的过程中，必须“一日三省”的。

2010年6月，CMC与美国新闻集团正式签署收购协议。CMC牵头组织的财团出资7 400万美元，收购星空电视53%的股权，由CMC控制最终的运营权和决策权。该项交易的标的为美国新闻集团（News Corporation）旗下的星空电视业务资产的控股权，其中不仅包括全球最大的华语电影片库——星空电影库，还有美国新闻集团星空卫视——包括星空频道、Channel [V]频道及星空国际频道。

此次并购是中国资本第一次通过市场化的方式收购西方主流媒体平台，直接控制具有广泛影响力的成熟媒体品牌，也是上海媒体借助金融手段实施“走出去”的经典案例，迈开了勇闯国际传媒平台的一大步。

星空卫视原隶属于美国新闻集团的全资子公司星空传媒集团，星空卫视普通话频道是深受欢迎的娱乐综合频道，众所周知的 Channel [V]是在年轻受众中拥有广泛影响力的音乐品牌，通过多种渠道覆盖港澳、东南亚的华语人群，在中国大陆的三星级以上宾馆等部分区域也有落地。星空电影库拥有全球最庞大的华语片库，共有 600 多部由李小龙、成龙、李连杰、周润发、杨紫琼等港台明星主演的华语电影，其中绝大多数拥有全球发行的永久性完整版权。此外，星空电视业务也参与投资了印度及中国台湾的有线电视系统，业务范畴还涉及互动有线电视、移动电话及相关数码媒体平台的内容提供等。另外，星空电视业务每年制作约 25 000 小时的原创节目。

收购是手段，而不是目的；对“星空”项目的新管理团队而言，收购仅仅只是学习、发展的开始。

在星空传媒集团内，CMC 也发现了不少可以借鉴和学习的经验，包括怎样将各类节目内容地方化。自从 CMC 投资后，为星空传媒集体接上了“地气”，并整合了多渠道资源信息，希望能够影响到更多有影响力的观众。在竞争激烈的媒体环境下，“内容为王”是 CMC 非常看重的一点。

资本注入不仅带来了主动权和话语权，还培养了一批懂得“中西融合”的管理人员。

新的管理团队对“星空”的运营经验、技术、广告策略进行诊断、学习、整合，在提高收视率之后，星空卫视的广告收入在 2011 年 4—10 月间逐月提高，10 月的广告收入是 2011 年 3 月最低位时广告收入的 2.8 倍。

另一方面，星空电影片库业绩表现持续稳定。为了降低片库运营成本，片库由香港凯旋工业大厦搬迁至上海外高桥保税区，以“境内关外”的模式建立了一个专业、高素质的影片仓库。星空团队同时大力开拓电影版权在中国新媒体领域的销售，中国市场的收入比重得以大幅提升，总体上，星空电影片库年收入好于预期 8%。

在整合、学习并实现盈利之后，CMC 和新闻集团决定同比例对星空项目增资，而新一轮的增资也进一步帮助中方运用资本市场手段，直接控制具有广泛国际影响力的成熟媒体品牌，通过输出节目、重组频道、扩大覆盖等手段，提升中国文化和电视节目的国际影响。

如今，中国大陆的影视节目，已经能够通过星空国际频道进入亚太和世界其他地区的播出平台，中国传媒机构由此进一步跻身国际媒体市场，为并购其他重要西方媒体打下基础。

资本对接产业、服务产业、带动产业的途径，也由此更清晰。

作为世博会“一轴四馆”的永久性建筑之一，世博文化中心在世博会后实现了商营的潇洒转身。从项目最初定位，到创新多元化投融资机制，及至国际化运营管理运作模式的制定实施，均选择了一条与国内现有场馆截然不同的道路。在上海推进国际文化大都市建设的背景下，通过聚焦民众、国际化高品质运营，以及投融资与经营模式创新，解决了大型活动后场馆运营的难题，成为继活力洛城、伦敦O2之后，全球第三个拥有先进设计理念、一流运营设施的文化娱乐集聚地，取得了经济效益和社会效益双赢。

“飞碟”：华丽转身打造梦想舞台

梁建刚

2011年国庆，第一次计划在上海开个唱的香港歌后徐小凤，在上海反复考察场地后，在世博文化中心笑了：“这个舞台好像就是为我而建起来的。”四面舞台、旋转舞台、电声乐队、弦乐团……梦想中的舞台就这样一点点浮现。

“因为世博文化中心，很多梦想都有了可能。”这位唱了30年歌的歌后说。

从建成至今刚刚三年，这种如梦想般的感觉已浸入千万人的心。这个数字一点也不夸张，上海世博会游客累计逾7 000万人次，世博文化中心累计接待800万人次、演出逾350场；世博会后转型商业运营，一年即迎来观众超百万，世界三大男高音之一卡雷拉斯、摇滚天团老鹰乐队、华语流行天后王菲、歌神张学友等纷至沓来；国际篮球赛、冰上演出、马戏杂技、演讲论坛等一一登场。

似乎顺理成章，又出人意料，向来“挑剔”的上海市民已悄然接受并热捧着世博文化中心这座上海文化的新地标，并给它起了一个亲切的名字——“飞碟”。

从“演艺”到“文化”

春日晴好的阳光下，“世博文化中心”的飞碟形建筑在浦江东岸尤其炫目。更炫的是，可能每个走进过它的人都知道，这是一座堪称神奇的“变身”剧场。

费城交响乐团在这里演交响乐时，剧场是 4 000 座；滚石演唱会万人合唱，剧场 1.8 万座；中心舞台可以承接“太阳马戏”演出，也可以化身篮球场、冰场、摔跤馆…… 主场馆容量可根据演出活动规模进行五种形式的转换，舞台可以根据演出内容在大小、形态、空间上进行三维组合，还兼具举办国际级体育比赛的功能，可以说你需要什么，它就能变成什么。

再在剧场外走一遭，这里还有能容纳古典、流行等多种表演形式的音乐俱乐部，约两万平方米集购物、娱乐、餐饮、休闲于一体的互动体验式商业区、真冰溜冰场、五星级连锁影城……集观演互动、餐饮零售、文化休闲、旅游观光于一体，简直

这座神奇的“变身”剧场，你需要什么，它就能变成什么。

就是一座时尚文化娱乐的集聚区。这样的设计，全国第一家，全世界也少有。

世博文化中心的神奇“变身”还不止于此。

世博会184天中，这里上演了261场东方歌舞团驻场秀，14场覆盖古典交响音乐、流行音乐、竞技体育等多跨度演出形式的大型庆典活动，经受前后接待120万名观众及800万名游客的考验，也因此有了一个“永不落幕的城市舞台”的美名。

而世博会甫一结束，世博园区围墙还未完全拆除，没有任何调整，世博文化中心直接漂亮转身，进入商业运作，2010年12月连续举办五场王菲个人演唱会，场场爆满。一年时间，从演唱会到国际篮球赛、冰上演出，从时尚走秀到演讲论坛、模特大赛，世博文化中心几乎瞬间成为上海顶级文化娱乐的聚集地，累计成功举办各类大型活动128场，观众逾104万人次。2011年，上海世博文化中心商业运营的首个完整会计年度就实现营业收入1.37亿元、利润3 052万元。

多元的活动形式，百变的舞台功能，使文化中心真正成为引领上海文化市场发展的一只迷人飞碟。

在运营方看来，这一切“神奇”的成功，基石只有一个：观众。从场馆最初的定位，到设计、建造，引入互动体验式商业区等配套设施，所有努力的目的都在于：必须满足不同年龄、不同需求的人群对文化休闲娱乐生活的诉求和需要，这是一座大型公共文化场馆的生命所在。也只有如此，文化场馆才不再只是“孤岛”，才成为上海“海纳百川”文化蓝图的新兴力量。

运营的“国际化战略”

自项目立项之初，上海市政府便对世博文化中心带动上海文化大都市建设充满期待，但对于这座具有国际顶尖水准的多功能文化中心，国内之前尚无成功设计、运营、管理如此大规模场馆的资源和队伍，因此，引进全球知名活动和场馆运营商合作经营，即成为实现愿景的最有效途径。经过一年多艰苦谈判，上海最终实现与AEG、NBA的联姻。

这一经营管理模式在国内可谓独开先河：通过转让场馆的经营管理权，让经营管理方自场馆设计与建设即开始参与。现在，这个经营管理方就是东方明珠安舒茨文化体育发展(上海)有限公司。它由上海东方明珠(集团)股份有限公司与美国文娱巨头AEG和闻名全球的美职篮联盟(NBA)三方共同组建。中方控股，外方运营，文化与资本成功对接。

设计建造时，文化娱乐集聚区国内尚属陌生，中外双方组成的经营团队便在深化设计阶段及时介入，从今后实际运营需要角度，对中心设计、建造提出意见，避免了不必要的重建和改造，也确保了后续经营者运作的得心应手。

世博文化中心投入商运以后，中外合作更是珠联璧合，实现了 1+1>2 的功效。中方对观众喜好、国内市场销售等方面具有优势；AEG、NBA 全球化的营运视野、资源和管理模式，在引进国际著名演出活动、提升场馆管理水平等方面成效卓著，双方优势互补，确保世博文化中心快速进入良性经营。

中外合作团队最惊艳一笔就是——德国梅赛德斯—奔驰公司买下世博文化中心十年冠名权，“梅赛德斯—奔驰文化中心”的新招牌，也使世博文化中心成为国内首个接受冠名的大型文化场馆。这也是德国奔驰公司第一次在国外做冠名权，该公司在德国本土也从未有过如此大手笔的冠名投入。

随后，可口可乐、黑莓、百威、轩尼诗、JBL、招商银行、蒙牛、中国联通等国际、国内大公司纷纷以“创始合作伙伴”的身份，成为了文化中心的赞助商，使赞助收入

梅赛德斯—奔驰文化中心冠名，是中外合作团队最惊艳的一笔。

占据了整体收入中的半壁江山。国内长期以来场馆单一依靠出租维持运营的传统经营模式，就此被轻描淡写般打破，中心商业化的品质也就此不断提升，吸引力不断增强。

场馆由专业运营商参建、经营，中外优势互补保证节目品质，以眼球效应增强对观众与赞助商的吸引力，用商业化手段解决大型活动后场馆运营的难题，这一经营模式的创新实践，正是国际化的精髓。

投融资机制的创新

在一份份报纸、文件中，世博文化中心的建设经验一次次被提及。在世博文化中心精彩与成功的国际化运作模式背后，显然有着更为深邃的背景。简而言之，这就是如何突破既有体制、博采众长，促进文化与资本对接的创新机制。

世博文化中心是上海市委宣传部的重点工程，由上海市委宣传部下属的上海文化广播影视集团和上海精文投资有限公司投资建设，在项目总投资的 27 亿元中，两家股东现金投入 4.1 亿元，文化发展基金现金投入 15.6 亿元。

为筹措其余建设资金，业主公司一面向银行贷款，一面独创性地采取了出售场馆经营权的方式，即由东方明珠(集团)公司下属东方明珠国际交流有限公司出资人民币 5 亿元获得上海世博文化中心相应年限的经营权，再由东方明珠国际交流有限公司和美国 AEG、NBA 的合资公司共同成立一家中外合资公司，该公司以人民币 5 亿元，从东方明珠国际交流有限公司得到世博文化中心 20 年经营权。同时，中方占董事会多数席位，获得对合资公司董事会的控制权。

这样的合作模式，独创性设置东方明珠国际交流公司这一中间层，有着良苦用心。一方面，中间层避免了业主直接与外资合作，发挥缓冲作用，降低业主直接承受今后经营波动风险压力；另一方面，通过董事会控制权，确保中方今后对世博文化中心所有重大经营管理决策的控制力。

这样的合作模式，也让世博文化中心实现了所有权和经营权分离，使各方资源在市场化运作的手段下获得最高效配置与运用——

出资人作为业主，发挥了筹措大部分建设资金的作用，同时也有底气“放权”创新，逐步转变职能，向市场经营主体“下沉”权力，兼听各方声音；东方明珠和 AEG/NBA 作为经营者，购买经营权的 5 亿元投入场馆建设，同时依靠今后 20 年的持续

OPG与AEG、NBA三方联姻的经营管理模式在国内首开先河。

经营，每年将一定比例的营收支付给业主，业主由此持续获得对该项目的投资回报；合资公司发挥资源和管理优势，通过引进冠名商和创始合作伙伴、举办商业演出活动等，实现自负盈亏，而不需要依靠政府进一步提供场馆运营补贴。

着眼长远而不是短期指标，政府由“管脚下”到“管天下”，这是上海走在文化改革与发展前列的一个“诀窍”。

从某种意义上来说，世博文化中心项目是政府和企业间互信互补合作模式的一次成功尝试，更是这一“诀窍”的又一精彩演绎。

百视通目前已发展成为IPTV、互联网电视、手机电视、网络视频、移动互联网等新媒体全业务运营的广电新媒体企业。在百视通，不仅IPTV模式成为国家三网融合政策出台的参考样本，更通过打造技术和内容的核心竞争力，成功挂牌上市，通过与银行的深度合作催生三网融合下的金融广电合作新业态。百视通的快速发展对加快中国广电新媒体产业化、市场化、资本化运作的战略步伐，做大做强文化支柱产业，以新媒体技术为引领，带动华语内容走向全球，起到了积极作用。

“百视通”：领跑广电新媒体

周　楠

单是这半年，百视通就创造了多项“第一”。

“广电新媒体第一股”横空出世。2011年12月29日，百视通在上海证券交易所正式成功挂牌上市，成为国内第一家实现广电经营性资产整体上市的公司，宣告借壳广电信息重组成功，开创了主流广电体系新媒体企业的先河。

国内首个基于智能电视平台的电视支付商用系统诞生。2011年11月22日，百视通与中国银联合资合作、自主研发的智能电视支付平台正式交付商用，首次植入百视通与康佳集团合作的互联网电视。

国内首个“电视家居银行”启动。2012年3月，百视通与中国银行深度合作，催生三网融合下的银企合作新业态。

诸多“第一”背后，有怎样的创新？

广电数字化的“上海模式”

三网融合，是时下一个很热的名词。

它指的是，电信网、广播电视网及互联网三网之间的相互融合发展。通俗点说，三网融合意味着老百姓今后用手机可以看电视、上网，用电脑可以打电话、看电视，同样，通过电视也可以上网、打电话。

大多数人也许并不知道，三网融合与 IPTV 关系之密切。

2005 年，上海广播电视台获得国内首张 IPTV 全国性牌照后，百视通即与中国电信、中国联通合作，从上海、黑龙江等省市开始 IPTV 试点，创立“广电集成播控，电信负责传输”的 IPTV 模式，这一模式成为国家三网融合政策出台的参考样本，中央领导称 IPTV 为我国广电数字化的“上海模式”。

百视通自主研发的少儿电视社区“星星国”，开创了“社区电视”新模式。

上海广播电视台、百视通据此建立了我国 IPTV 的行业标准,实现了统一系统、统一平台、统一服务的互动视听业务大型平台。目前,电信网络运营商、终端设备商均按照百视通定义的行业标准对接广电 IPTV 播控平台,最终形成了我国全程全网 IPTV 系统,推动了我国三网融合产业链整合。

近七年来,百视通以广电市场化经营主体,对接电信运营商等合作伙伴,开展了跨地区、跨行业、跨所有制的新媒体业务。百视通新媒体开展的 IPTV、手机电视等网络视听新媒体业务均实现了产业化、市场化运作。其中,百视通服务的 IPTV 使用者已过千万,促进我国成为广电主导模式下的 IPTV 产业大国,在全球独树一帜。而今,百视通已发展成为 IPTV、互联网电视、手机电视、网络视频、移动互联网等新媒体全业务运营的广电新媒体企业。

百视通与各地广电、电信运营商合作跨地域发展 IPTV 的模式,是对破除广电系统内条块分割、地域割据等格局的探索,有助于推进广电行业实现"全国一盘棋"发展,形成"技术上全程全网、业务上跨地域服务"的市场化竞争力,在新媒体时代占据产业制高点。

广电与金融的"跨界起舞"

神奇吗? 个人用户手持遥控器,就可操作家里的电视机和电视机顶盒,进行类似网银和手机银行的交易。

"家居银行"不仅具有电视支付功能,还能提供自助注册、账户查询、本地服务(代缴费)、柜台签约、转账汇款、信用卡等功能。

2012 年 3 月,百视通与中国银行宣布启动国内首个"电视家居银行"。百视通与金融企业的深度合作,打造了跨界融合的双赢模式。

"电视支付"领域的尝试,则在更早的时候便开始了。2010 年底,百视通与中国银联成立合资公司,共同开展电视支付合作。2011 年 11 月 22 日,百视通与中国银联合资合作、自主研发的智能电视支付平台正式交付商用,首次植入百视通与康佳集团合作的互联网电视,成为国内首个基于智能电视平台的电视支付商用系统,被誉为"客厅里的刷卡机"。

如果说,"家居银行"实现了"科技+文化+金融"的跨界融合发展,让专业、完善的金融服务惠及民生,那么,百视通的成功上市,则探索了广电新媒体可经营资产进入资本市场，做大做强广电的新路径。

从全国范围来看，百视通的上市发挥了广电行业对国家促进国资优化重组、促进国有文化企业资产证券化重大战略的支持与引领作用，具有重大的社会效益。广电信息 2010 年 9 月停牌前股价 8.38 元，置入百视通后至今，股价增幅最高近 100%。百视通“轻资产+高收益”的盈利模式得到了资本市场的认可。

中国银行上海市分行还为百视通提供了最高不超过 40 亿元等值人民币的授信支持，并启动包括授信与融资服务、“走出去”专业化金融服务、资本市场专业化服务等业务合作在内的全面合作。这次高额授信，是中国银行上海市分行首次向新媒体企业提供大规模资金支持。

借力中国银行专业化金融服务、大额授信以及遍布全球的渠道优势，百视通资本运作效率和灵活性将大幅提升。通过整合产业链，百视通也成为提振新媒体产业能级，打造上海文化产业，尤其是新媒体产业全球化发展的成功案例。

新媒体技术的“丝绸之路”

很多传统媒体在投身新媒体领域时有个通病：重内容、轻技术的惯性思维，造成短时间难以突破的技术瓶颈。而百视通却已获得 200 余项 IPTV 专利和核心软件著作权，位居全国广电企业首位，被誉为“中国广电新媒体技术流”。

目前，百事通拥有超过 800 人的技术研发团队，在 EPG、DRM、视频分发、智能搜索等领域形成优势，并积极推动自主研发新媒体技术的输出。这些技术通过 IPTV、互联网电视、宽频网络电视、手机电视等多种业务产生了示范效果。业界普遍认为，百视通已经从“技术突破先行”走向“成果产业化为重”的战略发展之路。

2010 年，百视通率先启动以云计算、云存储为基础的“一云多屏”战略部署，实现多网络、多终端、全媒体的互动互联，服务于电视机、电脑、手机、Pad 等多个视频终端，满足用户在不同时间、不同空间条件下的直播电视、PPV(按部点播)、在线购物等数千项增值应用。

2011 年 9 月，百视通《大型网络应用及服务平台研制与示范》成功申报 2012 年国家重大专项“核高基”课题，是国内首个以网络平台应用为题材的“核高基”项目。

依托于先进的技术和丰富的内容，上市后的百视通，正积极“走出去”，制定了技术咨询、系统集成、合作运营、媒体采购四位一体的全球化发展战略。

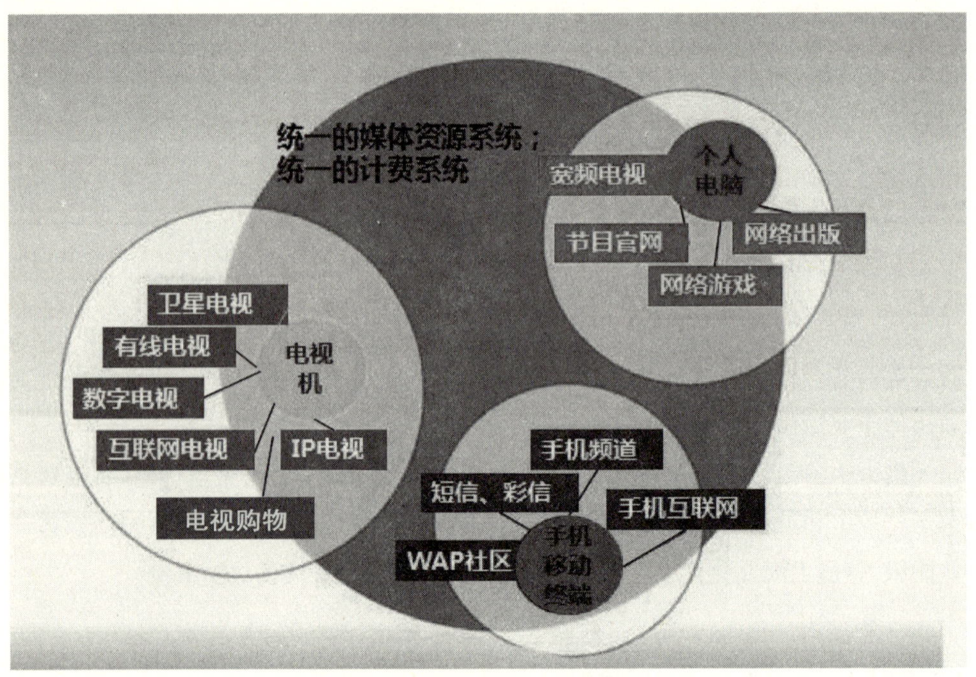

百视通“一云多屏”战略部署示意图。

值得一提的是，百视通的海外战略也已初具规模：与法国电信、印尼电信达成深度合作，积极拓展泰国、新加坡、越南等东南亚新兴国家市场，并产生较大市场收益，逐步构建起一条“技术搭台、市场联营”的新媒体技术“丝绸之路”。通过与各国电信运营商、终端制造商等强强联合，百视通牵头构建跨越国界、覆盖全球的新媒体产业链，推动我国经济结构转型。

2010 年 1 月 15 日，法国电信采购了百视通自主研发的 IPTV 核心技术系统，服务于欧洲、非洲等 30 多个国家和地区、超过 200 万的 Orange IPTV 用户。基于此平台，百视通整合了海量华语视听内容，“借船出海”，辐射海外。上海世博会期间，海量世博相关内容经由此平台输出海外，获得广泛反响。

2011 年 9 月 22 日，百视通与印尼电信在上海签署全面合作协议。双方将在 IPTV、互联网电视、手机视频、平板电脑客户端、智能电视、OTT 互联网电视机顶盒等多种视听新媒体产业领域展开紧密合作。

据悉，上市后的百视通将借力资本市场，协同产业链各方，加快中国广电新媒体产业化、市场化、资本化运作的战略步伐，做大做强文化支柱产业，以新媒体技术为引领，带动华语内容走向全球。

作为中国第一家真正意义上的家庭购物公司，上海东方购物拿到了国家广电总局颁发的首张模拟电视购物频道牌照和全国运营牌照，成立了中国首家汽车电视购物零售商，推出商品一万余种，节目在全国14个地区落地，收视用户数近3 000万，销售额七年内年均增长60%，2011年突破60亿元大关，稳居全国家庭购物行业第一。一个个创新的背后，是诚信营销、质量控制、核心技术以及资本运作的成功，东方购物正在引领中国电视购物行业的发展。

"东方CJ"：引领电视购物

周　楠

任何时候打开电视，都能看到琳琅满目的商品；拨打屏幕下方的电话，很快心仪的商品就可送到家。甚至，这样的商品有可能是一部汽车！

这不是想象，而是一些上海市民生活中的真实场景。

作为中国第一家真正意义上的家庭购物公司，七年间，上海东方购物（东方CJ）销售额年均增长率达到60%，2011年销售额突破60亿元大关，稳居全国家庭购物行业第一。

确切地说，东方购物创造了广电系统新兴的营收模式和新的经济增长点，已成为继电视广告和有线网络之后广播电视业的第三大支柱产业，引领电视购物行业发展。

一个个创新的背后，有着怎样的故事？

诚信打造“空中沃尔玛”

2011 年 4 月 1 日，全球购物电视行业最高纪录诞生。

这一天，东方购物节目开播七周年，当天进行了 17.5 小时直播，全天订购额 4.8 亿元，刷新东方购物保持的世界电视购物史上的“日销售纪录”，并创造全球电视购物行业最高纪录。

发展速度是惊人的。

2004 年 4 月 1 日，东方购物节目开播。2010 年 4 月 1 日，全国首家电视购物频道——东方购物频道正式开播。

2011 年 7 月 6 日，东方购物数字全国频道全天候播出。月初，东方购物举办“璀璨巨献”28 小时直播活动，采用了内外场卫星同步直播，开创了新的电视购物直播模式。东方购物频道实现周一至周五每天 9 小时、双休日 10 小时直播，数字全国频道实现每天 1.5 小时直播。

自 2009 年 4 月至 2010 年 10 月，世博商品销售额累计达到了 6.65 亿元。

在国内众多电视购物频道中，东方购物究竟怎样独辟蹊径？

答案是：“信赖构筑”是企业首要的经营理念。在电视购物市场中，东方购物一直坚守着这一理念。

节目制作方面，强调“诚信化、平民化、娱乐化”。具体而言，坚持诚信经营，坚决执行广电总局规定，不做夸张宣传，不做虚假内容；主持人以其平缓的语速、亲和力强的主持风格以及客观翔实的产品信息获得消费者认同；注重节目趣味性，风格时尚多元，商品展示方式丰富真实；坚持播前审查、重播重审等各项审查制度。

当山寨机、减肥药、去皱霜等产品在各地热播时，东方购物卖的是索尼、飞利浦、双立人，而像乐扣乐扣这样如今在上海家喻户晓的品牌也是通过东方购物进行了市场的试水而大举占领市场。因为筑就了一个诚信的销售平台，为销售产品种类的创新提供了可能。

更重要的是严把质量关。东方购物拥有专业的质量检验管理部门，按照国际、国内、行业三个级别的标准，对商品进行检验、标示，质检部门拥有一票否决权，不合格商品的命运只有淘汰。东方购物还与国家级权威检测机构合作，如东方购物的玉器类产品，会交由国家珠宝玉石鉴定中心二次检验，并把新合作伙伴纳入“供应商评价体系”。

2011年，东方购物尝试了品类多元化的开发，销售的商品品种近6 000种。4月1日首次尝试500克及1 000克的投资金条直播，45分钟订购1 507万元；7月27日直播COACH皮包，当天订购额达67万元，所有备货一抢而空！

目前，东方购物已推出一万余种商品，涵盖数码、时尚、美容、家电、厨房、健康、文化、收藏、旅游、保险、汽车、房产等，一个“空中沃尔玛”日趋发展成熟。

5秒钟卖出一辆汽车

又是一个创新：2010年7月9日，上海东方电视购物有限公司与永达（集团）股份有限公司在上海宣布，联合成立上海东方永达汽车销售有限公司。其中东方购物控股51%，这是我国首家汽车电视购物零售商，东方购物开始正式运作电视购物零售汽车的新模式。

汽车销售节目录播现场。

2009 年 9 月，东方永达开始试运行。运行期间，每月有两档卖车“节目”，2010 年底销售总额突破 2 亿元人民币。可以想象吗？每次 45 分钟的电视直播，汽车销量相当于一家 4S 店一个月的销售业绩。

继首卖宝马成功后，两年半时间，东方购物又陆续销售了沃尔沃、奥迪、英菲尼迪等中高端品牌。2010 年 10 月 28 日，东方购物首次销售国内自主汽车品牌——荣威 350，推出独家定制版车型。在短短 45 分钟内，观众订购汽车 560 辆，7 天后增至 631 辆，订购金额近 7 000 万元人民币，创造了 5 秒钟销售一辆汽车的销售奇迹。

2011 年，东方购物每周都销售一款以上的汽车，先后销售的汽车品牌包括奥迪、宝马、MINI COOPER 等。4 月 17 日，东方购物与上海大众全新帕萨特携手，实现了首发新车即可在电视购物平台上购买的新创举。2011 年，汽车实现销售额 5.23 亿元！

热销原因其实不难理解：以小时计算的电视直播销售，传递的是全方位基本信息，详尽、准确、权威。它使更多的人形成先入为主的未来买车取向、知晓初步概念，又避免了以秒计价的传统广告的巨额成本。

可以预见，这种汽车经销集团与电视媒体直接推介联动的汽车营销新模式，必将进一步推进电视购物平台营销模式的丰富和发展。

强大的物流和便捷的支付

当百余辆标有“东方购物”LOGO 的配送车每天穿梭于上海的大街小巷时，正是东方购物强大的物流体系工作之时。

目前，东方购物在昆山花桥物流园拥有 3.3 万平方米仓储仓库，面向长三角，提供高质量、强功能的仓储服务；2010 年 6 月，东方购物建立了自配送系统，有效提高了配送服务功能。

2011 年，为配合全国拓展战略，东方购物已增设成都和武汉两个物流中心，并在南京、青岛、兰州各地增设配送分拨中心，物流配送覆盖全国，向全国广大消费者提供更高质量、更强功能的物流服务。此外，东方购物自行开发了多仓库系统(WMS)。多仓库系统可以随时了解针对上海、南京等各地仓库的商品库存情况，并根据需要进行统一的管理和货物调拨。2010 年下半年起，东方购物已尝试自营

东方购物昆山花桥物流园。

配送。

如何向顾客提供多样、便捷、安全的订购和支付手段？首先，东方购物拥有600多人的智能化呼叫中心团队满足售后服务需求。2004年，在行业中率先推出了移动POS付款；2005年，在行业中首先推出分期付款业务；2009年4月，首推自动语音订购系统；2009年12月，与招商银行合作，研发并上线自动语音支付系统；2010年6月，与中国银联签订了战略合作协议，共同研发“无磁有密”电话支付系统。通过电话自动订购及电话支付系统，大大缓解了电话满线给顾客带来的不便。此外，还提供网上支付、货到付款、移动刷卡等多种便利支付方式。

发展带来的是新的产业集群。商品销售、现代信息管理、物流配送、支付体系、客户服务系统等一系列配套系统的建立和完善，形成了一个围绕家庭购物产业的新的优势产业集群，全面带动了产品生产、进出口采购、呼叫中心、物流配送、金融支付、保险、电子商务等关联产业的长线发展。

强大的物流配送体系。

节目落地全国 14 个地区

有个数据令人振奋：目前，全球电视购物以每年超过 20%的速度增长。

韩国电视购物销售额占全国零售总额的 12%；美国电视购物行业年收入达千亿美元，占全国零售总额的 8%。2009 年，我国电视购物市场规模约为 234 亿元，占社会消费品零售总额(12.5 万亿元)的 0.19%。有关人士预计，未来十年，随着我国零售总额的增长，电视购物市场规模将占到零售总额 3%左右。

2011 年 3 月获得广电总局全国运营牌照后，东方购物加大了拓展外地市场的力度。至今，东方购物已先后在南京、武汉、成都、甘肃、广东成立了合资公司，节目也在江苏、浙江、武汉、成都、广东、甘肃、青岛、黑龙江等全国 14 个地区落地，累计播放时间 269 小时/天，全国收视用户数近 3 000 万。

东方购物还不断探索规模化的发展道路，创建立体传播架构。借助新媒体，通过 IPTV、互动电视、网络电视、手机电视等渠道，业绩持续增长，顾客数突破 400 万，占上海 600 万家庭的三分之二。此外，东方购物还通过收购普添房产，取得了房屋销售的资格。

以上这些举措，都为东方购物在多地域、多领域的发展创造了条件。短短几年中，东方购物的顾客满意率从 75%增长到 99%。

未来十年，东方购物将依托家庭购物产业和电视媒体产业优势，通过电子商务和电视购物一体化以及呼叫、物流和 IT 一体化，实施跨地域品牌拓展、模式复制以及多元化跨国经营，力争实现 1 000 亿元年销售额目标，成为全球首选的优质在线零售服务集团。

作为国内第一家文化类上市公司,“东方明珠”二十年来以旅游业为基础,深化推进媒体产业发展,持续探索新的业务领域,开拓新的增长点。“东方明珠”敢为天下先,从创立之初的一家三产类公司,发展成为文化旅游、新媒体、对外投资三大主业多元化经营的集团公司,下属子、控股公司 20 多家。出色的业绩背后,是其持续、稳步发展的竞争力。

“东方明珠”:从上海地标到文化品牌

郭艺珺

东方明珠电视塔的横空出世,一举改变了上海的城市天际线。它是上海浦东陆家嘴地区第一个地标建筑,也被看作是浦东开发开放的信号。

二十年来,当时为了东方明珠电视塔建设募集资金而成立的上海东方明珠(集团)股份有限公司(下称“东方明珠”),在创新中走出一条多元化拓展的道路,实现旅游、传媒和其他产业的文化产业融合发展,同样树立起了国有文化企业经营的新标杆。

延伸旅游文化产业链

时光倒转。1992 年 4 月,上海东方明珠(集团)股份有限公司(下称“东方明珠”)成立。成立的初衷,是为东方明珠广播电视塔的建设募集资金。1994 年 2 月,“东方明珠”在上海证券交易所挂牌上市,这是中国第一家文化类上市公司。

东方明珠电视塔成为世界著名旅游景点和上海标志性建筑。

1995年5月1日，电视塔发射开播，成为当时亚洲第一、世界第三高塔。在确保发射安全的同时，为尽早还清贷款，"东方明珠"在旅游观光业上煞费苦心。正式对外开放以后，东方明珠电视塔吸引了来自五湖四海、全国各地络绎不绝的游客，并在2000年前还清全部银行贷款。目前，电视塔已成为世界著名旅游景点和上海标志性建筑，1995年至2011年，电视塔累计接待游客5 009万人次，累计实现营业收入44.76亿元，利润22.3亿元，以年均游客人数最多、盈利水平最高而在世界广播电视塔同行中名列前茅。

在电视塔利润构成中，传输业务的收益占了20%左右，旅游观光的收益则高达80%。然而，"东方明珠"并不满足于日益成熟的旅游产业经营。2002年，依托东方明珠电视塔所承担的无线发射优势，"东方明珠"筹建移动电视平台，逐步构建起终端形式多样的新媒体平台。

开播十年来，作为上海首家户外公共电视媒体，东方明珠新媒体平台已经覆盖了上海10 000多辆公交车，地铁1至13号线的站台、站厅、车厢，以及医院、银行等公共楼宇的3.5万块视屏，对上海城区实现了100%覆盖，每天传至1 500多万市民。营业收入也从2003年的1 204万元，增加到2011年的10 635万元，增加了8倍。

2010年世博会期间，东方明珠移动电视推出《今日世博最新》栏目，滚动发布世博园区实时信息，成为世博信息最快速、权威的发布平台。不仅如此，东方明珠移动电视已在上海都市生活中构筑了一个个流动的"文化驿站"，为人们在奔波忙碌中提供一份温馨的"心灵咖啡"。上海市政协委员、特级美育教师王圣民说，东方明珠移动电视是帮助广大市民获得教养的最佳平台之一，可以帮助推进城市化进程。他总结了日常生活和工作中需要注意的100个礼仪要点，用浅显易懂的文字和解说，在东方明珠移动电视开辟了《礼仪在身边》栏目。

如今，东方明珠移动电视终端还是“安全防范”、“科普宣传”的宣传阵地，并成为老百姓与政府部门沟通交流的平台。据统计，东方明珠移动电视每年累计播出的公众服务类节目超过11.6万分钟。

2012年6月1日，“气象信息移动电视应急发布平台”正式启动，东方明珠移动电视将通过它遍布全市的终端，第一时间向市民提供气象预报预警服务。利用自身传播及覆盖优势，东方明珠移动电视继续承担媒体的社会责任，肩负起社会公共管理的新职能。

2009年，“东方明珠”又与广电总局合作，开拓CMMB手机电视业务，成为CMMB在上海地区的唯一运营商。此外，“东方明珠”还在有线网络领域内进行积极开拓，经过先后几次增值，目前“东方明珠”拥有上海东方有线网络49%的股权，还拥有太原有线电视网络50%股权。在数字化平移、三网融合的大背景下，这块宝贵的业务资源孕育了极大的市场发展空间。

“品牌输出”开花结果

随着电视塔业绩和知名度的日益提升，“东方明珠”将“品牌输出”转化为有效生产力，不断开花结果，为持续增长创提供了无限的动力。

2001年，“东方明珠”受上海市教委的委托，管理占地5 600亩的上海青少年校外活动基地——东方绿舟，并于近期挂牌“中国国际青少年活动中心（上海）”，成为海内外青少年学习中国文化、感受中国生活的首选地。

2003年，“东方明珠”受托管理国际会议中心，次年就扭亏为盈。这些年，会议中心不仅圆满完成了多次国家级的重要接待保障任务和国际活动，更在经营上屡创佳绩，逐步探索形成了一套成熟的会议型酒店运营模式。2010年，国际会议中心营业收入达到3.2亿元，实现利润5 457.8万元，并在2011年继续保持增长势头，利润达到了5 826万元。

2008年10月14日，在黄浦江畔的东方明珠电视塔广场，“东方明珠”正式宣布与国际专业场馆运营商——美国安舒茨娱乐集团（AEG），以及知名体育品牌NBA达成合作意向，共同参与上海世博演艺中心的经营管理。

东方绿舟一角。

四年之后，上海世博文化中心这张城市文化的新名片，正通过国际化的运作擦得愈加明亮。至今，上海世博文化中心举办了 70 多场具有重大影响力的文化演出、体育赛事。但与国内绝大部分演艺场所依靠政府出资建设、收入单一，并需政府持续给予运营补贴的传统模式不同，世博文化中心运营上不仅没再要一分钱补贴，还将每年营收的 5%上交。而世博文化中心的场地租赁收入，仅占整体营收的 10%不到。

与电视塔信号“发射”同步，“东方明珠”的品牌影响力也日益辐射到海内外。如今许多行业内外的投资者都主动前来与其接洽，希望合作进行项目的开发投资。“东方明珠”董事长钮卫平说：“我们深深感到，对品牌的经营和维护是企业经营的核心，是可持续发展的基石。正是基于对品牌的认可，才为我们赢得了更多的、新的发展机会，为我们‘立足上海，走向全国’奠定了坚实的基础。”

时过境迁。如今的“东方明珠”不再是矗立在黄浦江畔电视塔的代名词。经过20年的创新发展，这家以文化旅游和新媒体为主业的多元化经营的集团公司，如同一颗明珠释放着无限活力。

辐射全国的投资眼光

在文化旅游、媒体产业等多元化布局的同时，对外投资领域成为“东方明珠”主营产业持续稳步发展的第三驾“马车”。近年来，“东方明珠”的投资业务，对平滑收益起到了积极的作用。

2001年，“东方明珠”积极响应政府大力推进高校后勤社会化改革的号召，投资建设了松江大学城2、3、4、5期，总投资17亿元，建造学生公寓80万平方米，并对松江大学城在校6万学生提供后勤和物业管理服务。十年来，累计投资回报率12.1%(平均每年1.2%)。

在与法国合资成立“城市之光”灯光设计公司后，成功实施了北京中央电视塔灯光工程，上海外白渡桥、世博园区中国馆、世博文化中心等项目的灯光设计和施工，成为“东方明珠”的又一金字招牌。

此外，“东方明珠”还拥有海通证券、申银万国、浦发银行等优质公司的法人股股权，总市值已达数十亿元，为公司带来了可观的收益。

“走出上海，面向全国”，“东方明珠”正以投资新的文化旅游类稀缺资源项目为重点，进一步延伸产业链，增强核心竞争力。目前，“东方明珠”正在全国范围内重点跟进具有深厚底蕴的文化旅游资源项目。钮卫平说，在确保投资安全的前提下，“东方明珠”希望立足中长期发展，对有发展潜力的项目进行控股投资和管理，为“东方明珠”的文化旅游产业注入新的、不可复制的核心资源，使其产业链得到不断的延伸和拓展。

作为一家上市公司，“东方明珠”始终坚持股东利益最大化。20年来，全体股东通过IPO和历次配股、增发，累计投入34亿元。1992年至2010年，公司分配现金红利累计超过22亿元。在分红率高达95.6%的情况下，发起人获得的现金分红已经超过其全部投资。

以“东方明珠”的第一大股东上海广播电影电视发展公司为例，对“东方明珠”

的累计净投入 8.17 亿元，累计收到现金分红近 10 亿元。不仅如此，发展公司目前还持有的“东方明珠”股票市值超过 80 亿元。假如 1992 年成立之初拥有“东方明珠”1 股股票，并参与历次配股、增发的流通股投资者，到今天 1 股股票已经增加到近 16 股。

这是“东方明珠”一张 20 年以来的经营效益成绩单：公司总资产从 1992 年公司创立之初的 6.25 亿元，增加到 2011 年的 120.69 亿元，增加近 18 倍；净资产从 1992 年的 5.76 亿元，增加到 2011 年的 74.39 亿元，增加近 12 倍；主营业务收入从 1992 年的 4 457 万元，到 2011 年的 25.6 亿元，增长 56 倍；利润总额由 2 193 万元，到 2011 年的 6.7 亿元，增长 29 倍。

然而，“东方明珠”持续加快对外拓展的步伐仍未停歇——目标是通过逐步的积累，再形成新的商业盈利模式，把文化与城市建设更好地融合起来，形成“东方明珠”新的特色和优势。

在多年计划经济的束缚下，中国电影业曾经遭遇过前所未有的低谷，在制片、技术、市场上全面落后，如今的中国大片叫好却常常不叫座，中国电影应该怎样闯出去，和国际知名电影企业一争高下？这是一条艰辛而漫长的产业革新之路，上影集团在其中走出了自己的特色，在重视电影院线建设、引进国际资源合作制片等方面，取得了诸多成就。且细看上影是怎样筑起新的电影产业链的。

老牌“上影”闯出新天地

孔令君

在不少市民心中，上海是中国电影的发祥地。

几十年来，上海电影集团确实是大多数上海市民的骄傲，多少个“第一次”、“第一批”，都在此创造。

但十多年前，中国电影在国际电影的冲击下，步入历史低谷。不少市民心中，有这样一个疑问：中国电影的出路何在？上海电影能否重振雄风？

这十年，渐渐地，市民们对中国电影恢复了信心，因为市民们看到，不仅是《三峡好人》、《hello！树先生》等本土电影斩获国际大奖，连《大闹天宫》这样的传统中国故事，都能利用3D版本“借船出海”，在国际市场引起共鸣。

每一个不起眼的进步，背后都有少为人知的努力，而以这种“蜗牛爬在荆棘上”的不懈进取，最终，将整个产业在人们心中塑就另一种形象。

这一步步，上影集团究竟是怎么走的？

坚持改革创新

如今,也许很难想象,大约十年前,上影集团还流传过一句戏言:"上影改革是找死,不改是等死,不改不革安乐死。"虽说是戏言,却真实反映了职工的心态。

2003年,当时的上影集团,确实困难重重,步履维艰。

这背后,实际上是整个中国电影业的历史低谷。

若不细说,外人很难明白当时上海电影业的艰辛。

——银行贷款5亿多元,负债率最高时达到76%,每年仅利息开支就需要3 000多万元。

——亏损单位多,集团下属30多个单位亏损,总亏损额达到3 000多万元,企业发展必需的现金流严重短缺。

——冗员多、负担重。在职职工3 000多,离退休人员2 000多,每年仅工资支出就需1.5亿元。

怎么办?唯有革新。改制!合作!转型!

上影集团及符合条件的六个下属单位改制为有限公司,建立董事会、监事会。壮士断臂,只为新生。

此外,上影集团还积极探索和实践在以国有资本为主导的企业框架内的产权多元化。上影集团先后与海外资本、民营资本和业外资本合作,组建了上影电通、上影英皇、上影昆仑、上影寰亚等制片公司,与美国华纳、韩国CJ、加拿大IMAX和美国EPR等著名影业公司组建了股份制影院管理公司和影院公司。

这些年来,很多市民都惊奇地发现,那些知名的国际电影品牌前,都有了"上影"的名号。影响力的提高也许是其次,这些公司为上影集团吸纳了1.6亿元资金,成为上影影视创作的垫脚石。

转型,不仅仅是体制变革,在国际电影数字化的潮流中,传统的电影制作、发行和放映技术都要接受挑战。

2011年,在上影集团的支持下,上海电影技术厂积极推动企业从传统胶片洗印向数字化转型,完成了数字电影母版制作系统和数字电影发行版复制、分发系统建设,并经中国电影技术质量检测所检测通过。

上影推出的《hello！树先生》、《三峡好人》等本土电影连连斩获国际大奖。

在此基础上，上影集团还以上海电影技术厂为平台，与全球最大的影视技术公司 TECHNICOLOR 特艺集团合作成立上影特艺 SFG TECHNICOLOR 影视技术有限公司。合资公司将面向影视、广告、动画等行业提供后期制作服务，全面涉足影视后期制作、动画制作及游戏等相关业务。

上海美术电影制片厂适应新市场、新形势的探索则表现在从手绘动画向无纸动画制作发展，着手建立数字动画制作系统。目前一期设备引进已经完成，并对职工进行了无纸动画制作培训。

上海电影译制厂探索了一条以“声音”为核心竞争力的发展模式，即从单一的影片译制向动画片配音、配音读物制作等拓展，打造自己的“声音产品”。

打造制片体系

企业化改革和技术进步，虽然是大多数文化产业的大势所趋，但并不是“万精油”。

上海电影要扭转乾坤，要依赖的，还是制片主业。

上影集团有自己的优势——片种齐全。美术片、译制片、电视剧并驾齐驱。

留住既有优势，才能突破进取。

为迎接党的十八大，上影集团组织筹备了《最后的斗争》、《外滩》、《国家赔偿》、《谈判专家》等影片。其中，《最后的斗争》跳出此前的创作窠臼，从家庭和人伦的全新角度切入反腐倡廉这一主题，通过省委书记父亲和英国留学归来的女儿的父女关系，诠释了贪污腐败对家庭的伤害。

相比之下，《外滩》更具上海地域特色，全片全部邀请上海籍演员出演，通过一个普通家庭在改革开放24年间的变化，折射上海的城市变迁。影片由梁山导演，值得一提的是，除了面向全国的普通话版本外，影片还将专门制作用于上海地区放映的沪语版。

在保留自身特色，发挥既有优势之外，上影还积极地“走出去”，带出去的，是用电影讲述的中国故事。

“一场一地一家人”，这种封闭式的生产循环被打破了。上影集团提出了“华语电影”的概念，打破国产电影的狭隘观念。

勇敢地走出去，合作，才是中国电影的出路。

——反映当代上海青年人生活，由NBA球星加盟的电影《神奇》已经创作完成，有望在2012年上海国际电影节期间亮相大银幕；

——反映二战时期上海民众帮助拯救犹太人的音乐故事片《魔咒钢琴》采取“我做制片人、你做分包商”的制片策略，整合了世界一线的电影制作营销资源，已经完成剧本定稿，计划2012年内拍摄完成；

——反映中美建交重大事件的大型史诗影片《上海公报》，以及与上海交响乐团合作的同类题材电影《海上交响曲》等也都列入创作日程。

而继《黑猫警长》、《大闹天宫》3D版成功上映后，2012年暑期档、春节档还将推出《黑猫警长2》、《孙悟空之真假美猴王》两部影院动画片。

只要电影作品受到观众的认可，“上影”的品牌，甚至中国电影的口碑，必然会“闯出去”。

拓展市场项目

中国电影有一个发展瓶颈，也许是一些人意识不到的——票价太贵了。

怎么吸引更多普通观众走进电影院？

上影集团要做的，就是积极倡导电影文化公益服务。

周二半价，不够。上影集团还大力支持联和院线实行“电影阳光卡”，利用白天影院闲置时间播放二轮电影。每张阳光卡100元，可以观看30场电影。

用低票价尽力吸引观众之外，电影市场需要进一步扩大，“电影院线是上影集团的生命线”。实际上，电影院线应当是中国电影业扩张发展的生命线。

上影集团是全国电影集团中最早认识到院线、影院重要性，率先投资建造影院，打造强势院线的。

2009 年，大城市电影市场竞争激烈，影院逐渐饱和，怎么办？

上影集团做过市场调研——全国 300 多个中等城市和 2 000 多个县级城市基本没有影院，很多地区的群众已经多年没有进过电影院……这块市场，我们要抢！

上影集团支持联和院线等下属单位到中小城市发展数字影院，开拓新的市场。这几年，上影集团走跨区域合作的道路，先后与宁波、海南等地的院线和电影公司合作组建股份制电影公司，两地的影院整体加盟联和院线。

几年来，联和院线已经吸收上海和全国各地的几十家影院加盟，仅 2009 年就有 21 家影院 105 块银幕加盟。目前，联和院线所属加盟影院已经从院线建立之初的 56 家发展到 128 家，分布在 20 个省（自治区、直辖市）的 49 个城市，银幕数从 124 块增加到 473 块；座位总数达到 104 113 个。联和院线也从当初偏居苏浙沪一隅的地方性院线发展成为跨区域的全国性院线。

据了解，已列入 2012 年内建设计划的影院项目有南京虹悦影城、济南绿地影城、黄山上影国际影城、上海宝山国际影城等，2012 年全年计划建设星级或经济型

建设中的电影博物馆。

影院 8 家，银幕 48 块。

在拓展电影院线市场之外，上影集团还计划进一步提高市场影响力，提升软实力——让更多人爱上电影。

2012 年 6 月，上海首座电影博物馆即将在漕溪北路建成，并于年内投入运营。据介绍，建成后的上海电影博物馆兼具展示、体验、互动等多重功能，在传统展陈的基础上综合运用现代科技手段，以上海百年电影史为内容，为参观者提供电影制作各个环节的互动体验系统。

“我们计划在电影博物馆里开办一个 84 座的艺术影厅，专门用来放映全球的艺术电影，并展示世界前端电影技术。”上影集团总裁任仲伦介绍说，“除此之外，上海电影博物馆还会设立一个 3 000 多平方米的电影会馆，用来举办各类电影沙龙，让电影人、文化人、艺术家和电影爱好者们在此交流。”

上影集团明白，随着媒体资本、金融资本等各种资本进入电影业，电影企业间的竞争必将更加激烈，强弱分化成为不可避免的趋势。未来几年，中国电影业一定会有强势集团产生，改制上市是建设现代影业集团的必由之路。

自2003年成立以来，上海城市演艺有限公司先后制作出品了舞剧《霸王别姬》、《红楼梦》、《杨贵妃》、《花木兰》、杂技芭蕾《天鹅湖》和杂技秀《CHA》等原创剧目，并在美、英、德、法、日、俄等14个国家和地区的46个城市巡演350多场，取得了良好的社会效益和经济效益。通过国际语言和符号创作作品、加强与国际创作团队和制作公司的合作和交流、进行国际化的推广和运营等一系列创新手段，上海城市演艺有限公司在成为传播民族文化“使者”的同时，也决心成为海外市场的真正“主人”。

“城市演艺”：中国“天鹅”翱翔海外

李君娜

2008年2月29日，德国斯图加特市保时捷体育馆。

当音乐的休止符打在杂技芭蕾舞剧《天鹅湖》最后一个动作时，4 000多名德国观众纷纷起立，并给予了长时间的掌声……

杂技芭蕾舞剧《天鹅湖》由上海城市演艺有限公司创制。在保时捷体育场内临时搭建的500多平方米的大型舞台上，来自中国的演员用动感精准的杂技语言完美地诠释了西方芭蕾艺术所蕴含的高雅和华美。

德国观众苏珊看完演出后表示：“它征服了向来以挑剔理性著称的德国观众，堪称一场国际水准的完美表演。”

"天鹅"献演欧美 40 多个城市

《天鹅湖》的演出结束后，演出的德方合作伙伴——中国娱乐公司总经理瓦格纳要求与上海城市演艺有限公司签署下一年为期五个月的欧洲巡演合同，并希望常年保持这种合作。

在德国演出的这场《天鹅湖》，最低票价 39 欧元，最高票价 88 欧元。这一价格，与同类演出甚至是世界顶级芭蕾舞团的门票价格比较都不逊色。演出"订单"

2008 年 12 月，《天鹅湖》参加德国圣诞节前晚会演出。

的追加，足见德国演出商对《天鹅湖》的信心。

自2006年在杂技和芭蕾的故乡俄罗斯首演以来，由上海城市演绎公司投资制作、广州军区战士杂技团演出的杂技芭蕾《天鹅湖》已经在海外重要剧场演出了256场，足迹踏遍欧美等40多个主要城市，也在诸多殿堂级剧场赢得喝彩声，其中包括莫斯科克里姆林宫大剧院、伦敦皇家歌剧院和东京果园剧场等。

《天鹅湖》在国外演出期间，各国重要媒体都纷纷给予高度评价，2008年在英国演出期间，英国十大报纸以及BBC电视台都以重要篇幅报道，其中《泰晤士报》给该剧五星的最高评价。2008—2010年德国、瑞士、奥地利三轮演出期间，杂技《天鹅湖》登上了德语区收视率最高的四台节目的演播室进行现场直播，其中包括欧洲收视率最高的"Wettendass"节目。

赢了口碑，《天鹅湖》也赢来了"金"杯。《天鹅湖》的每场演出费平均净收入达到两万美金，在莫斯科和德国甚至创下了每场三万美金的中国剧目演出费的纪录。

可以说，杂技芭蕾《天鹅湖》是多年来中国舞台剧在西方高端演出市场最为成功的典范，是中国"文化产品走出去"的一面亮丽的旗帜，也为提升中国文化产品形象作出了贡献。

对于上海城市演艺有限公司来说，从成立伊始就定位于"立足国内，瞄准海外"。中国拥有大批的优秀创作演出人员，也推出过非常优秀的舞台剧作品，然而，至今中国舞台演艺产品面临的仍是主要靠杂技和功夫在国际演艺市场低价竞争的惨淡格局。

如何走出这个困境，是摆在所有中国演艺公司面前的难题。经过八年的摸索探求，上海城市演艺有限公司逐渐找到破局的金钥匙，开启通向国际高端演艺市场的大门。

民族元素"闯"海外大有门道

成功，并非一蹴而就。

在《天鹅湖》"翱翔"海外之前，同样由上海城市演艺有限公司创投资制作的《霸王别姬》，却在海外市场遭遇了寒流。

2003年成立伊始制作的舞剧《霸王别姬》，上演后国内一片叫好，业内专家更是给予高度赞赏。然而，当尝试把《霸王别姬》推向国际市场时，却遇到了重重困难。"十面埋伏"、"四面楚歌"、"垓下之战"、"霸王别姬"……熟悉这些故事的中国观众看得荡气回肠，但外国人看起来却相当费劲、找不到感觉，海外演出商也因此无法下决心引到海外市场。

最终，《霸王别姬》在和中国有相近文化背景的日本演了 19 场，此外，除了在法国演过外，就再发不了力。尽管在艺术上成功，在国内市场上也受到了欢迎，但过于民族的《霸王别姬》终究没能做成"出口名片"。

吸取了《霸王别姬》的教训，杂技芭蕾《天鹅湖》的创排紧随在《霸王别姬》之后，也迎来了和前者大相径庭的命运——"用国际符号传达中国文化"的杂技芭蕾《天鹅湖》，迅速成了海外演艺市场的宠儿，对于杂技与芭蕾的成功融合也开创了演出的新领域。

《霸王别姬》和《天鹅湖》的一冷一热，也让上海城市演艺有限公司摸到了门道。

中国文化"走出去"，需要经过一个"由浅而深"、"由简单而复杂"的过程，在目前的阶段，在题材的选择和故事的设计上都要考虑海外观众的接受度；借用"国际语言"，找到中外观众对内容理解上的相近点和兴趣点，也由此找到中国演艺力量的着力点，以"借力打力"。

在这样的思路下，上海城市演艺公司开始了一系列为"走出去"而创制的剧目编排。

2007 年 9 月，公司联合投资出品的舞剧《杨贵妃》在东京和大阪演出六场，这是中日联手打造的舞台精品剧目，为中外文化的合作做出了有益的探索。

2008 年 2 月，由公司投资出品的舞剧《红楼梦》登陆加拿大多伦多艺术中心剧场和美国的林肯中心等两家北美的重要剧场，并为包括联合国官员在内的观众上演了中国经典的文化产品。2009 年和 2010 年，《红楼梦》再赴美国演出。2010 年，又分别赴新西兰和埃及开罗歌剧院和亚历山大歌剧院演出了九场。2010 年 11 月，再赴加拿大演出三场。

文化"使者"要当市场"主人"

借鉴国际舞台作品的成功经验，用"世界为我所用"的开放胸襟，组织国际水准的创作团队，才能超越语言和文化的隔阂，创造出不同国家的观众所能共鸣的作品，这是中国文化产品"走出去"的必由之路。

是必由之路，但还并非“充分条件”。中国文化演艺产品走向世界的另一个短板是渠道。缺少现代化和专业化的职业经纪机构，是中国文化演艺作品长期游离于海外主流演艺市场之外的重要原因之一。

《天鹅湖》在白俄罗斯总统宫大剧院演出时，引起万众欢腾。

因此，城市演艺公司坚持把中国优秀演艺产品打入国际主流市场作为重要使命和责任，始终坚持按照国际惯例进行市场化运作。长期与国外演出商的合作，公司打造了一张遍布全球的演艺网络，而且将渠道定位于欧美日等海外高端主流演艺市场，并与其中的佼佼者建立了牢固的合作关系。合作伙伴中包括上述地区最为声名卓著的演艺集团、演出商、媒体集团和文艺团体等。与这些演艺巨头的合作和交流也大大增长了公司海外运营的经验和技巧。

在以往的海外演出中，城市演艺公司主要采取出售剧目的方式，由当地演出商承担风险，公司只收取演出费。为了打开海外营销局面，给海外演出商的运营吃下定心丸，在适当降低基本演出费的基础上，城市演艺公司首创了与国外演出商共同分享票务提成的概念，与演出商共担风险，共享利润。

结果让人喜出望外，爆满的上座率使得在俄罗斯和德国的某些场次演出费加上票务提成创下了每场三万美元演出费的纪录。

在经历了出售剧目、票房分成共担风险两个阶段后，上海城市演艺有限公司开始尝试积极稳妥地在海外直接主办演出，承担全部的成本和风险，并享有全部票房收入，此举也意味着更深度地介入到海外的演出运营中。

2012 年 12 月即将在德国开始的《天鹅湖》120 场巡演，就是采取此种方式。这是城市演艺公司“走出去”战略的一大步。他们的愿景则是在海外设立运营机构，直接参与到当地的剧场运营中区。

与此同时，当《天鹅湖》在海外商业演出市场高歌猛进时，舞剧《红楼梦》这样“阳春白雪”类型的传统文化作品，也继续以市场为导向，通过文化交流的途径推介到世界各地。

来自中国上海的这只“白天鹅”，已展开她美丽的双翼，飞翔，就在眼前！

第一次，从制作到营销，从培训到首演，世界经典音乐剧《妈妈咪呀!》中文版的每一个环节都由中国人亲力亲为。在赢得票房与口碑的同时，《妈妈咪呀!》中文版点燃了国人对中国音乐剧的热情和期待。中外合作的亚洲联创（上海）文化发展有限公司以创新的举措，为中国音乐剧产业找到一个成熟的赢利模式，从“拿来主义”开始，以“中国创造”为目标，编织起“中国‘百老汇’之梦”。

《妈妈咪呀!》：中国音乐剧的上海探索

林 环

演出190场，观众人数25万，总票房8 000万元，载歌载舞的演出一次次成功地感染观众起舞……这就是经典音乐剧《妈妈咪呀!》中文版的收获与魅力。

中国音乐剧“拿来主义”，上海已在探索。

第一部“本土化”经典音乐剧

“打造我们自己的《剧院魅影》”，此类豪言壮语，多年以来不绝于耳。然而，现实往往是残酷的。据调查，中国内地舞台在短短十年里产生过200部左右名为“音乐剧”的作品，但与动辄可演上万场甚至连演20多年的国外知名音乐剧相比，这些作品仿佛流星。据权威统计，至少十亿元人民币的投资已经打了水漂。

在2011年7月11日《妈妈咪呀!》中文版首演之前，国内还没有一部经典音乐剧的“本土化”中文版。此前，上海和北京分别上演过多部原版世界经典音乐剧，都

《妈妈咪呀!》中文版剧照。

是从欧美原封不动引进,中方仅是配合搭台。而这一次,从制作到营销,从培训到首演,每一个演艺产业链的环节,均由中国人亲力亲为。

率先试水的是亚洲联创(上海)文化发展有限公司。经过近五年的严密考察和分析,由中国对外文化集团公司、上海东方传媒集团有限公司、韩国 CJ 集团三方联合投资成立公司,打造以上海为中心、辐射华语地区的中国音乐剧产业运营平台。公司试图探索通过全新合作模式、严格机制保障、大规模且常年性的驻场和全国巡演,建立中国音乐剧产业化发展和赢利的第一个成熟模式。

亚洲联创成立之后主打的第一个项目就是制作世界经典音乐剧《妈妈咪呀!》的中文版。公司总裁田元说:“我们之所以选择《妈妈咪呀!》,是因为这部音乐剧对于年轻观众具有很强的吸引力。它拥有 14 个语言版本,在全球 300 多座城市巡演,观众人数将近 5 000 万。此外,该剧气氛充满欢乐和温馨,极富感染力,观众很容易就会沉醉其中。”

果然，演出大获成功。

此前最受质疑的语言问题，由于剧组的细致流程——先将英文歌词翻成中文，由华语音乐人根据原意创作出新歌词，再将歌词翻成英文比对、审核，被证明丝毫没有损失原汁原味的意蕴。

“中国‘百老汇’之梦。”这是《南方人物周刊》对此的描述。《纽约时报》对此的评论是：“中国人开始用实实在在的学习态度，探索搭建自己音乐剧创作和制作的平台，意在建立标准化、大规模音乐剧生产的模式。”

如此良好的开端给业内人士带来了新的希望，他们相信中国会兴起一场“音乐剧热”。亚洲联创决定再接再厉，计划于2012年夏季推出音乐剧《猫》的中文版。

亚洲联创的大胆创新

区别于传统的演出公司或者剧团，亚洲联创自创立起，便将自身定义为一个“产业公司”。打造产业的路径分为三步，首先，是经典音乐剧的版权引进、合作制作；第二步，是按照国际标准推出中国原创音乐剧；最终，实现国际版权输出。

如此大胆的设想，亚洲联创已在付诸实践。之所以如此，其先天优势功不可没：

首先，三方股东各自拥有不同的资源：中国对外文化集团公司拥有全球演出业务资源、丰富的市场经验和演出院线，上海东方传媒集团有限公司（SMG）是上海传媒的龙头企业，韩国CJ拥有成熟的国际文化产业经验以及丰富的国际关系网络，这些资源在《妈妈咪呀！》中文版的运作上得到了充分整合。

其次，亚洲联创突破了原有引进西方原版音乐剧的模式，以国际版权合作为基础，在制作、营销、培训、演出等演艺产业链的所有环节进行“本土化”运作。在以往的“引进”模式中，中方往往只能扮演“中介”角色，只能获得产业链末端一点点的分成。但《妈妈咪呀！》中文版的合作则是中方真正进入产业链的上游，自己核算和控制所有演出的成本。《妈妈咪呀！》2011年在上海、北京、广州演出约130场后，就达到了赢利平衡点，之后所有的场次都是赢利的扩大和积累，演得越多，赚得也越多。

不过，先天优势之外，机制才是保障。

——《妈妈咪呀！》制作流程严格按照国外标准。亚洲联创要求每位演员每天登场之前按照定妆照的示范要求,佩戴所有饰品,细节严格到一条脚链如何佩戴。尽管,很多观众可能都看不见这条脚链。

——剧团管理方面,采用基于项目的管理模式。目前亚洲联创所属剧团有近100人,剧团内所有演职人员都不是公司的固定职工,他们的合同期限取决于每一个音乐剧项目的周期。这种管理模式与传统剧团截然不同,不仅降低了公司过高成本导致的经营风险,也为形成对演员的新的激励机制探索了一条新途径。

——《妈妈咪呀!》的营销也堪称中国文化活动市场营销的经典案例。SMG给予充分的媒体宣传资源,开拓了中国现场演出"传媒化运营"的先例:不仅在东方卫视等强势平台上广告宣传,还将这部剧整合到全国知名的电视栏目中。同时,公司也在线下一些拥有相似受众的星巴克等场所开展宣传活动,并利用微博等互联网新传播渠道扩大影响力。

——亚洲联创在金融市场的对接上也进行了大胆尝试:提出通过开放对制作成本的投融资,实现相关音乐剧项目制作投资的100%对外融资计划,并通过公司收入定额与投资公司收入定额的方式进行收入分配的创新收入模式,实现投资方的投资回报,实现文化产业与金融服务业的共赢。

为中国音乐剧的明天探路

2006年前后,引进并上演了百场《剧院魅影》、《狮子王》的上海大剧院,率先在业界掀起"中国音乐剧之路何去何从"的讨论。当时,上海大剧院艺术总监钱世锦等专家曾提出"先有引进,再行描红,最后原创"的"三步走"观点。

《妈妈咪呀!》所代表的,正是中国音乐剧变革"三步走"中的第二步。对此,田元很感慨:"拷贝或者说描红,是中国音乐剧发展不能绕过的路。选择打造中文版为突破口,是在为中国音乐剧的明天探路。"

比如,这一次探路,就发现了一大问题:音乐剧人才缺失。音乐剧制作公司百老汇亚洲娱乐有限公司的西蒙·基纳说:"中国的一个问题是演员的培训,中国有舞者、歌手、演员,但很少有人身兼这三项技能。"更大的问题在于,职业化的技术团队、创意团队比演员还难觅得,尤其是《妈妈咪呀!》遍寻国内都难觅的"灵魂人物"——称职的舞台总监。尽管如此,也有令人鼓舞的消息传来:上海戏剧学院和上海音乐学院已开始联合培养一批兼具多种才艺的学生。毋庸置疑,《妈妈咪呀!》

《妈妈咪呀!》为中国音乐剧的明天探路。

的“本土化”运作,为中国音乐剧人才提供了舞台和培养动力。

随着中国文化产业的繁荣发展,中国音乐剧发展的黄金时期已经到来。《妈妈咪呀!》中文版成功的意义,并不仅仅是赢利,更多的是为了“中国创造”。

“有一个梦/想给你听/越过时光/陪我远行/给我新的憧憬/让愿望实现/带我走向未来/不管多遥远……”《妈妈咪呀!》中文版的如许歌词,所唱出的,正是中国业界对音乐剧本土化的憧憬和信心。

作为中国最大的社区驱动型网络文学平台，成立于2008年7月的盛大文学有限公司是盛大集团旗下文学业务板块的运营和管理实体。短短四年，盛大文学秉承“文化是一种生产力”的信念，在版权运营方面开辟出一片新天地，打造出一条完整的数字出版产业链。目前，盛大文学已成为国内最大的电影电视剧版权提供商，未来将涉及图书出版、影视版权和网游版权转让、在线广告、无线阅读等多方面业务内容，拥有多元盈利模式等业务。从文学网站起步的它，正一步步成为数字版权的超级王国。

盛大文学：从文学梦工厂到版权巨无霸

李君娜

“文学，要成为一条高速公路。”这是盛大网络董事长陈天桥对侯小强说的第一句话。

为了这句话，侯小强从正如日中天的新浪博客辞职，加盟盛大文学担任 CEO。彼时，谁也不知道，盛大文学将要开拓的这条公路，将是一条怎样的大道？

如今，四年过去，答案似乎越来越明显——借助网络版权新模式，盛大文学完成了从文学梦工厂到版权巨无霸的华丽转型，作为这个新兴行业的引领者，盛大文学的步子越迈越大，它脚下的这条路也越拓越宽。

“文学梦工厂”的起步飞翔

从榕树下红极一时，到盛大文学独当一面。短短十几年，依托数以亿计的网民数量，网络文学得到迅猛发展。

在产业布局之初，盛大文学被称为每个人的“文学梦工厂”。盛大文学的网络文学平台，使人们得以打破中国传统出版行业的限制，可以在互联网上创作、分享和欣赏文学内容。

在这个文学梦的号召下，盛大文学旗下六家文学网站总作者数(截至2011年底)接近160万，收录了超过580万部玄幻、武侠、魔幻、历史、都市、爱情、军文等不同类型的小说，日更新6 000万字。2011年百度前十名热门小说，有九部来自盛大文学。

人民日报　文化新闻　11

『神七』航天员 进驻发射中心

文化观察

“作协主席”赛小说　众多网友判高下

当代作家亲近“当红”网络

地震灾区大学新生全部顺利入学

吉林 集中整治动漫市场

辽宁大学 喜迎六十华诞

四川通江 建留守儿童幼儿园

《人民日报》对“三十省作协主席小说巡展”的报道。

2008年伊始，盛大文学举办了“三十省作协主席小说巡展”，该事件被媒体评为当年十大文化事件之一。这次活动缩小了以往泾渭分明的网络文学和传统文学的鸿沟，对传统作家上网写作起到了直接的拉动作用，网络文学也改变了从前“上不了台面”的尴尬状态，第一次与传统文学亲密接触。

同时，盛大文学也在加快网络文学与传统文学互动方面动作不断：茅盾文学奖入围作品上网展示；与《文艺报》联合召开“网络文学四作家研讨会”；在中国作协支持下，与鲁迅文学院合办“网络文学作家培训班”；动员知名作家如严歌苓、郭敬明等到网络上首发作品……

盛大文学已然是名副其实的文学造梦工厂。

但依托网络文学寻找发展重心的盛大文学，仍然要面临原有商业模式的瓶颈。

2008—2009年间，数字出版的热点转向付费网站，盛大文学最早提出千字三分钱的收费阅读概念。线上付费阅读模式，最大限度地激发了作者的创作活力，但也跟“免费为王”的互联网核心理念形成了正面冲突。

对原创网络文学产业来说，最核心的资产是作品版权，而在尚无政策门槛、充分竞争的市场上，不止盛大文学，整个行业都在面临写手的高流动困境。

盛大文学与鲁迅文学院合办的“网络文学作家培训班”。

显然，仅仅靠“文学梦工厂”的号召力来稳住流动性强的写手，这样的产业链过于脆弱，随时都会断裂或被取代。对于盛大文学来说，不仅要真正掌握能“生蛋”的数字版权，还得让这些版权发挥集成效应，才是真的“依靠”。

“版权集约化”的大步流星

在盛大文学成立之前，网络文学的版权运营渠道只有两个：在线收费阅读以及转化成传统图书出版。

无论是上述的哪一种，都只能算是单一的零散性版权，更有规模效应的集约化版权运营，势在必行。

盛大文学成立后，致力于版权运营的多渠道建设。由盛大文学提供海量内容支持的云中书城，是最能体现盛大文学集约化出版特征的项目。云中书城除接入盛大 Bambook 外，还相继推出了 Android 客户端、iPhone 客户端、手机 wap 站、Bambook 云中书城、云中书城 PC 客户端，并计划推出 iPad 客户端、Windows Phone 客户端以及 Symbian 客户端。

自 2011 年 2 月正式独立运营至 2011 年年底，云中书城 android 客户端安装激活量突破 200 万。截至 2012 年 1 月底云中书城 android 客户端在六个主要的应用市场排名第一;在 DCCI 互联网数据中心“APP100 中国移动应用热度榜”中,云中书城以“海量图书下载,资源库庞大,特色推荐系统”等亮点获得了“最具吸引力的阅读应用”,位居“最阅读”排行第一位。实行开放战略的云中书城,也已同 320 家第三方出版机构和作者达成内容合作。分发渠道的拓展扩大了盛大文学的用户群体。

这意味着,盛大文学不仅要盘活自己网络文学这一亩三分地,更是瞄准了数字阅读的整个产业链条,如果成功,盛大文学就是数字阅读时代的一个巨无霸。

业内人士认为,盛大文学从核心的内容资源入手,逐渐整合终端,并通过平台化模式打造数字出版的产业链,其目的在于对数字版权的掌控。

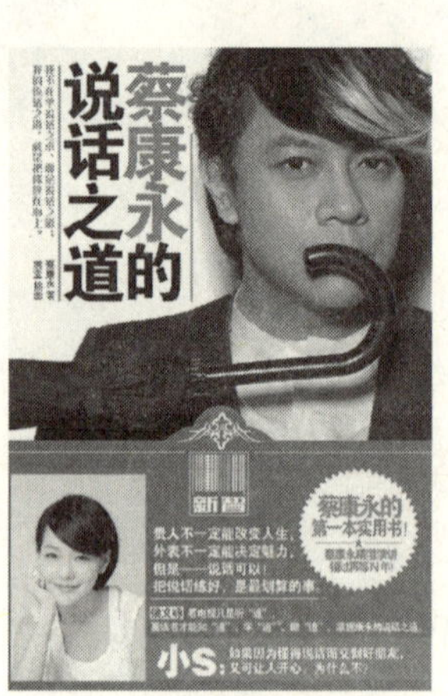

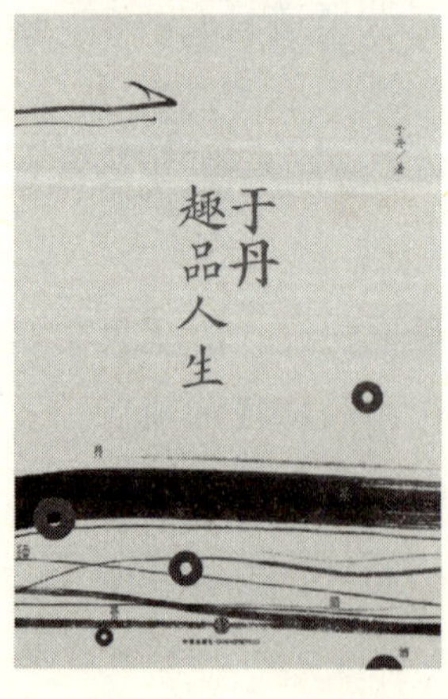

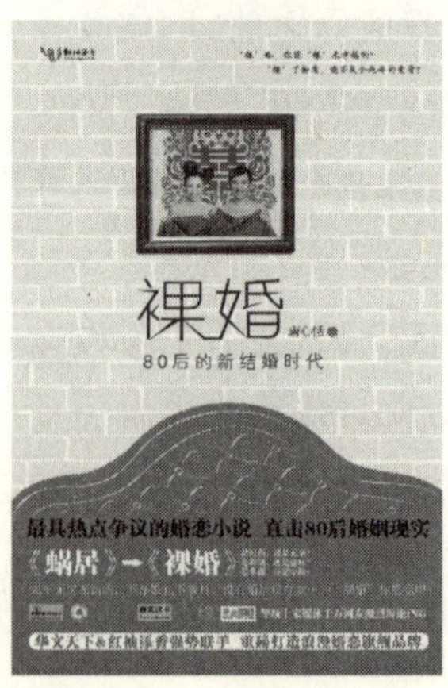

盛大文学将线下出版与线上出版实现完美对接,畅销作品源源不断。

在传统图书领域，盛大文学的集约化出版特征也很明显，盛大文学整合旗下三家图书公司资源，将线下出版与线上出版实现完美对接，强化合作力量，参与市场竞争，相继出版了蔡康永《蔡康永的说话之道》、于丹《于丹趣品人生》等超级畅销书。2011 年，盛大文学三家图书公司图书销量达 2 420 万册。开卷数据显示，根据 2011 年图书零售额，盛大文学是国内最大的民营图书出版公司。在 2011 年开卷前 1 000 位畅销书中，盛大文学是入榜数量最多的民营图书出版公司，在社科类畅销书前 1 000 名中，盛大文学占据 132 席。

盛大文学还与中国移动、中国联通、中国电信三大移动运营商合作，提供丰富的内容。2011 年盛大文学是三大移动运营商基地最大内容提供商，同时也是中国移动阅读基地收入最大的内容提供商。

"数字版权王国"的华丽转身

依托巨大的版权资源优势，盛大文学展开了一系列的版权运营与开发活动。

首批"十大金牌作家经纪人"的推出，标志着中国作家和作品全面进入"代理人"时代，"十大金牌作家经纪人"将专对盛大文学的签约作家进行包装和运营，和国内一线作家、新兴作家一起努力打破各种束缚版权运营的壁垒。

此外，盛大文学也开始了对"中国作家全版权运营机制"的探索。这个机制的建立包括：将小说的电子版权、无线发布权、传统文学版权及动漫影视改编权等统一运营包装，以充分挖掘中国原创文学的文化创意产能，从而推动产业发展。

2011 年，盛大文学在影视与游戏出版的开发方面取得了令人瞩目的成绩，共计售出版权作品 651 部，销售作品数量同比增长 107%。根据旗下版权作品改编的电视剧《裸婚时代》、《步步惊心》等播出后位列同时段收视冠军，获得了极大的反响。根据旗下版权作品改编的影视剧《刑名师爷》和《搜索》等作品正在热拍中。《星辰变》、《盘龙》、《凡人修仙传》、《斗破苍穹》等著名网游，也都是根据盛大文学的作品而改编。

目前，盛大文学的版权运营，主要包括在线阅读、移动阅读、广告、版权授权、线下出版等。既覆盖了亚马逊的自出版、网站下载、Kindle 阅读的电子书阅读模式，也超越了苹果书店提供的互动、参与体验。除此之外，盛大文学开发文学内容电子版权的延伸产品，帮助作品进入线下，甚至开发相关周边产品。

由数字出版产业羸弱的发展初期起步，短短几年，盛大文学摸索出了成熟的商业模式，为行业提供了发展经验，成为一家名副其实的奠基企业的同时，也成长为国内版权运营的领头企业。据盛大文学 F－1 财报显示，盛大文学 2011 年全年营收 7.01 亿元，同比大增 78.4％，毛利 2.12 亿元，同比急升 227.5％。

版权运营的正规化和可持续发展能力，使得盛大文学的“文学梦工厂”得到了进一步的延续，文学与版权运营紧密无间地联系在了一起，在为作家、读者创造着价值的同时，也为文化创意产业增添了活力。

与改革开放30年同行的上海译文出版社从来没有停止过创新改革的步伐。在经历过业务低潮后，译文出版社在国内率先进行事业转企业改革，将出版社彻底变为具有市场竞争力的独立企业。在此基础上，译文出版社狠抓出版业务专业化，建立起了一整套先进的、专业的出版流程。在制度专业化的保障下，通过对市场的精准分析预测，译文出版社将出版业务不断延伸，图书、电子平台、数码产品都能看到译文出版社的身影，"哪里有阅读，哪里就有译文出版社"。

哪里有阅读　哪里有"译文"

许光耀

上海译文出版社是世纪出版集团旗下具有30多年历史和重要社会影响的大型翻译出版社。改革开放30年来，译文出版社在当代出版史上创下多个第一：第一个与海外出版商签订购买畅销书《斯佳丽》的版权合同，开国内出版单位保护翻译图书知识产权之先河；第一个推出中国人自建语库、独立研编的双语工具书《英汉大词典》；第一个系列完整地出版"世界文学名著普及本"，引发中国出版界的外国文学名著"出版热"；第一个与外国出版商合作出版刊物《世界时装之苑ELLE》，引领中国时尚潮流20年，至今畅销不衰。这一系列"第一"，都是译文出版社坚持锐意改革，不断创新努力的成果。

制度改革保驾护航

译文出版社是老牌的大社、名社，30年的历史积累了大量优秀的出版资源和业务经验,但也形成了国有事业单位体制下沉重的历史包袱。

六七年前的译文出版社在人员管理上以事业单位体制为主,出版社内论资排辈、员工积极性差、市场竞争能力弱;吃大锅饭、岗位少员工多等现象严重,出版社缺少活力,犹如一潭死水。当时,译文出版社无论是业务能力、队伍结构、管理机制还是思想观念都呈现严重的不适应状况,加之市场化改革初期走过粗放化经营弯路的影响,在出版业特别是大众图书领域高度市场化发展的背景下,其主营业务开始出现滑坡。20 世纪 90 年代还处于出版界领先地位的译文出版社,在 2004—2005 年,其业务已经徘徊下降到了谷底。

在这期间,虽然译文出版社尝试过几次改革,但由于方法不对收效甚微。于是,到了 2005 年底,译文出版社领导班子果断抓住集团转企改制的机遇,率先按照企业化的要求推动内部管理机制和队伍建设的改革。

在总结以往经验教训的基础上,译文出版社于 2006 年制定并成功推行全员竞争上岗、以岗定薪、一岗一薪的企业劳动人事制度改革方案,废除了事业单位的工资、岗位和用人制度。出版社相应配套地改变了粗放化的承包考核制度,代之以分类管理、注重绩效、双效结合、加大激励、权责匹配、逐级负责的考核制度,既强调严格绩效管理和扩大激励比重的原则,又根据不同岗位性质和出版品牌建设规律设定不同的考核目标和激励方式。

这一系列的改变让译文出版社逐步形成现代企业的人力资源管理体系和员工福利体系。为了让制度更好地被执行,出版社大力启用年轻干部,加强员工培养,并根据企业化改造和出版社发展战略的要求,修订完善了 50 多项管理制度,加大奖惩力度。

这套制度刚公布时,译文出版社内部一片震动。改革触动了部分职工的利益,招来了反对之声,但这并不能阻挡改革的步伐。就在新制度实施当年,译文出版社就“活”了起来:员工积极性显著提高,主要编辑部门实现扭亏为盈,管理和生产服务部门工作效率显著提高,人浮于事、损公肥私和管理松懈的问题迅速改观。一系列新制度的建立,让译文出版社重焕活力,为出版业务起到了保驾护航的作用。

提高出版专业化

2004—2005 年,迫于大众图书市场过度竞争的压力,很多出版社只能依赖粗放承包、合作出版来经营。而与此形成鲜明对比的是，许多私有工作室、文化公司却不断发展壮大，它们灵活、快速地应对市场变化，准确把握读者喜好，出版的图书深受读者喜爱。

受到一些优秀工作室和文化公司的启发，译文出版社决定创新经营模式。配合着世纪出版集团打造品牌出版实体的改革思路，译文出版社培育了外国文学品牌出版机构——世纪新文本出版中心。作为译文出版社的一块试验田，世纪新文本出版中心被赋予了高度的出版自由，他们可以自己制订出版计划、自己组织图书营销、甚至可以自己向国外书商洽谈合作事宜等。令人惊喜的是，该中心成立两三年后，已经达到销售码洋逾 3 000 万元、编辑人员十多个的小型出版社规模，并出版了大批畅销图书，深受读者欢迎，在竞争激烈的图书市场赢得了一席之地。很快，这种先进的模式在全社得到推广。

在此基础上，译文出版社又狠抓出版专业化，提出"三专"的指导方针，即"专门"、"专注"、"专长"。与其他出版社不同，译文出版社每年出版品种增加并不多，出版社要求出版的每一类图书，必须是其擅长的、专精的并专注的，其编辑水平均能在市场上同类型书中名列前茅，每一本书都能代表译文出版社编辑的最高水平。专业性同时也体现在出版流程上，以选题论证为例，编辑考虑选题可行性时除了上述"三专"的指导方针外，每本书在决定出版前都要经过多个部门的论证，长达六七页的选题表由多个部门各司其职、共同完成。首先是编辑部门和编辑人员按照产品设计要求，认真规划每个选题的出书方向、读者对象、出版时机、装帧特色、定价水平、价格政策等营销要素，再由职能部门市场部、发行部和财务部，分别根据市场调研和同类产品市场表现数据进行测算把关和论证，以确保每个选题不仅具有较高的内容价值，而且还具有完整的营销思路和可靠的经济价值。

同选题制度一样，译文出版社的很多管理制度都呈现出表单化、要素化的特点。这不仅提升了出版社的管理水平和执行力，更是将"严格化、精细化"应用到了管理和工作中，推动了出版管理模式向精益型转变。

全力打造数字出版

在一系列改革的带动下，2011 年，译文出版社图书发货码洋 2 亿元，比上年同期增长 33.6%；发货实洋 9 520 万元，同比增长 29.8%；主营业务收入 2.9 亿元，同

上海译文出版社推出的外国文学名著 iPad 版电子书。

比增长 34.2%；实现利润 1 838 万元，同比增长 29.4%，均创造建社以来历史新高。虽然成绩斐然，但译文出版社改革的步伐并未停止。

前不久，译文出版社首批 60 种外国文学经典名著成功推出 iPad 版电子书。这 60 种电子书系由国内一流翻译家翻译的译本组合而成，其中包括《浮士德》、《十日谈》、《简·爱》、《悲惨世界》、《巴黎圣母院》、《傲慢与偏见》、《雾都孤儿》、《罪与罚》、《瓦尔登湖》、《泰戈尔抒情诗选》、《老人与海》、《动物农场》等脍炙人口的经典文本。下一步，译文出版社还会把拥有独家电子版权的畅销书如美国作家彼得·海勒斯的《寻路中国》、《江城》，德国励志读本《幸福》，英国大众哲学作家阿兰·德波顿的系列作品等开发成电子书，为读者提供更多的阅读便利。这意味着，译文出版社正在成为国内首家以平板电脑为载体，有规模、成体系推出外国文学精品的“全媒体出版社”。这是译文出版社为应对图书“微利时代”而探索出的新路子，即“哪里有阅读，哪里就有译文出版社”。

为了开拓国际化的数字出版市场，译文出版社充分认识到版权贸易的重要性，社里充实了版权部门，在做好引进版权管理服务工作的同时加大了版权输出的力度。特别是在工具书授权和数字化开发方面，译文出版社着力甚多，配备了专门的人员，充分发挥原创大型工具书适合数字出版的优势，迅速加大与国内外电子厂商和互联网运营商的合作，开拓了数字产品授权业务。

目前，译文出版社已在数字出版产品中取得优秀成绩。通过和实力跨国公司合作开发数字出版产品，译文出版社迄今已有近20本词典工具书和学习类图书以及100多种文学名著授权了电子权利，产品型号近100种，此外，还有40多种文学名著和词典工具书对外授权了翻译权、改编权和译本使用权。译文出版社已经不再仅仅是版权购入大户，而是版权收支达到经济平衡的单位，来自数字授权产品的盈利已经成为图书业务盈利的重要来源。“十二五”期间，译文出版社正在规划在文学和社科等一般图书领域开发更多的数字产品，同时尝试与更多的海外知名出版企业合作探索新的网络出版商业模式。

上海音乐出版社扬“海派”出版之优势，汇世界音乐之精华，以“既富有文化品位，又符合市场需求”为出版方针，以“优化选题结构，提高竞争能力”为发展目标，立足上海，服务全国，接轨世界。连续八年来，上海音乐出版社的市场占有率稳居全国领先位置，已成为领导中国音乐图书市场消费主流的、最具有活力的专业音乐出版机构。在上海音乐出版社十年来的探索实践中，创新驱动、以强制胜，成为其得以迅猛发展并保持行业领先地位的不竭动力。

音乐出版有“声”有“色”

张　裕

在网络和盗版的巨大冲击下，不少音像出版社出现连年滑坡态势，有的甚至到了难以为继的尴尬境地。然而，上海音乐出版社却在“十二五”开局之年的 2011 年实现销售 1.2 亿元，同比增长 18%；利润 1 314 万元，同比增长 9%，形成了创新驱动、以强取胜的核心竞争力。音乐出版与音像、网络联动发展，让一家过去不被关注的小型专业出版社，成为音乐出版物市场占有率连续八年稳居全国领先的专业出版产业的旗舰，令全国同行瞩目。

纸质图书嫁接音像

图书出版和音像制品出版看似相似，但在过去很长一段时间却分属两个行业。十多年前，上海文艺出版总社作出的一项决策，使纸质图书嫁接音像出版的探索变得水到渠成。

2001 年底，上海文艺出版总社作出决定，让上海音乐出版社接管刚刚成立的上海文艺音像电子出版社。十年的实践证明，这是一个正确的决定。原因很简单，因为音乐本质上是“声音的艺术”。纸质图书的先天缺陷是无法承载声音，只有与记录音频、视频的光盘介质相结合，才能真正体现音乐出版物的完整概念。接管上海文艺音像电子出版社后，上海音乐出版社拥有了出版音像制品的“执照”，可以根据市场的需要，方便地推行“碟配书”和“书配碟”的战略举措。这种两社“一体化”的战略架构和管理模式，使音乐图书变得“有声有色”，为两社调整产业结构、转变经营方式带来了新的发展机遇。

图书配碟片，增加了纸质图书的声音附加值。上海音乐出版社将各类常销性音乐图书配以 CD 的方式，对产品进行组合创新，推出了一大批深受市场欢迎的有声版产品。如《管乐队标准化训练教程》是从美国引进的业余管乐队训练基础教程，共分三辑，每辑均有 14 个分册，另配有教师指导用书一册。在出版中文版时，上海音乐出版社根据国内管乐学生缺少乐队合奏实践经验的实际情况，将原版配套出版的乐队伴奏 CD 化整为零，附加在 14 个分册中，在每册书中都配有两张 CD。这一细节化的设计，使这套产品获得了普遍好评。许多管乐队教师反映，配套 CD 为单个乐器的学习者提供了大乐队合奏的训练机会，这样的出版方式非常适合中国学生的教学实际。尽管有声版图书的定价有所提高，但却给读者带来了新的使用价值，也为出版社及授权方拓展了新的利润空间。

在推出有声出版物时，上海音乐出版社采取了“两步走”战略。给常销性音乐图书配 CD，这是第一步，它以单一产品为基础进行延伸配套，对单一产品进行二次创新，制作成图书与音像制品全面配套的新产品。第二步，则是整体策划“合二为一”的有声版产品，在策划阶段就整体设计既含有图书文本，又配有相关音像资料的新产品。

在出版《约翰·汤普森钢琴教程》系列图书的过程中，上海音乐出版社约请国内动漫公司根据教材中的原型设计了精美的卡通形象，再邀请钢琴家孔祥东对课程内容进行详细讲解。这种经过二次创新制作而成的视频光盘，既有生动的视觉形象，又有钢琴弹奏演示与要点的讲解，出版后销量大增，成为在引进基础上自主创新的图书与音像互补、互动的新产品。据统计，截至 2011 年底，被俗称为“小汤”、“大汤”的《约翰·汤普森钢琴系列教程》的累计印数已突破 980 万册，创造了十分可观的经济效益，成为琴童学琴的必备教材，同时也成为出版社最具核心竞争力的支柱性产品之一。

这样的例子不胜枚举。如《巴斯蒂安钢琴教程》，原由国内某家非专业出版社引进出版，因市场业绩不如预期，美方决定将中文版转交上海音乐出版社出版。为了进一步拓展这套钢琴教程的市场空间，上海音乐出版社以引进版纸质图书为基础，自主研发了一套与之配套的DVD视频产品，成功地实现了在引进基础上的二次开发，得到授权方的高度评价。

让盗版者望洋兴叹

上海音乐出版社发现，许多音像出版社具有丰富、生动的音乐资源，能否为这些珍贵的声像资源配上乐谱、演奏文字说明，使其成为有声版音乐图书呢？

从2010年起，上海音乐出版社又一次进行了新的尝试。他们决定聚焦经典音像产品，以乐谱和文字配套的方式，为单一性的CD、DVD、CD-ROM等介质中所存储的音像资料配套推出文字图书。他们与香港龙音公司合作，对一批由民乐演奏家录制的音频资源进行二度延伸性开发，在原有CD光盘的基础上辅以纸质图书，与之配套出版。双方合作的第一本有声出版物是《刘天华作品全集》。2011年，双方又成功推出了一套涵盖二胡、笛子、琵琶和古筝等四种乐器的“龙音名家名曲系列——民乐考级名家演奏与指导”共12册有声版产品。这套丛书因图书乐谱的规范性和光盘示范演奏的权威性，受到读者的广泛好评。此外，上海音乐出版社还将触角伸向了西方音乐作品。他们将一套“西洋乐器快速入门”中的四张DVD音像制品，通过对视频光盘中专家讲解内容的整理记录，以文本配套的形式，将图书与DVD整体推出，同样获得了较好的销售业绩。

如今的音乐出版业，面临的最凶猛的“拦路虎”，无疑是盗版。对此，很多出版机构常常显得束手无策。然而，上海音乐出版社通过“碟配书”和“书配碟”的方式，巧妙化解了盗版商的阴谋。原因很简单，盗版复制一张碟片很容易，盗版出版一本图书也不难。但是，既要印制图书，又要复制碟片，这样的双重生产复制流程就变得有些繁复了。没有较大的利润空间，盗版商也就犯不着花费这么大的劲去冒险。这样一来，上海音乐出版社的有声版图书就获得了自由呼吸的空间，图书的生命周期也变得更为久远，真可谓“人间正道是沧桑”。

携手网络借船出海

当下，传统的音像出版业因面临着网络的冲击而逐渐衰退。上海音乐出版社并没有把网络当作出版产业发展征程上的“拦路虎”，而是顺势而为，借船出海，通过与之结成战略合作伙伴，去拓展传统出版业的新疆域。

他们将一些经典的CD唱片进行“碎片化”处理，制作成一首首单曲，方便人们从网络付费下载；他们还花费两年时间，在上海市经信委等有关部门的支持和资助下，将300多种钢琴图书的乐谱汇集、编制成“钢琴音乐数据库”，方便学习者按需下载或复制。在上海音乐出版社看来，只要坚持“内容为本”，就不必去担心出版物的载体发生怎样的变化；只要坚持与时俱进，则一定能找到应对之道。

最近，上海音乐出版社又与北京KUKE数字音乐图书馆合作，推出一套“打造一生的音乐计划——世界名曲在线听”系列新产品。这套Online CD有声版产品，以纸质图书加引导盘的形式组合包装而成。在线唱片是基于互联网应用服务模式的电子音像类新产品，它突破了传统CD存储容量的束缚，依托互联网并发挥云储存优势，仅需一张引导光盘，即可连接到酷客数字音乐图书馆资源库，轻松实现海量音乐在线听的新转变。

上海音乐出版社出版的《贝多芬钢琴奏鸣曲全集》。

上海音乐出版社以自己十年的探索实践证明，在信息化、网络化时代，出版人必须从音乐出版产业的自身特点出发，以读者和市场需求为导向，对产品研发进行战略结构调整和内容资源整合，才能不断打造出具有市场竞争力的新产品，满足不同领域、不同层次专业受众的需求，才能始终成为引领专业出版产业发展方向的主力军，才能始终保持并巩固其在全国专业出版物市场的优势地位。

一家不到30人、长期亏损的出版社，进军社科学术出版领域两年，迅速扭亏为盈。中西书局整合自身资源优势，明确书局依托上海汇通中西、兼容并蓄的城市传统和文化特色，走高品质人文社科学术出版之路，打造以中外优秀文化的传承、交流和普及为追求的专业出版社。书局先后出版了《清华大学藏战国竹简》、《圆明园劫难记忆译丛》、《中国书院学规集成》、《重读近代史》、《翁同龢日记》等一批重要学术成果，入选国家“十二五”重点出版规划11项，承担国家出版基金项目3项、国家古籍整理项目2项，位列全国社科出版社前茅。

中西书局：故纸堆里挖金矿

徐璐明

2010年，当众多出版社还在为如何从吃“大锅饭”的事业单位转变为走市场路线的企业发愁时，上海百家出版社已经迈出了第一步：这家不到30人、长期亏损的出版社进行了彻底重组，在原百家出版社的基础上成立了上海中西书局有限公司。

改企之初，中西书局就以完善的编辑出版方案在激烈的竞争中脱颖而出，拿到了清华简出版权，并在短短四个月时间内高质量地推出了《清华大学藏战国竹简(壹)》。《清华简》一经出版，立刻成为学界焦点，新华社连发五篇专稿报道。

中西书局乘势而上，又陆续取得“居延简”、“敦煌简”等多种重要出土文献出版权，开始成为我国出土文献出版重镇。此外，中西书局还连续推出《昆曲精编剧目典藏》、《中国书院学规集成》、新版《翁同龢日记》、《西藏萨迦寺佛教艺术》等一批原创性、基础性、集成性大书。这些图书不仅获得全国优秀古籍图书奖、全国文化遗产十佳图书等国家级奖项，同时在专业领域热销，实现赢利。

调转船头，重新出发

中西书局前身百家出版社是20世纪80年代为满足各行各业迅猛增长的委托出版需要而创办的。然而，近年来，百家出版社原有的特色和优势逐步丧失，显然，再继续走这条路肯定是不行的。

2010年出版社转企后，摆在文艺出版集团和出版社领导班子面前的首要问题，就是接下来的路怎么走？

这时的上海出版业，各个门类都基本齐全，一个缺少品牌效应、体量又偏小的出版机构的立足点到底在哪里？特色在哪里？集团与出版社领导班子多方调研，再结合自身优势发现，当今市场上学术出版虽已不是新领域，但还有不少细分门类尚未得到很好的挖掘，关注交叉学科的出版社更是少之又少。就这样，中西书局确立了依托上海的城市传统和文化特色，向高端社科出版领域进军，并选择专业性较强、一般出版社望而却步的出土文献、域外文献整理出版作为突破口，走高品质人文社科学术出版之路。而公司的名称“中西书局”也就由此诞生。

不怕太专业，就怕不高端

有了定位，还不足以支持书局的运营。强大的执行力，才是关键。要在这个竞争激烈的出版行业生存下去，书局必须迅速在业界建立一定的声望。

2008年8月，一批流散境外的战国竹简被抢救入藏清华大学，由李学勤教授领衔的清华大学出土文献研究与保护中心随即展开了相关的保护与研究工作。清华简不仅向今人呈现了两千多年前的先秦典籍原貌，更能对传世的古文献有所补充和订正。上海文艺出版集团和出版社领导敏锐地觉察到了此次清华简的整理出版是千载难逢的机遇，最终，清华简成为中西书局开局之年的奠基之作。

以往出土文献的出版，基本由北京的文物出版社、中华书局和科学出版社三家所垄断。对于清华简这样高端的出版项目，其竞争之激烈可想而知。中西书局在第一时间和清华大学出土文献研究与保护中心联系，通过反复的沟通协商，并以最大的诚意和完善的编辑出版方案，终于得到了学术团队的首肯以及清华大学的支持，拿下了《清华大学藏战国竹简》的出版权。

拿到出版权只是万里长征的第一步。如何让作者信任、读者满意，并以此为契机打开出土文献出版的局面，才是中西书局面临的问题。为了做到李学勤教授提出的书中竹简不能分段的要求，书局邀请专家反复研究，最后决定另辟蹊径突破八开本的局限，第一次采用六开本的形式，力求把竹简最原始的状态呈现出来。由于采用了六开本的形式，无法用传统精装的装订方式，书局顺水推舟，采取传统线装的方式，配合缎面的封面，使成品显得古色古香，更富有文化气息。

除了开本和装订的问题，书局对图版的要求也是一丝不苟。从编校质量到装帧印制，精益求精，光印刷用纸就试验了十多个品种。为了尽量减少竹简印刷出来后的色差，书局的负责人光印刷厂就跑了十几次。功夫不负有心人，在短短四个月时间内，中西书局高品质地推出了《清华大学藏战国竹简（壹）》。书局的工作效率和工作质量得到清华大学校方与李学勤教授的高度赞许。

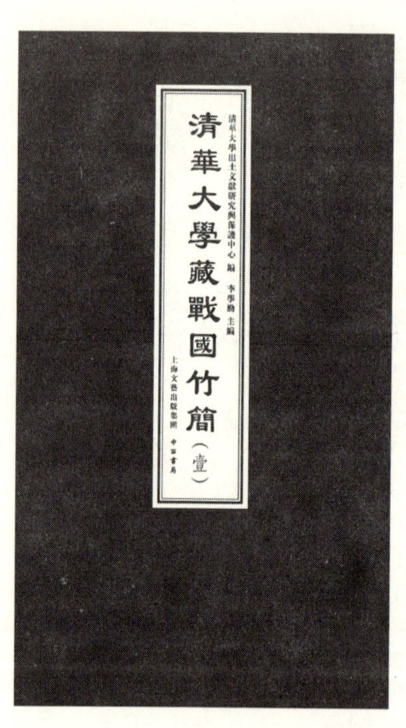

《清华大学藏战国竹简（壹）》书影。

2011年，《清华简（贰）》出版，再度成为学界焦点，也为书局在出土文献出版界打响了名声，奠定了坚实的基础。书局乘势而上，先后“牵手”复旦大学裘锡圭团队、中科院潘吉星团队、北京大学王邦维和段晴团队、国家图书馆张志清团队等国内相关学科顶尖研究力量，发起《汉语言文字史》、《中国火药史》、“梵文贝叶经与佛教文献”丛书、《红色起点——中国共产主义运动早期稀见文献汇刊》等具有填补空白意义的重大项目，又陆续获得“居延简”、“敦煌简”等多种重要出土文献出版权，为开拓高端学术出版打下了坚实基础。

在完成这一系列的出版项目后，中西书局的经营者领悟到一个道理：学术出版不怕太专业，就怕不高端。选题的评估非常重要。有一些选题在当下的经济效益可能一般、甚至会亏损，但如果这些选题的品质好、具有极高的专业性，那么即使现在不做，放上几个月，甚至几年，等选题经过充分酝酿、发酵，书局还是会坚持做。学术书很难像畅销书那样赚很多钱，但如果是高端的学术，不但可以维持成本，还能为书局在学术界树立口碑，可谓一举两得。

汇通中西，以史为鉴

散布海外的中国题材文献、文物、图像资料，是国内出版界过去较少关注的珍贵资源。中西书局在关注中国历史文献的同时，倾注很大心力，着力系统规划、积极挖掘与中国有关的海外资料。

中西书局与中法历史学界合作，从参加第二次鸦片战争的英法联军官兵回忆录中精选 14 种，推出《圆明园劫难记忆译丛》，揭示历史真相，还原历史细节，从另一个视角审视民族屈辱史，对于完整还原那段民族痛史具有重要价值，也是中西交流史的第一手材料。丛书首辑 14 种在圆明园劫难 150 周年之际推出，引起学界和海内外媒体的极大关注，一年内重印三次，丛书总印数达到了 70 000 册。2012 年，丛书还将再推 16 种。

由此破局，中西书局还将推出数字化圆明园、域外圆明园流散文物图录和甲午海战、八国联军、侵华日军回忆录、平汉铁路历史影像等系列图书，逐步构成周边和西方看中国的历史视角，为学界从中整理、研究近代以来中外关系提供新视角和第一手鲜活历史资料，为深刻总结经验、反思历史、开拓未来提供借鉴。

2011 年 9 月，中西书局再出大手笔，与荷兰博睿出版社签约，翻译、引进《高罗佩学术著作集》，完整出版这位享誉世界、对汉学研究产生巨大影响的荷兰学者的所有作品，完成国内学界和出版界的共同夙愿。在引进国外珍贵文献和学术经典同时，书局也力推国内原创社科精品“走出去”，中西书局出版的著名历史学家朱维铮作品《重读近代史》成功向荷兰出版机构输出英文版权，打入欧美主流市场。

在中西交通史领域，与高水平的学术团队进行合作，是中西书局开拓学术出版的又一种方法。北京大学梵文、巴利文、于阗文等域外历史文献研究在国内处于领先地位，在国际上也有一定的影响，但相关出版物专业性强，销量有限。书局从自身出版定位和方向出发，不计一时得失，和北京大学梵文贝叶经研究中心达成全面合作协议，包揽了其“十二五”期间几乎所有重要出版项目。这一合作方式，有力助推出版社迅速进入某一专业领域深耕，并形成专业特色。

《圆明园劫难记忆译丛》。

如今，书局入选国家“十二五”重点图书出版规划的图书11种；承担了《从龟兹到库车——城市与建筑调查研究报告》、《昆曲精编剧目典藏》、《中国书院学规集成》、《西藏萨迦寺佛教艺术》等4项国家出版基金资助项目，《汉译巴利文大藏经》、《肩水金关汉简》等2项国家古籍整理出版基金资助项目，以及十余项上海文化发展基金资助项目。故纸堆中挖出金矿，重组不到两年的中西书局如凤凰涅槃，焕发出前所有未有的生机和活力。

文化体制改革

文化国资监管：创造“上海模式”

铁面无私的“文化卫士”

“社会化管理”激活社区文化中心

社区文化服务：请来“第三方评估”

民营剧团：撑起沪上演出“半边天”

民营书店：留住城市书香

民办博物馆：丰富城市文化生态

张江：文化与科技跨界携手

“文化发展基金”：引活水助力作

“精文投资”：妙手激活文化产业

一个编委会统起20家出版社

养画不养人　破墙办画院

文教结合“孵化”艺术人才

文化人才认证：让人才脱颖而出

“艺联”：为演艺工作者遮风挡雨

宣传文化系统的国有资产管理和监管，如何符合产业特色，摸索一条有效的途径，提高国有资产运营效率，使其保值升值，这是全国各级政府部门都在不断探索的问题。2004年，上海市委宣传部以委托监管方式全面履行市属宣传文化系统国资监管职能——“管人、管事、管资产、管导向”，并设立国资办作为工作机构。八年间，这一机制得到了进一步落实和完善，成为该领域内改革较为彻底、运行较为成功的“上海模式”。在国有资产漂亮数据的背后，还有众多细致而关键的努力。

文化国资监管：创造“上海模式”

孔令君

万事开头难，在经济体制改革进入深水区时，国有资产的管理和创新，成了众人关注的话题。

而每一次深远繁复的大变革之处，往往始于一个个细致入微的决策。

曾经，上海市国资委分别委托市文广局、市新闻出版局、文广集团、解放报业集团、文新报业集团对所属机构的国有资产进行监管，这只是宣传文化系统国资的一部分，其他的国有资产并未明确监管主体和体系。

而2004年，上海市委宣传部以委托监管方式全面履行市属宣传文化系统国资监管职能，“管人、管事、管资产、管导向”，并经市编委批准，设立了部国资办，作为国资监管的专职机构。

这八年间，职责有增无减，渐渐成为一种政企分开、管办分离、监管全覆盖的“上海模式”。

更“弹眼落睛”的，是这些年宣传文化系统国有资产的快速增长。2004 年底，系统内经营性国资净值为 153.24 亿元，2011 年底达到 322 亿元，增值率达 210.12%；非经营性国资 2004 年底的净值为 54.19 亿元，2011 年底达到 98.5 亿元，增值率达 181.76%，这翻倍的资产增值，与这一“上海模式”的监管之功，密不可分。

数据之外，人们一时间难以意识到的，是存在于每一个细节和进步中的不懈努力和良苦用心。

而这些微小而艰难的努力，正是值得探究和借鉴的。

机制为本

上海的文化体制改革，一直走在全国的前列。

而在新一轮的文化体制改革当中，在更大更高的层面上完善体制，才是根本任务所在。

从资本角度，推进文化体制改革，推进文化产业发展，这是一个具有创新意义的手段。实现国有资产的保值增值，是人们在改制中最为关心的问题之一。

众人关注中，2004 年 6 月成立了上海市委宣传部国有资产监督管理办公室。上海市委、市政府决定，市宣传文化系统所有资产，由市国资委委托市委宣传部监督管理。

宣传文化系统内部的每一单位的体制改革、重大项目决策中，都有了“守护者”。国有资产的产权界定、投资、转让、处置、监督，都和国资办“形影不离”。

这绝不仅仅是资本管理的简单划分，这其中，政府与企业职责分明：国资办对监管负责，投资者对决策负责，集团对营运负责。“宣传部国资办，眼光不仅仅落在资产的监督管理上，而是要站在文化发展的全局角度，对宣传系统内的国有资产进行统筹布局。”国资办主任凌钢说。

“管人、管事、管资产、管导向”，在该领域真正做到这一点的并不多，上海市委宣传部在这方面走出了自己的特色。

在体制的保证下，政企分开、管办分离，才真正落到实处，为形成一个宏观管理文化的新机制创造了条件。在这方面，上海还有许多“招数”：通过上海文化发展基金会，建立公益性文化事业资助平台；将原上海精文投资公司改造为以促进文化产业为主的政府性投资公司；成立上海文化市场管理工作领导小组，完善文化市场的执法工作；组建文化行业协会，增强行业自律等。

规划定位是关键

机制完善为前提，怎么管是关键。

其中第一步，便是功能定位，哪些该做，哪些不该做?

这个问题，对国资办，对宣传文化系统内的企业，都值得反复思量，心中明确。

“建立出资人制度，推进监管规制建设，健全法人治理结构。”凌钢表示，明确了这些，规划定位便成功了大半。

国资办结合市属宣传文化系统的实际情况，制订了几十项相应的国资监管制度和规范，调整系统内相应的产权关系，按产业发展要求开发整合优良的资源和资产。

如何健全法人治理结构? 国资办督促宣传系统中按照《公司法》设立的有限责任公司、股份有限公司依法建立董事会、监事会，发挥股东会、董事会、监事会的职责。目前，除四个企业化管理事业单位的经营性集团和一个政府投资公司外，其下属投资的全资、控股企业已初步建立起了相应的法人治理结构，并在公司的战略定位、重大决策等事项上发挥了作用。

重大项目是抓手

国资办的重要职责之一，便是参与文化体制改革、重大资本运作、重大资产重组、重大投资等项目实施的协调推进。

整合宣传系统内整体资源，抓好重大重组项目，是其中关键。

2009 年，上海文广新闻传媒集团进行“制播分离改革”，频道资源、广播电视新闻采编制作、编播管理、技术播出总控等相关资产及下属事业单位，注入了上海广播电视台，并将经营性业务和资产整合后正式成立上海东方传媒(集团)有限公司，以市场化的形式，形成了广播电视运营的新模式。不要小看这一“制播分离”，这其中经历了无数次的沟通和协调，最终得到诸多认可，广电总局将新闻传媒集团制播分离改制方案列为“上海模式”，向全国推广。

上海世纪出版股份有限公司成立。

改制、上市和资源整合，正是文化宣传产业突破性发展的必经之路。

在这一共识下，系统内各事业单位和传媒集团在这条路上不断探索。上影集团在“事转企改制”之后，不断进行市场板块资源整合；上海交响乐团、话剧中心等文艺院团，也在管理体制上努力探索，按非营利性机构方式运营；新华发行集团积极努力地在股权改制、“借壳上市”、定向增发股份等方面积极探索，一系列的资本运作使宣传系统国有资产按新华传媒目前的市值计增值超过 50 亿元；东方明珠、世纪出版集团也做了整合和变革的努力。

在利用市场机制各领域突破之外，市委宣传部还搭建了文化产业发展平台，在上海外高桥保税区设立了文化产品和服务进出口的操作性、服务性平台，努力促进中国文化“走出去”，参与国际竞争。此外，市委宣传部努力推动由宣传系统国有资本为主的，上海东方惠金文化产业投资有限公司与国家开发银行等投资人发起成立华人文化产业投资基金，成为我国首个在国家发改委备案审批的人民币文化产业投资基金。

新媒体及动漫业务，也是文化宣传系统国有资产的重要增长点。“百视通”公司借壳上市，使得上海东方传媒集团下属新媒体板块，成为国务院“三网融合”和广电“制播分离”改革模式下的第一个上市广电媒体，也是我国国有新媒体领域的第一个上市主体。另外，在国资办的推动下，动漫企业炫动传播公司进行了股权结构调整和动漫业务的多次重组，为其创业板上市创造了有利条件。

基础管理为落脚点

如何防止国有资产流失？如何确保其有效运营？这是许多人最关注的问题。

市属宣传文化系统经营性国有资产主要为五家国有独资的文化产业集团，这五家产业集团下属控股企业共700多家法人单位。

截至2011年底，宣传系统经营性国有资产账面净值为322亿元，非经营性国有资产账面净值为98.59亿元。

如此多的单位和资产，如何有效监管财务，并提高国资营运机构的运营效率？

国资办通过全面预算、财务月报上报、季度经营状况分析、年终决算审计等方式，实现了对财务事前、事中和事后的全面监管。

从2011年1月1日起，宣传系统内企业全面执行《企业会计准则》。

确定准则，是管理的关键一步。而《企业会计准则》的实行，使得系统内企业与国际先进财务核算体系接轨，财务核算体系更加科学、规范，这在全国的宣传系统内属于领先水平。

2010年起，宣传系统国资营运机构正式实行“全覆盖”预算管理。借助财务报表汇总软件，下属单位可统一报送，国资办可便捷查询，及时掌握。目前，宣传系统所有单位还做到了决算审计的全覆盖，针对年度财务决算审计中披露的，涉及国资监管的有关问题进行分析，督促下属单位进行整改。

另外，建立完善科学的业绩考核和薪酬管理，同等重要。

从2005年至2010年，上海市委宣传部共连续进行了六个年度的国资经营业绩考核工作。值得一提的是，2009年初，正值全球金融危机爆发时期，宣传系统下属各集团受宏观经济环境影响，对后期经营状况不太确定且不乐观。经慎重考量，市委宣传部决定将经营责任考核的年限定为两年，即实行2009年、2010年两年联考，调动了各经营性集团领导班子的积极性，保持了宣传系统国资运营的持续稳定。

从各管一摊到综合执法，是上海对文化市场行政执法的一次创新。上海文化市场行政执法总队成立12年来，适时开展集中整治，解决市民反映强烈、社会危害性大的问题；形成长效监管网络，有效降低了文化市场违法、违规现象；顺应文化发展潮流，对新生文化产品进行及时监管，杜绝了“死角”的出现。在取得成绩、赢得市民口碑的同时，总队始终注重法制建设，不断提高依法行政的能力，成为全国文化市场综合执法的先锋表率。

铁面无私的“文化卫士”

罗震光

文化的传播性强，因此有时一个看似不起眼的违法事件却能引来无数关注的目光。文化的多样性，又让文化产品形式、类别跨度极大，光是及时掌握新生事物的信息就是件纷繁复杂的事，要快速发现问题并进行执法，需要高度责任心下练就的火眼金睛。

文化市场综合执法，一连三个定语已经昭示了此类执法的特殊性。成立于2000年的上海文化市场行政执法总队（以下简称市文化执法总队）就是一支在这个特殊领域内维护法律公正、权威的队伍，他们把清除文化垃圾、保证文化市场健康有序发展视为天职。

从各管一摊到综合执法

组建市文化执法总队，实行综合执法，是上海适应文化市场发展、强化政府管理文化市场职能、理顺文化体制和机制的重要措施之一。

上海曾按条线管治文化市场，即娱乐归文化、音像归广电、图书归出版、文物归文管会、体育场所归体委。统一综合执法后，使得分散的"五指"握成了"拳头"。出重拳，必有打击力度。按条线管治，还易出现职能交叉、职能重叠现象。因此，经营者常常叫苦不迭，今天要应付音像检查，明天又要接受图书管理。从管理部门来看，比如出版部门查抄时明明看到音像有问题，但因不归出版部门管，只能当没看见；如要管了，还会闹出矛盾来："怎么查到我的领域来了？"综合执法，这种问题自然而然就解决了。

按条线管治，还易出现管治不分和利益关系等问题。比如，有些文化经营部门是文化部门自己办的，批办、经营直至查处都是一家人。这样管文化、办文化，行政许可、行政执法，都搅和在一起，难以公正执法，树立威信。将文化稽查独立出来，组建一支"文化卫士"队伍，统一进行综合执法，可以与管理部门形成相互制衡、相互监督的态势。文化主管部门也可从办文化中解脱出来，专心管文化。

想到想不到都要管到

在世人眼中，一张仅值几块钱的盗版 CD 也许是件不起眼的小事，但正是在不起眼间，音像制品的盗版已经严重伤害到中国原创音乐的发展，甚至产生了不良的国际影响。

2010 年 5 月初上海世博会刚刚开幕，美国《纽约时报》等国外媒体报道上海一些音像店采取"店中店"形式经营盗版音像制品。同时，美国电影协会也发来投诉，称协会的电影作品在上海出现了盗版。市文化执法总队多次深入研究，会同静安区文化执法大队切实加大打击力度，通过艰苦的工作，采取坚决措施彻底解决了大沽路、凤阳路等多年存在的盗版音像店"顽症"，此举得到国际维权机构的赞许。

文化在发展同时，势必带动文化产品的推陈出新。对版权侵犯的主战场也迅速转移重心，从传统出版物、音像制品向网络转移。2011 年初，市文化执法总队收到了一份来自国家版权局的《移转函》。函件指出，上海隐志网络科技有限公司经营的互联网站 VeryCD(电驴网)，涉嫌侵犯知识产权并传播含有禁止内容的互联网音乐产品，被列为全国"双打"行动国家版权局的重点案件。同时，文化部正在开展

2011 年 5 月 23 日，上海市文化执法总队对 Verycd 进行检查。

的"全国文化市场知识产权保护专项执法行动"，也把查处 VeryCD 网站涉嫌侵权行为，列为督办的重要案件。

上海市文化执法总队迅速布置查处方案。第一阶段的取证表明，VeryCD 网站未经著作权人许可，通过信息网络以免费下载的方式，向网民公开提供《博物馆奇妙夜》、《速度与激情 4》等多部著作权人影视作品；该网站还向公众提供含有禁止内容的《18 岁》、《1030》等互联网音乐产品。毫无疑问，VeryCD 网站明显违反了《信息网络传播权保护条例》、《互联网文化暂行管理规定》等国家相应法规。总队依据法规，分别对该网站的违法行为予以责令整改、责令停止侵权、累计罚没款 7.3 万元人民币的行政处罚。

事实上，市文化执法总队针对网络侵权盗版日益严重的问题，组织开展了打击网络侵权盗版的"剑网行动"，协调有关部门关闭了 64 家违法网站。

除了有形的文化产品要执法管理，无形的文化产品也要监管好。2008 年，冰岛女歌手比·约克在沪演出时高呼与我国法律相抵触的口号，市文化执法总队迅速反应，严肃查处了这起违法演出案件。

无论是想到没想到的，只要是文化市场内的违法问题，市文化执法总队都要快速反应，一管到底。目前，400 名左右的市区两级文化执法人员，监管着文化经营单位(场所)约 60 000 个(不包括网站)。执法队伍成立 12 年来，全市两级文化综合执法机构共稽查文化经营场所近 84 万个(次)，办理行政处罚案件 56 000 多宗，收缴非法书刊 980 余万册、非法音像制品(电子出版物)近 7 000 万盘(张)，罚没款共计人民币 2 亿多元。

小队伍管好大市场

原先文化市场监管工作的基本做法是突击整治、集中行动，好处是容易形成声势，短时间取得明显成效，但不利的是缺乏长效监管，“来时一阵风，过后就放松”，无法形成持续的文化市场法治环境。文化市场综合执法改革后，目前的综合执法机构虽然仍面临“小队伍、大市场”的矛盾，但为促进文化市场长效监管提供了一定的组织保障。为了促进执法人员深入市场一线，市文化执法总队统一建立了“两个百分之六十”的执法工作制度，即文化执法机构必须要有百分之六十以上人员、百分之六十以上工作时间外出稽查，同时还明确了夜间及节假日稽查比例要求。

另外，在把控全局的情况下，市文化执法总队始终把市民反映强烈、社会危害性大的问题摆在突出位置，善于动脑开拓新方法，集中精力抓好重点监管工作。市文化执法总队每年都确定若干个整治工作重点，着力解决文化市场存在的突出问题和倾向性问题。例如，围绕严控违禁出版物的市场出现率，总队在积极协调公安部门查处源头大案的同时，建立了查缴违禁出版物月通报制度，让各地区、部门都高度重视，配合力度大为提高。这些年上海违禁出版物的市场出现率始终控制在一个较低水平。

网吧，是人们尤其是外来务工者获取信息、娱乐消遣的主要场所，但一些经营者为赚取利润，对中小学生滞留网吧放任不管，导致家长忧心忡忡，市民强烈不满，舆情汹涌甚至一度要求政府关闭网吧。按照市网吧长效监管工作联席会议办公室确定的每年网吧接纳未成年人查处率不得超越 1.5%的红线指标，市文化执法总队通过建立分级监管制度，加大处罚力度，促使违法经营行为呈逐年下降趋势，到 2010 年，上海网吧接纳未成年人的查处率已降至 0.3%。

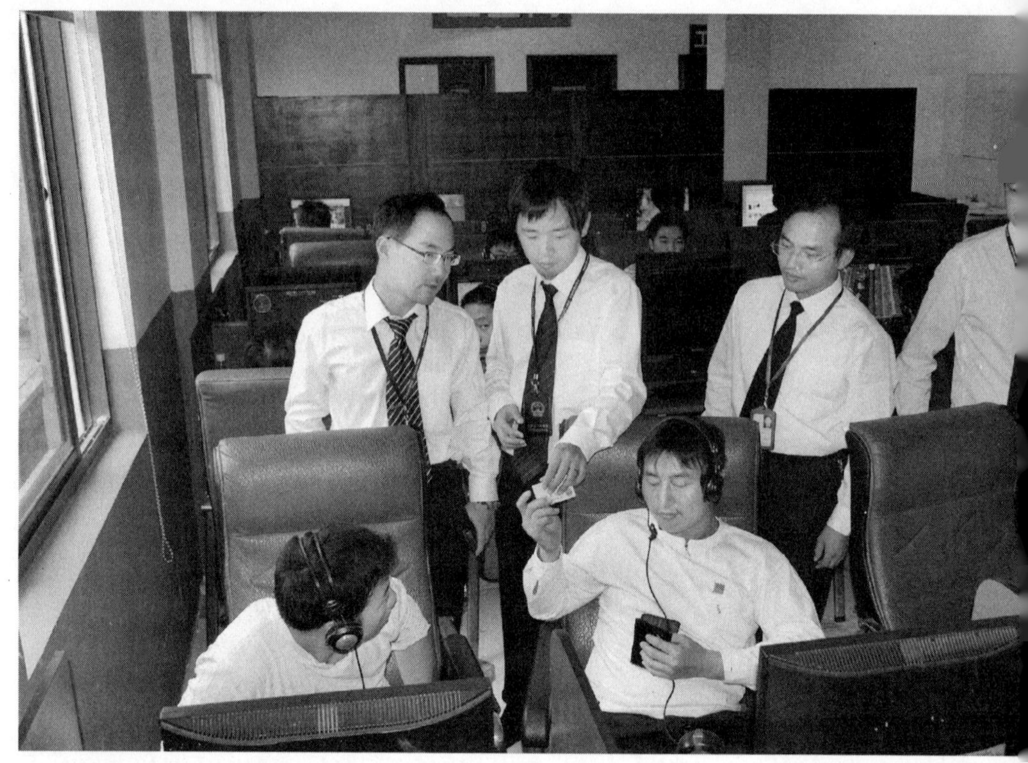

上海市文化执法总队到网吧执法检查。

依法办案过得硬

“世界知识产权组织版权金奖”是经中国国家版权局和世界知识产权组织协商引入中国的表彰机制，被认为是世界版权领域的最高荣誉。2010 年 11 月 18 日，市文化执法总队荣获 2010“世界知识产权组织版权金奖(中国)”保护奖。这是我国文化市场综合执法系统第一次获此殊荣。

骄人成绩之下，市文化执法总队保持着清醒头脑。他们意识到，打造一支具有较高的执法能力和依法行政水平的“文化卫士”队伍，是对文化市场各个领域执法质量的保证。经过多年的努力，市文化执法总队逐步建立起了包括法制培训、法制研究、规范行政处罚程序、约束行政执法行为和加强办案监督等具有文化综合执法特点的法制工作制度体系，促进了办案能力和依法行政水平的提高。上海两级文化综合执法机构十年多办案逾 50 000 宗，鲜有被复议机关撤销或败诉的案例，其中，总队办案 15 000 多件，至今保持着没有被行政复议撤销或行政诉讼败诉的记录。

2012 年初，文化部建立“文化市场综合执法人才培训师资库”，市文化执法总队有五名执法骨干入选，并被评定为目前最高的四星级；经文化部批准，上海还成立了全国第一个“文化市场综合执法培训基地”，担负起了为全国培养综合执法人才和输送综合执法经验、理念的重任。

社区文化活动中心“硬件”较好、“软件”不足，管理和服务跟不上，以致人气不足的现象，是公共文化服务面对的一道新课题。上海给出的解题方案是“第三方托管”，这是建立“政府主导、社会参与、管理有序、运作专业、保障有力”新机制的一种有益探索。在此过程中，政府部门转换角色，不再“大包大揽”，也不光是独自埋头干活……其结果是公共文化服务更高效，文化设施硬件得到充分运转。

“社会化管理”激活社区文化中心

李 婷

一个社区文化活动中心，“服务辐射面积”能有多大？黄浦区打浦桥社区文化活动中心这项指标是：约20平方公里。

现在，来中心参加各种文化活动的居民每天超过1 500人次，有些从外区专门赶来，有徐汇的，还有家住宝山、浦东的；从早上8:30到晚上21:00，它每天连续服务12个半小时，365天不关门。

六年来，该中心共接待了包括青年白领、中老年人、儿童以及外籍家庭在内的各类社区居民252万余人次，真正成为社区居民的活动“中心”。

人气旺、服务辐射面积大，得益于公共文化服务的创新：2006年2月，打浦桥街道通过政府出资购买服务的方式引入非营利性专业机构——上海华爱社区管理服务中心，全权委托它管理刚刚落成的打浦桥社区文化活动中心的日常运营。

打浦桥社区文化活动中心的做法，是上海探索基层文化活动管理新机制新办法的一个缩影。

好不好，居民说了算

每周三，80 岁的彭阿婆总会出现在黄浦区打浦桥社区文化活动中心书画室，她笑称这是自己的第二个家。

把这个中心当家的居民真不少。老年乐棋社、“乐活”青年沙龙、青少年俱乐部、儿童快乐营、宝贝亲子园……每天，这里的开班数和团队活动都在十个左右。

人气并非从天而降，源于“契约托管”的大胆做法。打浦桥街道把社区文化活动中心运营管理委托给一家非营利性专业机构——上海华爱社区服务管理中心，由政府购买服务。托管协议写明，中心须 365 天向居民开放，每天从早上 8:30 到

“Honey”亲子园活动丰富多彩。

晚上 21:00;社区学校和群众文艺团队等使用需预约,基本项目免费;为丰富中心的活动内容,管理方可以依据居民的需求引入 10%左右的低收费项目,但必须按一定比例发放照顾困难群体的免费券。

"托管"后,市民直接参与决策。已开设的活动项目好不好,需要增加什么项目,要完善什么硬件设施,完全以居民的需求为前提。

打浦桥街道成立了由 12 位居民组成的群众评议工作小组,每年对社区文化活动中心进行两次评估。每次评估,评估小组都会去街道 17 个居委了解情况,调查居民对社区文化活动中心的满意度,对居民的意见和建议进行反馈。评议小组还通过明察暗访、召开群众座谈会、查看工作资料等方式,对社区文化活动中心的活动参与率、管理效能、安全机制等评估、打分。

"每年群众评估,是我们最紧张的时候。"打浦桥社区文化活动中心主任王晓燕说。不受欢迎的活动会被要求取消,增设群众需要的项目;是否与托管机构续约,也由居民说了算。

据了解,街道还组建了有极高比例的居民代表参与的管委会,听取华爱社区服务管理中心通报每周活动和收费比例,并检查财政执行情况,确保社区文化活动中心的公益性定位。

活动项目,"对胃口"

社区文化活动中心的项目越来越对居民的"胃口",是"托管"带来的另一大好处。

拉丁舞、机器人操作、亲子游戏、电钢琴课程……凭借广泛的社会资源和丰富的社区服务管理经验,华爱社区服务管理中心接手后不久就开出了令人耳目一新的菜单。

前提是社会化、专业化的管理运作。华爱社区服务管理中心最先做的便是社区居民需求调查,在此基础上按不同时段为不同人群增设了不少特色项目。根据居民们的建议,还可以随需开设新项目。

每月由社区居民代表、华爱社区服务管理中心和街道办事处三方代表组成的三方联席会议制度,实现了社区文化活动中心工作与社区居民的直接互动。在一次联席会议上,有居民提出,希望延长活动中心的热水供应时间。参与会议的街道领导、华爱社区服务管理中心负责人和居民商量后当场拍板同意。第二天，原本早、中、晚各供应一小时的热水各延长至两小时，居民直呼政策落实既到位又快速。

2010年，常来打浦桥社区文化活动中心参加活动的几位老年人向活动中心提议，希望开辟老年茶室，让老年人在活动之余有一片小憩之地，可以喝茶、下棋。街道和活动中心管理方审批通过后，没过多久，老年茶室便成立了。而瑜伽班，则是在五位青年人的提议下增设的。

“居民提出的意见和建议，只要能立即解决的都尽量在联席会议上直接解决，省去了不少行政步骤。”据一位负责人透露，六年间，打浦桥社区文化活动中心先后调整了乐高机器人室、体质测试室等六个活动项目，扩展了舞蹈排练、乒乓房、书画社、0—3岁婴幼儿与家长“亲子园”、盲人书友会等9个功能室。在兴趣的推动下，社区居民自发打造了诸如社区大剧院、中外文化进社区、五月歌会、缤纷艺术节、社区影院天天演、中外小朋友钢琴演奏会、新上海人文化沙龙、和韵民乐团、管弦乐队、小小芭蕾舞、中东舞舞蹈队、民族舞舞蹈队等一批群文品牌项目和团队。

服务对象，老少兼顾

一段时间以来，中老年女性和儿童是社区活动的“主力军”。中青年居民不愿参加社区活动的首个理由是“工作忙”，而内容缺乏足够的吸引力也是关键。找到问题的症结之后，打浦桥社区文化活动中心在内容设置上做足文章。

2009年打浦桥街道做了一项专项调研，发现周边制造局国际服务外包产业园区和其他企业有大量的年轻白领，急需场地开展活动。在街道党工委办事处的支持下，社区文化活动中心划出专门的区域及经费，开辟了“青年阁”，这也是本市第一家有实体活动场所的青年活动中心。

“青年阁”位于打浦桥社区文化活动中心的五楼，占地500平方米，有舞蹈房、小教室、放映室、多功能厅、咖啡吧等功能房间。在这里，每周六都能看到一群青年白领聚在一起研究国学、弹古琴、写书法、做茶道、练太极。他们是来自“竹林文化”社团的学员。该社团是首批入驻“青年阁”的社团之一，原本只活跃在网络，后来经过团市委的引荐，在打浦桥社区文化活动中心落地生根。现在已经开设了太极班、书法班和茶艺班，每周组织一次活动。

非洲八国执政党妇女机构负责人考察团考察打浦桥社区文化活动中心。

"年轻人中对'国学'感兴趣的大有人在。"社团负责人透露，每次活动都能吸引近60余人参加，其中不乏外国朋友。不久前一次名为《汉服运动的起源和发展》的专题讲座，为了让"老外"能够更直观地了解讲座内容，主办方首次准备了中英文双语版本。

经过两年多的试点，"竹林文化"社团已经发展了数百名成员。与此同时，越来越多"兴趣小组"类的社团在"青年阁"发展壮大。

"午间一小时"是"青年阁"的一项新服务，由打浦桥社区文化活动中心提供场地，请来专业的老师，在一般公司午休的时间段，开设涵盖健身、养生、文化修习等多方面的课程，且只象征性收取费用。以普拉提为例，在专门机构学费动辄上千元的项目，而在这里，普拉提课程全部12学时仅需100元。据透露，白领们报名非常踊跃，原定一周一班的普拉提课程已改成一周两班。仅2010年一年，"青年阁"就吸引了 14 053 人次参加各种活动。

打浦桥社区文化活动中心的成功经验，还吸引了国际的目光。2010 年上海世博会期间，美国媒体代表团和 45 个世博会国际参展方、100 余位各国官员曾来此交流，追问极为详细。看来，一个普通街道的小小探索，对西方社区管理也有启发意义！

覆盖所有街镇的200多家社区文化活动中心是申城一道独特的风景线。为了让风景更加美好，2011年，上海引入第三方专业机构，在全国率先实施了全市范围的“社区文化活动中心绩效评估”。如此一来，不仅对公共文化服务建设的成效和问题有了准确的判断，还能依据“诊断”结果开出对应的“药方”，使公共文化体系建设得到不断的完善。

社区文化服务：请来“第三方评估”

李　婷

每天上午8:00起，浦东新区花木镇周边的社区居民络绎不绝地步入花木镇社区文化活动中心，打拳奏乐、唱歌跳舞、读书看报，一派安详欢乐的景象。

像这样的社区文化活动中心，上海已经建成203家。市民只需步行15分钟，就能找到一个综合性的公益社区文化中心。它们的总体运营情况究竟如何？

2011年，上海引入第三方专业机构，在全国率先实施了全市范围的“社区文化活动中心绩效评估”，把“群众满意”从口号变成了一张张具体实在的打分表。因为第三方评估机构独立于政策制定与执行的公共部门之外，与公共服务的提供方和接受方没有密切的利益关系，立场更为客观中立。而通过评估，不仅可以全面系统地了解社区文化活动中心的现状以及存在的问题，同时以评促建，使社区文化活动中心建设更加规范化、合理化和科学化，不断完善运营机制，提升公共文化服务水平。

硬件建设：舍得拿出“宝地”

社区文化活动中心是政府主办、设置在街道(乡镇)，融文、教、科、体、信息服务等多功能于一身的综合性公益文化设施。早在20世纪80年代，上海98%的街道、乡镇就建立了文化站。2004年起，通过新建、改扩建、置换，全新的社区文化活动中心建设拉开序幕。各级政府舍得投入，为的是让社区文化活动中心离市民家门口近一些、再近一些。

位于徐家汇的天平社区文化活动中心原先只有500多平方米，2009年底，徐汇区政府投入了2 000多万元提前几个月赎回广元路153号约2 000平方米房屋，又拨付1 800多万元进行改造，无偿划拨给天平社区用于文化中心改造。而位于灵石路的彭浦镇社区文化活动中心地块估值2亿元，有不少投资商觊觎。但在规划审核时，商业用途最终被否决。市、区、镇三级政府投资8 000万元，建成11 668平方米的社区文化活动中心。

“我们中心这块地含金量很高!”北站街道社区文化活动中心主任丁雄俊介绍，这里原是一座校舍楼，政府通过产权置换把它转拨给街道，又投入1 600万元建设费用。

宝山社区文化活动中心地块，则是政府不惜重金从企业手里购置。家住安庆路的李老伯回忆，过去街坊娱乐，只能在马路边对弈、过道内唱戏，常引发扰民争端，自从家门口的社区文化活动中心建成，“马路搏杀”已成老皇历。

类似的案例在上海社区文化活动中心建设过程中不胜枚举。截至2011年9月，全市各级政府投入社区文化活动中心的建设资金已约50亿元。迄今共建成社区文化活动中心203个，平均每个面积约为4 800平方米，实现了社区文化活动中心基本覆盖所有街镇的目标。

运营如何：“第三方”来评估

场馆建好了，接下来是如何运营好。据统计，65%的街道社区文化活动中心、30%的乡镇社区文化活动中心没有法人主体，影响了正常业务的开展。由于对社区文化活动中心日常运行经费投入不足，导致个别中心通过出租文化用地、周末关闭电梯以降低运行成本。还有个别社区文化活动中心部分公益性服务面积被挤占。

如何杜绝此类问题?得先“把脉”,摸清病灶。

2011 年 9 月,上海开创性地启动了第三方绩效评估。受上海市委宣传部和上海市文广局委托,上海东方公共文化评估中心作为第三方专业机构,对 2009 年底以前建成的 166 家社区文化活动的运营情况进行“摸底”,重点对性质指标、运营指标、效益指标、可持续发展指标四方面以及服务宗旨、文化服务、市民满意度等十多项内容进行测评。

这是上海第一次对全市社区文化活动中心进行的全面评估,参评的社区文化活动中心占全市总数的 82%。评估工作分为初评和复评两个部分组成,均采用现场考察、查阅业务档案资料、问卷调查等方式进行。

初评由各区(县)文化(广)局组织,按照评估指标确定初评分数,排定名次,撰写评估报告。为了取得第三方全面评估的经验,市文广局将徐汇区列为此次绩效评估的试点单位。徐汇区 13 家社区文化活动中心的初评工作全部交由上海东方公共文化评估中心统一担纲。12 位来自全市各区的公共文化领域资深专家顾问和来自上海社会科学院、上海文化研究中心、华东理工大学等单位十多位研究人员进行现场测评打分。市文广局公共文化处对评估工作全程进行指导和协调。

11 月 1 日至 11 月 30 日为复评阶段,包括复查和抽查两种形式:对各个区(县)初评成绩前两名,及初评结果与实际情况明显不符的社区文化活动中心进行复查;对各个区(县)其余参加评估的社区文化活动中心进行抽查。复评工作由市文广局牵头,上海东方公共文化评估中心具体负责。全市各区(县)共有 51 家社区文化活动中心参加了复评。复评工作由上海东方公共文化评估中心组织六个复评小组(均由全市的资深专家顾问构成)同时进行,共计约出动 210 人次。

第一份评估报告出炉

2011 年 12 月下旬,评估报告正式出炉——上海基本建立了一套符合本市实际的效率较高的社区文化运行管理体系。比如,作为社区文化活动中心区别于其他文化设施最核心的一个要素,公益性质得到了很好的保障。报告显示,参评的社区文化活动中心,96.83%都设立了管理会员会或者联席会议制度,建立了书面的组织条例和工作制度,能够按期召开例会和提供会议记录,并且都有社区居民代表参与。88.89%的社区文化活动中心每年两次向社区居民公示预算和决算情况。85.71%的社区文化中心公益性服务面积达90%以上。

在保证基本文化服务的基础上，各个社区文化活动中心还不断创新服务形式或服务项目。绝大部分社区文化活动中心都能提供五项以上的免费服务项目，服务时间达到56小时以上的达到了93.44%，非基本服务项目能够做到按成本价格收取。与此同时，市民满意度不断提升。服务项目和内容满意率90%以上的为46家，占参评中心的75.41%；服务态度满意率90%以上的为58家，占参评中心的95.08%；场地设施满意率90%以上的为42家，占参评中心的68.85%。

此次评估也发现了一些不足，关键词是不均衡。全市各区(县)的社区文化活动中心，发展不均衡，总体而言中心城区要优于郊区。例如在评定的等级中，某郊县没有一个社区文化活动中心达到特级中心的要求；而中心城区，尤其是如徐汇区、黄浦区、浦东新区等区域，都普遍获得较好的等级，且在评估中获得分数都较高。再如，从服务的项目上来讲，中心城区一般都能在基本服务之外，附加多项各具特色的其他服务项目，从而满足市民不同层面的文化需求；而郊区的附加服务项目数量不多、特色也不是十分明显。还有，从服务时间来看，中心城区一般都超过56个小时，有的社区文化活动中心甚至达到70个小时以上，而郊区的服务时间一般都在规定时间范围内。这种不平衡除了体现在不同区县之间以外，还体现在同一区(县)内部。

在评估中，社区文化活动中心在队伍建设上，也体现出不平衡的现象。参评的63家社区文化活动中心，管理人员数量八人以上的有50家，占79.37%；管理人员数量八人以下的有13家，占20.63%。从学历来看，管理人员中具有大专学历在三人以上的，有48家，占76.19%；三人以下的有15家，占23.81%。这说明，虽然大多数社区文化活动中心的管理人员数量超过八人，但还有超过20%不到八人。学历上，尽管大多数社区文化活动中心的管理人员具有大专学历的都在三人以上，但仍有近24%低于三人。

通过社会化的视角，第三方评估有效地把公共服务机构的目光从“向上级负责”引向“也向公众负责”，从重过程、重形式转向为重效率、重效果，进而有效强化公共服务机构的服务意识、质量和水平。

经过多年发展，民营文艺表演团体已成为活跃在上海演出市场的一支重要力量，但在艺术创作、舞台演出、人才培养等方面面临着许多瓶颈问题，需要政府管理部门“扶上马送一程”。为此，上海市不仅制定了扶持民营剧团发展的五年行动计划，还从2011年起设立上海市民营文艺表演团发展专项扶持资金，以绩效评估选择重点扶持，为民营剧团的发展提供有力支持。

民营剧团：撑起沪上演出“半边天”

梁建刚

听一曲悠扬的传统民乐，看一幕经典的昆曲，再玩一把大型互动魔术……不是在上海大剧院、东方艺术中心，也不是上海大舞台，是在中山西路的上海群艺馆星舞台。

自2012年4月17日开始，一年一度的上海市民营文艺表演团体展演活动在这里如火如荼。11天中，包括交响乐、话剧、京剧、沪剧、话剧、大型魔术秀在内的多种艺术门类和表演轮番上演。

从一份最新的统计可见，至2011年底，上海民营文艺表演团体总数已达到122家，全年演出场次首次突破万场，占全市各类文艺表演团体演出总场次的47%，是上海文艺演出市场实实在在的“半边天”。

一贯被认为实力不强、走不进剧场、拿不到补贴、没有大腕的民营剧团，在上海如此激烈的竞争市场中，是怎么做到赢得市场、赢得观众，成为上海文化一支重要“生力军”的？

市场：半壁江山

老陆是上海一家建筑公司的老总，2011年刚从某著名EMBA班学习毕业。说起令他印象最深的一次同学聚会，他的眼睛弯了：“那天，散在全国的同学老总们都飞到了上海，只为一件事，去朱家角看昆曲《牡丹亭》。好，真的是好，不愧为百戏之祖。”

在陕西南路一家外企上班的小倪，正盯着电脑屏幕计划着晚上去星舞台的交通图。他是个京剧票友，晚上那里将上演多媒体音乐京剧《涅槃之夜》。“票我早就买好了，演这出的是徐汇燕萍京剧团，去年我看过他们的《黄道婆传奇》，真没想到民营剧团演得这么棒，让我的心都痒了。”

金星舞蹈团在演出中。

在一家银行工作的小钱，则是金星舞蹈团的忠实粉丝，“每次能抢到票我都去看，我还参加过他们的现代舞体验课呢……”

经典的、传统的，现代的、动感的、静观的、互动的……只有你想不到的，没有你看不到、玩不到的，这就是如今分布在上海各处的民营剧团，给无数上海市民和铁杆“粉丝”带来的感受。

与全国各地相比，上海的民营剧团不仅艺术门类众多，还在全国范围内创造了不少"唯一"。上海张军昆曲艺术中心是全国唯一的昆剧民营剧团，排演了实景版及花雅堂版昆剧《牡丹亭》、昆剧喜剧串烧《闺秘》等市场热门演出。上海徐汇燕萍京剧团是全国为数不多的京剧类民营剧团之一，曾于2008年以新编京剧《道观琴缘》摘得第五届中国京剧艺术节二等奖，实现了民营京剧团在中国京剧艺术节获奖零的突破。

惊喜还远不止于此。从2010年以来，上海的民营文艺表演团体抓剧目创作、艺术创新，打磨出不少新剧目。其中，越剧演员萧雅主演的原创古装越剧《状元未了情》入选了2010年首届全国民营艺术院团优秀剧目展演活动的压轴大戏，现代人剧社的《家庭恩怨记》入选了文化部百年话剧经典剧目展演。

交通不便、演出条件艰苦的广大郊区往往是演出市场的"盲点"，却成为许多民营剧团近年大展身手的舞台，既充实了普通群众的文化生活，也使上海的演艺版图得以延伸完整。上海勤苑沪剧团常年在奉贤、松江、青浦、浦东乡镇演出，连续四年演出场次超过500场，被评为全国服务农民、服务基层文化建设工作先进集体；由退休作曲家沈传薪创办的徐汇大众交响乐团扎根街道社区，两年多来为社区居民举办了300多场免费音乐会；东方小交响乐团由知名指挥家、钢琴家许忠领衔，开展高雅艺术的公益普及活动，成为东方艺术中心的驻厅乐团之一……

不仅如此，部分优秀民营剧团立足上海，近年来通过中国上海国际艺术节交易会、长三角国际演出业务洽谈会等平台，摸索到进入国际市场的"门槛"。两年来，金星舞蹈团参加了澳大利亚阿德莱德国际艺术节50周年庆典、芬兰库奥皮奥国际舞蹈节等多个知名艺术节，2011年还赴欧美等地举办了30场商演；星光杂技团常年赴海外参加商演和交流演出；虹影魔幻艺术团、东绛州鼓乐团、文慧沪剧团的足迹遍布国内外各个城市，深受中外观众喜爱。

政策：量体裁衣

有句老话，成功的背后是艰辛与汗水。但谁都明白，没有合适的土壤，再努力耕耘也不会有收获。

这一点，所有"体制外"的民营剧团可能都会感同身受。

相比于"体制内"，民营剧团没有资金，没有剧场，没有渠道，困难自第一天便会登门而来：中心区域剧场场租较高，民营剧团不敢轻易迈入；专场演出机会太少，想要盈利更是难上加难；大型排练场地无力承租，只能“打一枪换一个地方”；偶尔获得国外演出机会，却很可能因无法预支大批资金泡汤。

市场的铁律，从不会因你的弱小，将大笔资金与机遇白白捧到面前。从另一个角度说，文化，原本具有着公益属性，苦苦支撑的民营剧团，更已成为上海发展文化产业，繁荣申城文艺舞台的重要力量。政府“扶上马送一程”，既可行，更应该。

首先，是机制上的支持力，为剧团吃下一粒定心丸。为推动民营剧团可持续发展，上海市委宣传部和市文广影视局制定了《上海市民营文艺表演团体专项扶持五年行动计划》，力争从2010年起用五年时间，重点扶持和推出一批优秀民营剧团。《行动计划》确立了四项扶持举措：创作源头上，扶持民营剧团优秀原创项目的创作孵化；交流提升上，扶持民营剧团的演出和艺术交流活动；引领示范上，建立重点民营剧团扶持机制；人才培养上，建立符合上海民营剧团发展的人才培养机制。

机制一理顺，民营剧团立即焕发新的活力：不受机制制约，触角更加灵活，就可以充分通过寻找商业赞助等多种形式补充资金；人才流失严重，“一戏一签”方便机动，还能确保剧目质量；剧场难进，充分走下街道社区乡镇，寻找演出“空白地带”，既受欢迎又盈利。小主人木偶剧团，一直坚持到各区县幼儿园演出；以上海说唱艺术家黄永生命名的演出团，“曲艺大家唱”六年深入街道社区演出300多场；欣乐乐团还免费为市民普及交响乐，演出个个红火。

更重要的，是为民营剧团搭建平台，这是剧团生存发展的根基。2011年起，市文广影视局确定将每年举办一次上海市民营文艺表演团体展演活动。2011年首演近两周时间，八家优秀民营剧团演出了八台不同类型的剧（节）目，场场出票及上座率都保持在80%以上。2012年，文广影视局还特邀专家指导参演剧团剧本与表演，精益求精，用高质量为剧团赢得观众，赢得市场。

经文化主管部门的评估，上海民营剧团的整体素质和艺术实力，2010年时被列为优秀的民营剧团仅两家，2011年增加到五家。成长的脚印，一步一步，踏踏实实。

扶持：绩效说话

当然，“扶上马送一程”，不是无限投入，更非大包大揽，一扶一送间，考验着政府智慧。

2011 年，上海市委宣传部与上海市文广影视局共同设立总额 500 万元的上海民营文艺表演团体专项扶持资金，主要用于支付民营剧团在市中心主要剧场演出的场租费用，对于部分演出质量特别突出且成本超出平均水平的，还给予演出器材租赁和剧本版权购买方面的补贴。

这是剧团最渴求的资金支持。消息一出，全城民营剧团闻风而动，加紧排演，力争获评。

上海现代人剧社创作的《国家安全》剧照。

经严格申报、专家评审，从 2011 年 10 月下旬到 12 月，上海共对 211 场演出提供免费演出场地，使上海金星舞蹈团、上海张军昆曲艺术中心、上海勤苑沪剧团、上海徐汇燕萍京剧团等 18 家民营剧团有机会走进上海大剧院、上海音乐厅、人民大舞台等梦想舞台。还有部分高质量演出还获得灯光器材租赁补贴，上海现代人剧社话剧《国家安全》、音乐剧《理发师陶德》等重点剧目获得剧本版权补贴。张军昆曲艺术中心的《寻梦——张军新昆曲新年》，金星舞蹈团的《迷魅上海》，东绛州鼓乐团的《九龙戏珠鼓韵霓裳》等，每逢在申城上映，精彩纷呈，场场爆满，市民大呼过瘾。

值得注意的是，上海民营剧团已逾百家，为何资金不能利益均沾，而仅是重点投向部分团体？

回答简单但明确：看市场。市场最关注什么？绩效。

以绩效考评扶持政策，以资金流向鼓励剧团推陈出新，催生动力，精益求精，满足市民持续提升的文化需求，这是“扶上马”之后，如何送得远、送得好的关键所在。

为此，市文广影视局制定了《上海市民营文艺表演团体发展绩效评估办法(2011版)》，对全市民营剧团进行一次“摸底式”的评估。按照《评估办法》，市文广影视局从深入农村、服务基层、剧目获奖、市场开拓、规范管理等五个方面，对民营剧团进行综合评审并加以相应的资金扶持。评估结果分为优秀、良好、达标三个级别。经过剧团申报、专家评审、对外公示，确定了28家主要民营剧团的评估考核等级并给予相应补贴。

看结果，获得“优秀”等级的五家剧团——张军昆曲艺术中心、现代人剧社等，无论在原创能力、市场开拓、演出场次、票房号召、内部管理等各个方面均在上海的民营团体中名列前茅，也使得被评为其他等级的民营剧团找准了方向，下一步的目标更加明确。

民营剧团的这片土壤，灌溉让成长愈发葱茏、绚烂。

为了扶持实体书店的发展，上海在国内首次出台相应的规范性文件，每年拨出1 500万元专项扶持资金。扶持的目的是要给书业以引导，鼓励书店坚守“专精特”的文化定位，并按照读者阅读体验的新需求，不断创新书店的新业态、新模式、新服务；给读者以信心，全力营造书香上海，使上海成为“读书人最舒心、最安心的城市”。新闻出版总署领导对此高度肯定：上海在新闻出版公共文化服务领域推出的这一重大创新举措和惠民工程，为全国各地扶持发展实体书店的探索实践提供了新思路和好样本。

民营书店：留住城市书香

郭艺珺

城市需要书店。

为了留住城市的书墨香，为了保存温暖的文化风景，上海已经开始行动——将每年划拨1 500万元支持出版物发行网点建设，其中500万元用于定向支持各类实体书店。

2012年4月23日，第17个“世界读书日”，上海首批35家实体书店获得了来自上海市新闻出版管理部门的补贴资助，其中“中小微”型的民营书店占了25家。

这不只是一场“输血”式的救援，更是一次对实体书店业信心的提振。

率先扶持民营实体书店

高租金低利润，导致书店经营困难；受网络书店冲击，实体书店日益萎缩，民营实体书店的生存更是岌岌可危。2011 年 11 月，上海数家季风书店分店关门；12 月，上海最大民营旧书店“小朱书店”陷入窘境；2012 年 2 月，上海书城淮海路店告别读者……这些事件被媒体报道后，引起了网民海量的转发与评论，也让爱书人扼腕叹息，而实体书店的存亡更是前所未有地受到社会关注。

2012 年 2 月 28 日这天，让这座城市中的民营书店经营者为之一振。上海市政府新闻发布会上，市新闻出版局发布了《上海市出版物发行网点建设扶持资金管理办法》(以下简称《管理办法》)及《上海市出版物发行网点建设引导目录》(以下简称《引导目录》)。上海将从新闻出版专项资金划拨 1 500 万元支持出版物发行网点建设，其中 500 万元用于定向支持各类实体书店，尤其是那些已经形成专业定位和品牌影响的民营实体书店。

作为《管理办法》的配套文件，《引导目录》为包括实体民营书店在内的各类书店良性健康发展提供政策保障和规划引导，明确了八大类重点扶持领域和项目，包括大型书城与综合性书店、民营专业书店与特色书店、连锁书店、农家书屋与农村发行网点、网上书店与数字发行平台、出版物交易市场、全民阅读示范书店和区县品牌书店等。

据悉，能享受实体书店扶持政策的申报门槛并不算高，要求主体是在本市注册登记，持有《出版物经营许可证》，并从事图书、报纸、期刊、音像制品、电子出版物等出版物发行业务的企业。申报条件是，要以出版物发行为主营业务，并具有一定的社会影响或品牌价值和良好口碑。

相对于新华书店这样的国有书店，真正经营困难，常有倒闭之忧的是中小民营书店。《管理办法》的出台，也将主要惠及这一群体，尤其要为“中小微”、“专精特”的民营实体书店“雪中送炭”。

上海市政府新闻发布会之后，上海市新闻出版局即通过政务网站向社会公布有关信息，本市符合申请条件的出版物发行企业可按要求提出资金扶持项目申请。

几乎在市政府新闻发布会举行的同时，上海市政府官方微博“上海发布”和上海新闻出版局官方微博“书香上海”，第一时间发布了上海划拨资金扶持实体书店的“喜讯”，让无数与“书”有着共同情结的出书人、写书人、卖书人、读书人击掌叫好。“@爱知书店”转发说：“书店是城市的文化名片，也是文化产业的载体，感谢政府的支持！”

对于上海这一扶持实体书店的“吃螃蟹”之举，新闻出版总署印刷发行司领导表示高度赞赏：上海在新闻出版公共文化服务领域推出的这一重大创新举措和惠民工程，为全国各地扶持发展实体书店的探索实践提供了新思路和好样本。新加坡联合早报也称之为“中国地方政府的创举”。

提振实体书店“造血”信心

2012 年 3 月 31 日、4 月 1 日，“2012 年度上海出版物发行网点建设扶持资金项目专家评审会”召开，11 位专家评委在 1 位监察员、1 位观察员的见证下进行评审，首批获得资助的 35 家实体书店从 67 家申请企业中遴选而出。4 月 23 日，这 35 家实体书店名单正式公布，其中不乏季风书园、鹿鸣书店、千彩书店等一批受读者喜爱的特色民营书店，它们将获得共 500 万元的资助。

上海季风书园陕西南路店。

虽然实体书店危机是一个“世界图书业共同的挑战”，虽然这500万元仍显得不足，但它让暂时处于困境的民营书店看到了希望的曙光，找回了发展的信心。

季风书园是上海一家知名民营书店，曾几度挣扎于生死边缘。“季风是连锁书店，去年几家分店租约到期，已经关掉了。我就是一读书人，又不是亏得起的资本家，没理由继续开下去啊。”季风董事长严搏非感慨政府支持的可贵，“这意味着，季风书园这几年的坚持，又一次得到了认可。”

同感信心比黄金重要的还有鹿鸣书店。鹿鸣书店是一家毗邻复旦大学、以纯学术书籍为经营特色的民营书店，此次向政府申报资金支持，是希望能得以展开点对点图书专项服务与旧书寄卖服务两项全新服务内容。书店负责人顾振涛称，这笔政府资金是“及时雨”，“获得资金固然重要，更重要的是让实体书店更有动力和信心。它让我们这些在黑暗中前行的人看到灯光”。

市新闻出版局领导对35家书店经营者说：“500万元解决不了每家书店的问题，但谁先创新，谁就可以获得更大的发展空间。”可见，《引导目录》的出台为民营实体书店指明了转型发展的方向，让专项资金的每一分钱都在合适的地方发挥作用。

鹿鸣书店负责人顾振涛就坦言：“在申请资助的过程中，我们也获益良多。政府不仅仅是给予资金支持，更重要的是各方领导和专家也对我们的发展提出了很多切实可行和高屋建瓴的建议。如何服务好目前的客户，如何去争取更多的客户资源，如何将书店点对点的图书专项服务做好做深做精，都是我们接下来要努力的方向。”

据悉，首批专项资金资助的35家企业中，包括一批在上海乃至全国有较大品牌影响的专业书店，在便民惠民、开展全民阅读文化活动方面颇有特色的连锁网点，以及规模不大但定位清晰、受到专业读者青睐的“专精特”、“中小微”书店。其中，民营企业和合资外资企业占企业总数77％，占资助资金额度76％。

今后，上海将根据当年书店发展现状与规划需求，每年更新年度《引导目录》，明确当年政府资金重点扶持对象。对获得资助的首批实体书店，上海将对其规范使用政府资金予以必要的监管，同时引导其改进经营手段，提升经营效益。

繁荣城市阅读文化生态

一座城市的文化生态少不了风格各异、蕴涵着独特书香魅力的民营书店。安

民营书店是打造书香上海不可或缺的组成部分。

静聚居在城市一隅的书店是追求个性、理想的精神乐园，是打造书香上海不可或缺的组成部分。

“中小型的、微型的专业书店，是上海这座城市的文化根须。”市新闻出版局分管领导感慨道，“我们要有文脉。既要有大型书城，有很好的专业书店，也要有遍布街角，学区、老百姓生活集聚区的各类型的书店，其中包括很有特色的专业书店。”

文化需求是多元多层次的，尤其是上海这样一个国际化程度很高、开放程度很高的城市，发展大中小型配套布局的书业网点更符合这个城市的历史文脉和城市定位。近些年来，民营书店求新、求变的苗头已经隐现。咖啡书吧、会员制书店、社区书店等悄然现身上海街头，它们有别于传统书店，能满足读者多层次的需求。

由常德公寓里的张爱玲故居改造而成的上海“千彩书坊”就是其中之一。书坊总经理陆永在得知被列入首批获得资助的名单后，十分喜悦：“我们成立三年多来，都是以'咖吧'养图书，每年要贴补数十万元。现在有了政府补贴，的确缓解了不少压力。"

陆永说，千彩书坊的定位，就是一个不以卖书为单纯经营目的的场所，希望读者因为书坊而爱上阅读。如今，千彩书坊已成为静安区、上海市乃至全国都小有名气的一家实体书店，成为怀旧上海的一个人文景观和旅游景点。陆永坚信，书坊经营的是一种文化，是体现城市文化的一个载体。受到政府政策的鼓舞，他计划从2012年起每年开办一家千彩书坊，在保持"图书＋茶＋咖啡"模式的同时，还将进行大胆创新，加入更多文化元素。

据悉，规划发展专业书店和学术人文书店已经写入上海市新闻出版局的"十二五"发展规划。扶持发展以民营实体书店为主的"专精特"、"中小微"书店，是上海推进公共文化服务体系建设和优化出版物发行网点布局规划的重要举措。

上海对实体书店的扶持，是要给读者以信心，给书业以引导，重在鼓励书店坚守专精特的文化定位，并按照读者阅读体验的新需求，不断创新书店的新业态、新模式、新服务，期待通过业界、政府和读者的共同努力，全力营造书香上海，使上海成为"读书人最舒心、最安心的城市"。

民办博物馆为丰富上海城市文化、保存不同类型文化遗产做出了积极贡献，但在运营中也面临着一系列难题。为此，上海推出国有博物馆对口帮扶民办博物馆试点，并出台相应管理办法，推动民办博物馆与国有博物馆相互借鉴、相互促进；设立“民办博物馆扶持资金”，帮助民办博物馆开展特色活动，提升专业水准，扩大社会影响力，补贴民办博物馆免费对市民游客开放。这些举措，使上海民办博物馆焕发出更旺盛的生命力，也为市民带来更多的文化享受。

民办博物馆：丰富城市文化生态

李君娜

对于上海琉璃艺术博物馆馆长唐斯复女士来说，馆藏的200多件高古琉璃藏品就像自己的一个个孩子。然而，2011年之前，这些“孩子”没有明确的人员管理，没有规范的藏品总账，没有良好的保存环境，甚至没有自己的“身份证”——专业的定名定级。

2011年，“上海博物馆对口帮扶上海琉璃艺术博物馆藏品保管提升”试点项目启动，同时，“民办博物馆扶持资金”的推行也为古老的琉璃故事再添一份华彩。琉璃艺术博物馆里的“孩子”们，不仅有了“身份证”，它们的“家”也变得更温暖了。

类似上海琉璃艺术博物馆的其他上海民办博物馆，也都在政府提供的各项扶持中，翻开了新的篇章。

民办博物馆发展遇瓶颈

这是一座艺术之城。行走于上海的大街小巷，在某个历史建筑或是林荫道旁，都很可能与各类博物馆不期而遇。

2010年底，上海的博物馆、纪念馆、陈列馆总数达到114座。它们是共同构建公共文化服务体系、促进文化大发展大繁荣、建设和谐社会的重要力量。

在国有博物馆蓬勃发展的同时，一批具有特色的民办博物馆也相继兴起。目前，由上海市文物局为业务主管部门，经上海市社会团体管理局注册登记并建成开放的民办博物馆已经达到16家，其中有弘扬"海上画派"艺术精神的上海吴昌硕纪念馆，有代表上海纺织史发展的上海纺织博物馆，有传承上海非物质文化遗产的工艺美术博物馆，有展示中国传统笔墨的历史、文化和工艺的上海周虎臣曹素功笔墨博物馆，还有反映上海近代银行发展史和以中国钱币发展史的上海市银行博物馆等。

这些民办博物馆中，已经有六家自发向观众免费开放，还有许多民办博物馆每年举办喜闻乐见的展览和活动，吸引了众多观众走进博物馆，了解博物馆。民办博物馆的持续发展，为丰富上海城市文化、保存不同类型的文化遗产、满足公众多样化的文化需求、推动本市博物馆事业的发展作出了积极贡献。

尽管这些民办博物馆的举办者积极性很高，社会方方面面也给予了广泛关注，但民办博物馆在其建成开放后的运行管理过程中，仍然存在着一系列的问题。

例如民办博物馆运行经费不稳定、博物馆目标定位不高、专业人才缺乏、业务研究能力薄弱、开放条件不理想、在争取优惠政策方面要比全额拨款的国有博物馆更为困难等。这些问题使得有些民办博物馆发展举步维艰，成为民办博物馆发展中的瓶颈问题。

为了让上海的民办博物馆更健康、快速、有序发展，更好服务于上海的公共文化服务体系，使得上海具有地域特色的历史文化得到更好传承，上海紧紧围绕"资金扶持"和"业务能力提升"两大核心内容，设立"上海市民办博物馆扶持资金"，采取积极措施，加大扶持力度，进一步调动社会力量参与文化遗产保护和社会主义先进文化建设的积极性，打造一批业务能力过硬、管理制度健全、社会反响良好的民办博物馆。

请国有博物馆结对帮扶

2011年,国家文物局正式启动“国有博物馆对口帮扶民办博物馆”试点工作。针对上海的民办博物馆基础业务能力普遍较弱的情况,结合国有博物馆的资源优势,上海市文物局积极申报了“上海博物馆对口帮扶上海琉璃艺术博物馆藏品保管提升”试点项目,被确定为此次帮扶工作试点省份。

帮扶工作从2011年6月启动。经过近半年的时间,上海琉璃艺术博物馆里上至战国下至唐宋的两百多件高古琉璃藏品有了自己的“身份证”,从名字、详细形状到传承历史都经由专家一一登记造册。上海市文物局还赠送了一台专业保险箱,过去堆放在仓库的藏品也因此有了更安全的“家”。

结对子帮扶之前,上海琉璃艺术馆曾计划开展专题展览,需要外借一些展品,但因无法解决藏品的“恒温、恒湿”问题,别的博物馆不愿借出展品。如今,在上海博物馆的技术指导下,琉璃艺术博物馆也拥有了藏品的“恒温、恒湿”条件。

“有了专家布置的展馆,今后办展,向其他博物馆借藏品,再也不会吃闭门羹了。”馆长唐斯复再也不用为此发愁了。

不仅如此,帮扶工作的开展也让琉璃艺术博物馆工作人员的藏品保管意识增强,藏品保管能力得到大大提升。在对口帮扶工作中,通过馆际交流、专业指导、人员培训等多样化工作手段,既增强了民办博物馆的核心业务能力,又促进双方专业资源的双向流动和优化组合,也充分发挥了国有博物馆的引领辐射作用,带动区域民办博物馆的共同进步。

上海市文物局通过对“上海博物馆对口帮扶上海琉璃艺术博物馆”试点项目的案例分析,总结经验,逐步推进,在此基础上形成“国有博物馆对口帮扶民办博物馆规划”和《国有博物馆对口帮扶民办博物馆管理办法》,从完善法律法规和健全体制机制着手,深入探索支持民办博物馆的长远模式和长效机制,努力培育一批法人治理结构规范、专业水平高、社会影响力大的优质民办博物馆,推动民办博物馆与国有博物馆在合作中相互借鉴,共同进步,在竞争中优势互补,相互促进。

扶持民办博物馆打造品牌

2011 年起，上海市设立民办博物馆扶持资金，年投入 1 000 万元，借以扶持提升民办博物馆专业水准的活动。

这些活动包括民办博物馆为了提升藏品管理、学术研究、教育展示、开发服务和人才培养等专业水平而开展的活动。与博物馆核心功能相关的项目，都有可能获得资助。

上海各民办博物馆建成开放以来，注重文化服务推广，加强展示、传播和文化普及，积极采用“走出去，走进来”等多种形式，加强馆际交流，努力提升陈列展览水平，打造博物馆特色品牌，扩大博物馆的社会影响力。

上海玻璃博物馆开馆以来，不断举办特色临展，如“威尼尼九十周年巡回展——上海展”、“印象 · 聚焦——玻璃的无限可能之一：35 年 steven weinberg 的

上海工艺美术博物馆主楼外景。

玻璃艺术”等，体现了较高的专业水准。上海琉璃艺术博物馆依托馆藏琉璃等文物的文化元素，大力开发、营销相关文化创意产品。上海工艺美术博物馆举办的“惟面惟肖——2011‘上海面人赵’艺术传承展”展示了海派面塑的历史价值和人文艺术魅力，弘扬了民俗文化和传统美术工艺。上海动漫博物馆举办的“海绵宝宝油画艺术展”模仿世界名画的海绵宝宝画作，受到了儿童观众的热烈欢迎。上海纺织博物馆在暑假期间推出夏令营活动，组织中小学生走进博物馆，开展讲座、参观、扎染DIY等有趣活动，吸引了近2 000名中小学生积极参与。

展示是博物馆的基本功能，教育活动是博物馆向社会做衍生服务的重要方面。通过对民办博物馆举办的精品展览和特色活动进行资金扶持，打造民办博物馆特色品牌，鼓励民办博物馆强化传承文化、服务社会发展的使命意识，精心组织主题鲜明、内容科学、展品丰富的优秀展览和多样化的教育活动，拓展民办博物馆的文化传播功能，为营造“学习型社会”提供了实实在在的服务。

“民办博物馆在日常运行中确实存在经济上的困难。”上海吴昌硕纪念馆馆长吴越说，政府设立民办博物馆扶持资金，不仅体现了党的十七届六中全会精神，对民办博物馆而言更是一种动力，有助于其更好地传扬优秀历史文化。

补贴民办博物馆免费开放

2008年以来，上海的博物馆、纪念馆免费开放工作不断深入与扩展。截至2010年底，上海共有24家博物馆、纪念馆被列入中宣部、财政部、文化部、国家文物局联合下发的“免费开放博物馆、纪念馆名录”。

民办博物馆中，上海周虎臣曹素功笔墨博物馆、上海美特斯邦威服饰艺术博物馆、上海纺织博物馆、上海南社纪念馆、上海中国留学生博物馆、上海翰林匾额博物馆已相继实行免费开放。

为了鼓励民办博物馆免费开放，“上海市民办博物馆扶持资金”专门设置“免费开放”项目补贴，对自发免费开放的六家民办博物馆予以不同程度的资金扶持，免除了博物馆由于免费开放而影响日常运行经费的后顾之忧，使博物馆能树立“以人为本，观众第一”的服务理念，更好地为观众提供优质服务。

与国有博物馆免费开放相比，普遍面临运营资金不足的民办博物馆的免费开放更加难以维系。而“你免费，我买单”，这一项文化惠民的新政策，让上海众多民

上海周虎臣曹素功笔墨博物馆内景。

营博物馆的运营者抹去了愁容，焕发了笑颜。

周虎臣曹素功笔墨博物馆书记杨林生说："我们办了很多展览和活动宣传笔墨文化，但是靠主办单位不断投入，资金始终有限，扶持资金推出非常及时，让我们能更好地为社会服务。"

中国留学生博物馆馆长李欣欣把扶持资金比作雪中送炭，希望扶持资金能够持续下去并落实到位，让全市民办博物馆能更好地为参观者提供丰富的展览和活动。

免费开放的民办博物馆观众人数大幅度上升，六家博物馆年平均参观人次达到 30 万人，激发了观众参观博物馆的兴趣和意愿，增强了博物馆为社会服务的能力，扩大了博物馆社会效益。

在政府提供的结对帮扶和资金扶持的大力支持下，上海民办博物馆焕发出更旺盛的生命力，也为市民带来更多"美丽不打折"的文化享受。

以集成电路、生物医药等高新技术为特色的张江，正在试验着将科技与文化的完美融合，实现传统高科技园区的产业转型升级。借助相关科技企业多年累积的基础，张江通过一系列战略策划与实施，确立了数字出版、网络游戏、动漫科技、新媒体等四大重点文化产业，以构建公共服务平台，鼓励企业跨领域、跨业态合作，成为我国唯一的科技型文化产业示范园区，为我国文化产业园区建设提供了重要示范。

张江：文化与科技跨界携手

梁建刚

时下有个流行的词：跨界。原本毫不相干的两件事物融合混搭，不仅带给人们全新审美享受，更令人们对创意、对无限可能有了憧憬。

2012 年 3 月的一条新闻，似乎也有着这样的味道：张江，这个上海人印象中的高新产业科技园区，却作为第三批国家级文化产业示范园区（张江文化产业园区），悄悄度过了它一周岁生日。引人注目的是，它是全国唯一一个既非历史古城，也不靠旅游业立足的文化产业示范项目，但 2011 年产值却达到了 150 亿元。张江，如何从科技跨界到文化？它有何优势，竟能入选“国家队”？

吸引：独树一帜

数数这些可能你熟悉的名字：盛大网络、网易、九城；看看这些或许你喜欢的电影：《唐山大地震》、《喜马拉雅》、《超蛙战士之初露锋芒》；再逛逛国内功能最齐全、传统典藏最丰富、科技含量最高的上海动漫博物馆，近距离看看《孙悟空大闹天宫》、《哪吒闹海》等经典动画原稿，亲身当一回少女漫画女主角……

没错，这些都在张江，这个从农田中开辟出的新天地，这座上海的“硅谷”、“药谷”，如今的“文化创意基地”。

按时下流行的论调，原生态的厂房、破旧的仓库或低矮的阁楼，最能触发创意人士的灵感——每每举出的例证就是创意产业的鼻祖——英国的创意产业如何从老厂房、老仓库中破土而出。由此，上海市中心新兴的创意产业集聚区八号桥、田子坊、苏州河仓库，近几年无不风生水起、名声远播。

但张江偏不。倒不是标新立异，只是根本没有这些资源。张江文化创意大厦的外表，看起来也就是一个中规中矩方形的办公楼，里面的布置普通如常。没有引起创意人士灵感的“引信”，没有便捷的交通、繁华 CBD，也没有老上海积累的传统文化招牌，一大批创意文化产业为何会选择张江？

很简单，这是一种延续的成功模式。“扬长避短，独树一帜”，张江集团的一位领导很直接，“我们做的就是结合张江特有的浓郁科技氛围，以先进科技为手段，以原创性的创意为内容，瞄准现代化的文化创意类企业进行孵化，把过去给科技企业的最好条件，都拿来给文化。”

很正常，这正契合了文化创业者们的需求。文化作为“精神产品”，有别于传统制造业发展模式。“新兴文化产业往往源于一个点子，一种创意，一份热情，就像孩子初学步时，需要的是鼓励和扶持；等到发展中期，又亟需科技、金融等要素的介入，以助其迅速崛起；而到企业成熟、品牌长大时，其投资回报率高得让人咋舌。”上海张江文化控股有限公司负责人说，正是由于文化产业的特殊“成长轨迹”，文化企业的需求与众不同，政府的扶持模式也必须相应改变，让“服务链”与“产业链”紧紧贴合。

让人心动的，还有孵化器的角色定位：不是管理者，不是二房东，是创业导师。不以廉价房租留住企业，而从原创项目策划、研发、推介、融资、市场营销等，一一利用孵化器资源，为企业提供个性化辅导，帮助企业尽快“毕业”。

还有公共研发平台、后期制作等配套服务，更增加了张江对文化创意企业的吸引力。面对小企业无法承担的昂贵的动画制作软件，孵化器出资 2 000 万元建立动漫研发平台，创业者只需支付手续费、提出点子，制作完全由研发平台代劳，加之影视后期制作平台、网络游戏平台等公共服务链，使创业阶段的原创“金点子”——

变为现实。

成果：出乎预料

截至目前，入驻张江的文化企业已近400家，2011年产值150亿元，成为国内知名度最高、集约程度最高的文化产业园区之一。

短短八年，多项开创国内文化产业园区机制的“第一”纷纷涌现：国内第一个作为原创产品发布地和展示地的上海动漫博物馆，第一个有效运作的文化产权交易所（版权交易中心），第一个动漫研发公共服务平台等。张江率先推动从“原创、研发驱动”向“研发＋商业＋资本联合驱动”的文化产业商业模式转变，这种文化与科技相伴相依的产业链在国内各个科技或创意园区中绝无仅有。

其中，在“创意科技、创新服务、创业精神”的核心理念引导下，经过不断探索明确的园区主导四大发展方向，网络游戏、动漫、数字内容、新媒体更已开始进入收获季——

网络游戏领域已占全国市场20％。以盛大网络、网易、九城等为首，张江云集众多网络游戏、休闲游戏、手机游戏的开发、运营及相关产业链企业。盛大旗下的盛大游戏已是全国规模最大、市场占有率最高的网络游戏开发和运营企业。四元数码等企业在休闲游戏海外市场上赢得领先，代表作品在著名Big Fish Games上总排名第二，其法语、德语版分别占据各自版下载排名第一。

动漫领域占上海动漫产业的市场规模达70％。炫动传播、河马动画为其中翘楚，以特色化、专业化的动画电影创作，在2010年票房前十的国产动画电影中占据三席；河马动画历时五年原创，投资数千万元打造中国首部太空科幻类3D动画片《超蛙战士之初露锋芒》在全国公映，研发中开发申报九项技术专利；2010年6月开门试营业的全国首家专业动漫博物馆，至今接待观众已近8万人次。

数字内容产业占全国市场10％。盛大文学2011年上半年净营收额3.11亿元人民币，同比增长111％，2010年其旗下网站总订阅量达1.6亿次，总点击量6.5亿次，总评论880万字，成为中国大陆规模最大的民营出版企业；上海浦东电子出版社有限公司连续出版读物千余种，电子出版、音像出版、图书出版、网络出版一条龙，从开发大学教材到申请“十二五”国家重点出版规划，精品力作不断。

新媒体领域集中了PPLive、土豆网、沪江网、火星时代等一批新兴企业，在网络视频互动服务、网络互动教育服务等方面，取得引人注目的发展速度和集聚效果。PPLive 作为国内技术最先进的网络视频服务企业之一，已成为全球最大、用户最多、内容覆盖面最广的网络视频服务新媒体平台，用户规模超过 1.75 亿，在网络视频市场占有率达 60%。

确立核心，集中精力，集团化运作，用构建平台搭起桥梁，引导上下游企业跨领域、跨业态合作，打造科技、文化相融合的文化产业中心，这正是张江的经验，这正是跨界的精髓。

未来：无限可能

一条小辫子、两根细轨道，生于 20 世纪 70 年代之前的老上海，总对有轨电车有着一份特殊记忆，那是对一个时代的特殊怀念。

如今，浓浓老上海味道的有轨电车又回来了，不过它的新家不再是南京路、四川路，而是在浦东，首条试点线路就在张江。

从地铁二号线张江高科站下来，坐进修长极具未来感的车厢，湛蓝天空与绚烂的樱花在窗外轻轻划过，再去看部 3D 电影，逛逛动漫博物馆，一下午的时间懒懒过去。再看张江，我们究竟该用哪个词汇代表它？是著名的理工科张江男，还是诗意的艺术聚集地？

当多年以科技著称的张江，逐渐将以科技为基础的文化创意产业塑造为园区的第三大支柱，这一路探索，还会有着怎样的可能？它又能为中国的文化创意产业，映射出什么样的未来？

可以肯定的是，张江的文化产业发展，走在一条正确的路上。自 2004 年成立，张江文化产业园区步步赢得肯定：2006 年，被授予上海张江文化科技创意产业基地；2008 年，新闻出版总署授予张江国家级数字出版产业基地；2009 年，张江获得市级文化产业园区称号；2011 年初，由文化部授予国家文化产业示范园区，张江经验开始为全国文化科技创新、建设文化产业园区提供示范……

可以放心的是，在张江的文化创意企业，未来还将获得更多扶持。最近浦东新区政府发布《关于推进张江核心园建设国家自主创新示范区的若干配套政策》（“新十条”），在人才集聚、财税支持、金融服务、管理创新等方面给予企业更大支持，这对张江文化产业园亦是有力推动，企业犹如吃下一颗定心丸，一心一意谋创新。

可以确信的是，已顺利过河的张江，还将沿着这条道路继续闯下去。最近，张江文化产业园已制定出中长期规划，描绘出长远发展的战略路线图：建设一个融合科技、文化、金融、时尚优势的国家级文化产业示范园区，促进文化与科技、创意、金融、贸易的紧密结合，放大“聚焦张江”及浦东综合配套改革的体制和政策优势，形成产业的规模优势，到2015年形成约120万平方米的文化产业园区，吸引800家动漫、游戏、数字内容和新媒体产业等企业入驻，实现年产值600亿元以上。

悄然之间，翩翩转型，成就科技与文化的完美融合，张江文化产业园区仍在不断探索。

作为国内首家地区性文化类基金会，上海文化发展基金会以全新的运作模式，在资助文化事业发展方面屡开先河。通过专家评审甄选优秀项目，通过项目监管保障资助效益，文化发展基金会在阳光下运行；向主流文化倾斜，向重大题材倾斜，向优秀项目倾斜，文化发展基金引领着文化创作方向；鼓励金融机构“输血”，引导社会资本参与，文化发展基金引来源源活水。上海文化发展基金已经成为资助文艺创作和社会公益文化活动的重要平台，在推动文化创新、培育文化人才、促进文化交流等方面取得了良好效果，有力促进了上海文化的繁荣发展。

“文化发展基金”：引活水助力作

郭艺珺

如果没有观念如此开放的文化基金会，上海可能会失去这些精彩：京剧《贞观盛事》，昆剧《长生殿》、《牡丹亭》，长篇小说《蛙》，电影《辛亥革命》，电视剧《开天辟地》，创意杂技《时空之旅》，中国上海国际艺术节“天天演”，市民艺术大课堂……

成立于1986年的上海文化发展基金会，汇集社会资源，扶持精品力作，引领文化潮流，让源源活水流向城市的文化之树。

资助项目，专家说了算

2011年底，在美国洛杉矶举行的第七届中美电影节上，上海导演陈苗凭新作《星星的孩子》摘得“最佳新晋导演奖”。

这部讲述自闭症孩子故事的《星星的孩子》显然不是一部娱乐片，在当下的电影市场环境下，这样的题材找投资的难度可想而知。新导演要获得执导大银幕作品的机会不易，光是投资，陈苗就找了一年多，她拿着剧本，磨了一家又一家公司，遭遇了一次又一次的拒绝。

幸运的是，《星星的孩子》得到了上海文化发展基金会的剧本资助。陈苗的影片在中美电影节获得大奖，也佐证了上海文化发展基金会的眼光。

在上海文化发展基金会，最后决定资助对象的，不再是领导的一支笔、一句话。上海文化发展基金会拥有一个包括音乐、戏剧、美术、影视、舞蹈、文学、群文等七个门类、三分之一来自全国各地的二百多人的专家库，通过随机抽取专家组成评审小组，对申报项目的策划构思、艺术水准、公益性质、经费预算进行严格的评审，最后由审定小组无记名投票决定资助对象和资助方式。

正是以专家评审为核心的资助机制，充分发挥了专家们的“智囊”作用。基金会的资助重点，向优秀创作项目和重点文化活动项目实施倾斜，尤其对“上海原创”项目的加大扶持力度，特别向反映革命历史题材和现实题材创作予以重点倾斜。

打开近年来上海在全国产生影响、获得殊荣的作品，几乎都是专家评审通过的资助项目：荣获第八届茅盾文学奖的长篇小说《蛙》，国家舞台艺术精品工程精品剧目昆剧精华版《长生殿》，列入纪念辛亥革命一百周年、建党九十周年国家重点影视项目的电影《辛亥革命》、电视剧《开天辟地》……

2011 年，重大资助项目和一般资助项目中创作项目 173 项，占资助项目总量的 67%，其中反映重大革命历史题材和现实题材创作项目占 50%以上。

为将更多文化源头活水引入上海，上海文化发展基金会还打破了“门户之见”。2009 年起，基金会的申报条件一步放宽，首次“允许定向为上海创作的外省市公民或外籍人员”申报项目，申请资助。

上海音乐学院教授陆培由此成为了第一个“吃螃蟹”的外籍艺术家。尽管陆培已加入美国国籍，但他向上海文化基金会提交的为 2010 年上海世博会创作“中国主题无伴奏小提琴作品系列”的创作计划，拿到了金额为 4.3 万元的资助。

根据新规定，外省市和外籍的文艺人才，只要能够提供“定向为上海创作”的证明、创作计划以及项目预算书，就能够和上海本地的文艺人才一样享受上海文化发展基金会提供的资助，资助覆盖的文艺创作领域包括文学、影视、音乐戏剧、群文活动等，资助金额则视项目情况从数万元至数百万元不等。

“上海文化发展基金会打开门户，是希望能吸引更多有作为的作家、艺术家为繁荣上海的文艺创作添砖加瓦。”上海文化发展基金会副秘书长、项目资助评审办公室主任唐静恺表示。

近年来，通过基金会评审的资助项目每年约六七百个，文化专项资金资助金额总量在 1.6—1.7 亿元左右，而且投入正在不断加大。一位参与评审的北京专家称赞上海文化发展基金创了全国改革之先。它不“唯成分论”，打破“体制内”和“体制外”的森严界限，对“国有”、“民营”和“个体”文艺力量一视同仁。

融资项目，价值为导向

一部“乐观、幽默、不哀怨”、总投资大约 1 500 万元的电影《失恋 33 天》，2012 年 2 月在全国上映。这是上海银行与上海文化发展基金会的合作项目，这部电影最终实现票房收入超过 3 亿元，既赢得票房，也赢得口碑。上海市文广局副局长贝兆健评价说：“这类成功案例在国内并不多见，因为项目的有效对接很难实现。”

事实上，随着目前文化产业投资“水涨船高”，资金已经成为不少重大文艺创作的瓶颈，很多体现主流文化的优秀文化项目由于资金紧缺而受到牵制。而单纯依靠政府资助或宣传系统出资，难以从机制上破解这一难题。

2010 年，文化发展基金会对上海 60 个重点项目评审资助了 3 094 万元，并对 6 个列入国家和上海市重大文艺创作项目的影视剧摄制资助了 1 800 万元。

在政策“春风”吹向文化产业之后，2011 年初，文化发展基金会与上海银行签署了一项总体授信额度达十亿元的合作协议，以支持影视和演艺业的优秀原创剧

受文化发展基金会资助的电视动画片《大耳朵图图之小小欢乐魔法师》获“2011 年度上海文艺创作精品”。

目，尤其是列入国家和上海市重大文艺创作项目的重点作品。

引入金融“活水”，上海的文化市场愈加繁荣。2011 年，首批获得信贷扶持的重大文艺创作项目就包括献礼建党 90 周年的电视剧《开天辟地》、主旋律电视剧《誓言今生》、创意杂技《时空之旅》，上海银行给予信贷额度总计 4 310 万元，基金会给予贴息资助共计 268 万元。2012 年，又有四个项目获得信贷支持，总计信贷额度约 5 000 万元。信贷扶持机制推出后收效显著，电视剧《开天辟地》和《誓言今生》均在央视一套黄金档播出并广受好评。

当金融业“嫁接”文化产业，所带来的生产力将充满想象。上海市文化发展基金会理事长兼秘书长郦国义说：“这一开拓性的探索，一方面鼓励金融‘输血’文化，缓解上海重大文艺创作项目资金短缺的状况，使主创主控方更好地体现影视作品的主流文化价值，催生更多精品力作；另一方面，由基金会通过项目评审机制，为银行提供可靠的内容评估，有助于银行业对文化项目尤其是内容产业的了解和把握，以更好地发挥金融在支持文化产业发展中的重要作用。”

专项资金，社会齐参与

2009 年，时任上海昆剧团副团长的张军出人意料地选择了“单飞”，成立上海张军昆曲艺术中心。张军一直忘不了那一天，市、区领导都来祝贺，同时上海文化发展基金会还成立了张军昆曲艺术专项基金，首笔民营企业的捐款顺利到账。

有了如此有力的后盾，张军与黄豆豆、谭盾合作的实景园林版《牡丹亭》成功上演，成为近年来上海戏曲界的创新之举。2011 年，我国首张以非物质文化遗产为主题的公益银行卡“张军昆曲艺术基金灵通卡”在上海首发，这也是昆曲艺术发展至今首次通过可持续的募集方式进行公益性的基金运作。

张军形容说，专项基金就是产业上游的蓄水池，中游是艺术家的灵感与创意，而下游则是运营管理。上、中、下游良性运作循环起来，体系就建成了，民营院团才能走得更远。“依靠社会化力量，才能往前行。这也是一种融资渠道，对于昆曲的传承和发展都非常重要。”张军如是说。

聚集社会的资本力量，上海文化发展基金不仅“锦上添花”，更是“雪中送炭”。

以一曲《梁祝》风靡海内外的小提琴家俞丽拿早在 1993 年，创立了中国第一个以艺术家名字命名的艺术基金会，为了能请外国专家来上海授课，把尖子生送上国际舞台。“俞丽拿小提琴艺术基金”最初的梦想是，“如果《梁祝》有1万个粉丝，每人捐100元，我就有100万元了吧？”不想，第一个10年里，基金会举步维艰，甚至一度面临停止运作的困境。

张军“单飞”后，上海文化发展基金会成立了张军昆曲艺术专项基金，资助昆曲艺术发展。

在上海文化基金会的“撮合”下，近年来社会各界鼎力相助，“俞丽拿小提琴艺术基金”终于做到了“数次拥有百万资金，常年保有50万元”的“小康水平”。

事实上，随着经济的发展，不少有远见的企业家和社会资金有意资助或投资文化事业，但究竟选择什么样的项目、有没有风险、资金能不能合理和有效益地使用，这些难题使他们望而却步。在这样的情况下，上海文化基金会如一条江河，汇聚来自社会力量的涓涓细流，搭起资助文化平台。

2011年11月，凯德置地出资200万元人民币，在上海文化发展基金会名下设立的“凯德艺术家基金”正式揭牌。这是中国第一家外企出资成立、政府文化部门共同管理的非营利性艺术基金，将用于支持上海的文化艺术发展，扶植上海本地艺术家。

多年来，专项基金的画卷越铺越大。除了张军和俞丽拿，“梅派大青衣”史依弘、著名歌唱家周小燕和廖昌永都拥有以艺术家冠名的专项基金；有的由区县政府部门设立，如金山农民画专项基金、闵行春申文化传媒专项基金、长宁文化发展专项基金等；还有的由出资企业进行定向资助，如“凯德艺术家专项基金”、“上海文广演艺集团舞蹈专项基金”等。目前，基金会向社会募集的专项基金达三十多个。

最近，鉴于各专项基金都有保本增值的需要，基金会经与上海银行协商，就专项基金的委托理财业务达成合作协议，银行承诺为有关专项基金委托理财的资金实现保本增值。这一举措将进一步调动社会各界参与文化事业发展的积极性，吸引社会资金源源涌入，为繁荣发展上海文化，推进上海国际文化大都市建设提供支持。

作为中国首家从事政府性文化建设及文化产业投融资的国有独资企业，上海精文投资有限公司坚持赋予文化投资模式新活力，坚持多元化、立体化和引领性拓展，坚持全力推动文化原创发展，坚持实施文化“走出去”国家战略，坚持发挥国有资本对文化基础设施建设的助推作用，坚持探索文化金融的实现形式，坚持中国文化提升软实力过程中的引领作用和引擎作用，在文化投资领域屡开先河、颇有建树。这样的视野，这样的勇气，或许正是中国文化走向国际的核心竞争力所在。

“精文投资”：妙手激活文化产业

林　环

2011 年深秋，在上海新地标“文化广场”的下沉式剧院里，大型舞台秀《胡桃夹子·海上梦》上演，绚丽恢宏。

许多人因此知道了一个名字——上海城市演艺有限公司（以下简称“城市演艺”）。短短数年间，这家热爱演艺创新的公司将杂技芭蕾舞剧《天鹅湖》、舞剧《红楼梦》等舞剧接连推向海内外市场，取得了轰动效应。

然而，鲜为人知的是，在这家公司背后却有一位默默无闻的“伯乐”——上海精文投资有限公司（以下简称“精文投资”）——中国首家从事政府性文化建设及文化产业投融资的国有独资企业。

近年来，精文投资通过增资扩股，积极推动城市演艺的文化原创发展，助其打开国际演艺市场，实施文化“走出去”国家战略。

而这，这还仅仅是坚持多元化、立体化和引领性拓展并在文化投资领域颇有建树的精文投资的一个小枝节。

激活

不仅仅是《胡桃夹子·海上梦》。

原创杂技芭蕾舞剧《天鹅湖》，已在欧洲巡演100多场，并迄今保持着每场三万美金的中国演出在海外市场的"天价"纪录；弘扬传统文化的舞剧《红楼梦》也登上了美国林肯中心、加拿大多伦多艺术中心、埃及开罗歌剧院等世界各地的重要舞台。

2009年，城市演艺被商务部、文化部、广电总局和新闻出版总署评为"2009—2010年度国家文化重点出口企业"。其原创剧目《天鹅湖》和《红楼梦》同时被评为"2009—2010年度国家文化出口重点项目"。

近几年来，直属上海市委宣传部的精文投资以前瞻性、系统性和战略性为宗旨和追求，以国有文化资产投融资为主业，通过文化资本的市场化经营、运作，促进文化投融资体制的改革和完善，加强国有文化资本在文化发展中导向和调控的战略作用。

重大文化基础设施建设、演艺娱乐、出版发行、影视制作、网络媒体、文化服务贸易、文化消费、酒店经营对外文化交流合作以及文化投融资担保等领域，无不涉足。截至2011年12月31日，精文投资从成立伊始的5 000万元注册资本，已发展壮大至总资产超过54亿元人民币，净资产达到40亿元人民币。

其中，全力推动文化原创发展、积极实施文化"走出去"国家战略，堪称核心之举。

——在影视制作领域，先后参与投资制作了各类影视片达50余部，其中2009年联合上海海润等影视制作机构共同投资1 600万元拍摄的电视连续剧《化剑》，与中央电视台签署了在央视黄金档播出的协议，取得了良好的社会与经济效益。

——在演艺剧目领域积极推动城市演艺原创剧目的创作和发展，通过引领投资，撬动了更大规模的社会资本对文化原创项目的关注和介入，同时在参与投资的过程中更注重市场开发与运作，努力突破以往文化产品社会效益与经济效益常常不统一的尴尬。

——积极参与外高桥保税区的上海国际文化服务贸易平台建设，借助香港国际影视展、法兰克福书展、洛杉矶游戏展、“国际音乐创意产业高峰论坛”等主流文化展会载体，针对性地推广平台。并积极探索平台的功能与服务，世博期间成功为20 000多场演出提供全方位的舞美设备租赁集成服务。同时，平台先后与中演集团等一批国内外外向型文化企业与项目签署战略合作框架协议，为“走出去”提供政策和服务的支持。目前平台已累计聚集80多家文化外向型企业入驻，初步形成了出版传媒、演艺娱乐、游艺会展、文化贸易、文化信息、金融服务等产业链上下游企业的快速汇聚，2011年被国家文化部率先命名为“国家对外文化贸易基地”。

不落窠臼，不畏尝试，故此激活剧目，激活观众，激活文化产业发展新态势、新模式，激活文化大发展大繁荣建设中的“海派文化”。

复活

在上海，很少有人不知道“精文花市”。曾经，上海人所买的十束花中，平均七束均出自于此。曾经，由于新建文化广场的市政规划，包括精文花市在内的大片区域必须搬迁，多少上海人对此扼腕叹息，网上怀念纷纷。

2010年，关闭了四年的“精文花市”悄然“复活”：不仅激活了这一知名品牌，还探索实施“精文花市”连锁项目，并抢占网上鲜花市场，在拉长鲜花消费产业链的同时为上海开拓服务经济新模式。

而这所有努力的背后，正是曾整合经营精文花市十年的上海精文绿化艺术发展有限公司(以下简称“精文绿化”)。更确切地说，是其母公司——精文投资。

绚烂如花卉，可以说是精文投资传统的产业投资项目之一。但传统，并不意味着僵化。

精文绿化在绿化工程、绿化租摆等传统业务的基础上，提升技术含量，扩展运营模式，打通产业链。一是选址浦东六灶镇建立配送基地，在迪士尼乐园周边区域建立起了总面积达500亩的“精文现代农业园”，与云南等地的鲜花、苗木生产基地直接对接，极大改善了鲜花、苗木的供应与配送体系。二是加大技术研发与应用的力度，开发拳头产品“精文观赏草”，不仅进驻世博会主题公园等多项重点工程，还进入了美、欧、日等成熟市场。三是通过“精文花艺网”抢占网络市场，形成了线上、线下有机联动的销售网络。四是构筑以鲜花为载体的连锁消费终端，为打通“花艺休闲产业链”奠定了坚实基础。

此外，精文投资充分发挥国有资本对文化基础设施建设的助推作用，先后投入十多亿元人民币，大力推进上海世博文化中心、文化广场、上海国际文化服务贸易平台等文化基础设施和功能性项目的建设。一方面减少了政府财政性投入，另一方面也让投资主体看到了文化基础性建设项目的市场前景。

始终追求卓越，始终心怀责任，唯有如此，上海“海纳百川”文化蓝图的力量才得以活力充沛。

鲜活

小小一张“东方文化卡”，“收藏”了这座城市的影院、剧场、书店、各类节庆、网络、报刊、剧团、电视、图书馆、文博、教育、体育等各个文化消费领域。只要在这些场所的消费终端机器上轻轻一刷，“一卡在手、文化全有”。

这就是精文投资于 2007 年率先以高科技接触卡作为媒介、投资搭建文化消费市场第三方服务平台的战略目标和理念。

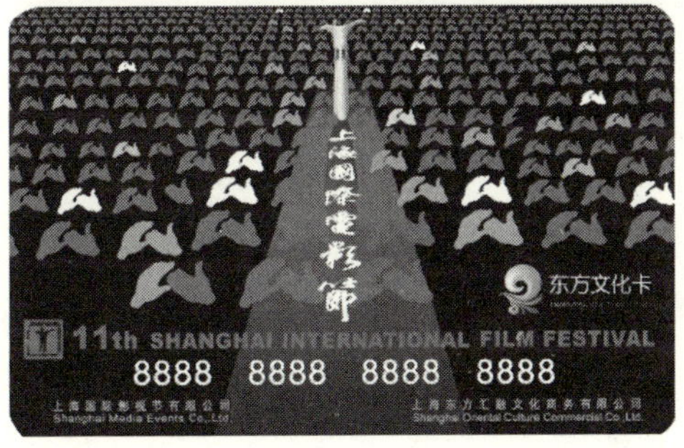

东方文化卡，“一卡在手，文化全有”。

目前，“东方文化卡”的发行总额已接近四亿元人民币，消费商户和终端已超过千家以上，实实在在地有效整合文化资源，为提升上海市民的文化素养以及繁荣文化市场做助推工作。与此同时，东方文化卡还将品牌推广与文化责任担当结合，举办一系列颇具影响的公共公益文化活动，引起了包括中央电视台在内的国内多家主流媒体的广泛关注。

还有，精文投资投资成立上海东方惠金文化产业创业投资有限公司与上海东方惠金融资担保有限公司，有效解决文化企业尤其是中小文化企业和中小民营文化企业融资难的瓶颈性制约，为中小文化企业的发展壮大“保驾护航”。

还有，精文投资参与投资上海文化产权交易所，通过文化要素市场的公开竞价机制，实现文化资产和资源的价值最大化、配置的最优化和交易的市场化。

还有，精文投资为推动相关文化产业的发展，鼓励游戏业的原创研发和集成创新，与日本著名游戏公司世嘉(SEGA)合资成立精文世嘉(上海)有限公司，开创了国有文化企业与世界顶级游艺游戏设计生产制造企业开展国际合作的先河，对中国游艺游戏产品的原创设计研发和集成创新具有极大的推动作用。

……

敢为天下先。未来，精文投资将继续“走出去”战略，继续业态创新，继续探索文化金融的实现形式，继续中国文化提升软实力过程中的引领作用和引擎作用。

或许，这样的视野，这样的勇气，正是中国文化走向国际的核心竞争力所在。

党委管行政经营，编辑政策委员会管出版业务，这是世纪出版集团建立的管理新办法。作为全国首家出版集团，集团如何充分领导下属出版单位的出版工作，是领导班子首要解决的问题。于是，世纪出版集团率先成立编辑政策委员会，在这项工作会议制度的领导下，集团完成了一系列重大出版规划，提高集团整体出版水平，加强了集团对出版单位的出版引导。最终，在编委会的领导下，世纪出版集团在激烈的市场竞争中取得了显著优势。

一个编委会统起 20 家出版社

许光耀

集上海人民出版社、少年儿童出版社、上海科学技术出版社等 20 多家出版文化单位为一体的上海世纪出版集团，成立十多年来，一直以为我国出版业改革探路为己任，以打造最具影响力的现代出版企业为目标，积极探索出版业集团化、企业化运作发展之路。集团在文化体制改革、业务创新重组、承担重点出版项目等方面创下了多个“全国第一”：它是我国第一家出版集团；于 2005 年成立了我国出版业第一家股份有限公司；全国唯一对所属出版单位发行业务进行重组的出版集团……这其中，最引人注目的，是世纪出版集团成立了全国唯一一个编辑政策委员会。

把握出版导向

1999 年，世纪出版集团正式成立，由于每家出版社的出版工作都由各自社长和总编负责，集团党委只能对各出版社进行行政和经营管理。集团如何将领导作用落实到各家出版社的出版业务上、如何对所有出版社的出版起到主导作用，成了领导班子遇到的一大难题。当时的集团党委意识到，作为一家出版集团，如果不能在整体上对各家出版社的出版业务进行调控，今后集团的发展将会受到阻碍。

经过研究讨论，集团总裁陈昕提出，希望将各家出版单位的社长、总编等主要负责人和集团领导们集合起来，模仿党委的形式，成立一个委员会，党委负责行政管理，该委员会则主抓出版业务。这项提议得到集团各负责人的一致认同，于是，在一次讨论集团组织架构的会议上，这项提议被正式通过，并决定成立"集团编辑政策委员会"。2000 年 2 月，国内第一家、也是迄今唯一一家编辑政策委员会正式成立，并作为集团将要长期坚持的工作会议制度，每月召开一次。编辑政策委员会集合了集团所有领导和所属单位主要领导。

成立之初，编委会主要传达和学习近期中央和上海市发布的与出版相关的会议精神、文件精神。政策、导向和意识形态问题是出版工作的重中之重，集团十分注重出版导向的管理。而编委会就是传达中央和上海市的相关精神，不断进行提醒教育的重要场所。

随着集团发展，编委会的规模和作用也在不断扩大，目前，整个编委会已有近 50 人，皆为集团和各家出版社的主要领导；而作用也从最初的把握出版导向扩大到如今的组织重大出版规划、协调集团内部的出书工作等。

组织重大项目

世纪出版集团的发展，主要依靠科学的、长远的出版规划的制定以及重大选题的策划，而编委会对这方面的贡献无可替代。其中，编委会对从筹备到出版历时六年之久、集合整个集团内 13 家出版机构资源的"世纪人文"丛书更是功不可没。

受到德国苏尔坎普出版社"彩虹计划"大型系列丛书的启发，世纪出版集团也希望出版一套能够把人文教育、学术研究以及人类思想的传承和普及勾连起来的重大丛书——"世纪人文"系列。出版这套丛书的首要难题是整合出版社的优势资源。由于编委会集合了所有出版社的领导，因此，编委会对于各家出版社的实际情况和出版资源了如指掌。于是，编辑政策委员会的所有成员都成为了这套丛书的编委会成员。编委会统一制定出版计划、分配出版任务，并统一调度出版资源。遇到重大选题时，编委会的所有成员都会进行统一研究讨论。编委会还会邀请该领域的专家学者们对选题进行论证，选题只有通过编委会和专家学者的一致肯定，才能入选“世纪人文”系列。在出版过程中，许多选题需要多家出版社相互协作，如果遇到难以解决的困难，并不需要出版社之间相互协商解决，只要上编委会报告，会有集团统一帮助解决，为出版社省时省力。编委会让出版社之间的协作更加灵活、流畅。

在编委会领导下，这套丛书终于在 2005 年面世，并在接下去的几年里不断有新品问世。如果没有编委会的领导，如此重大项目的出版，只靠党委传达、出版社之间相互协商，不仅耗时、耗力，而且难免造成不专业、不完善的现象，更会出现出版导向错误等问题。

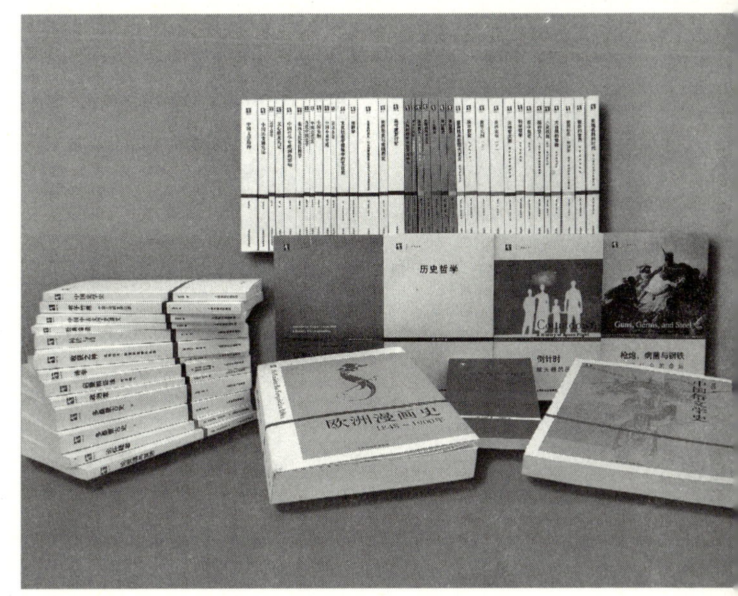

世纪人文系列丛书。

除此之外，在编委会领导下，集团完成了许多高难度的出版项目，如“十一五”规划、“十二五”规划、“奥运主题出版规划”、“世博主题出版规划”、“新中国成立 60 年主题出版规划”、“建党 90 周年和辛亥革命 100 周年主题出版规划”、“发现中国”等。其中，“发现中国”是“走出去”的重点项目，共包括 23 项 70 多种图书的出版，而且要以外文形式出版。而 2009 年的法兰克福书展、每年的全国书展和上海书展，世纪出版集团都需要编委会来对每个出版社的工作进行布置安排。

促进学术交流

世纪出版集团的领导很多都是编辑出身，经验丰富的他们充分意识到，不断学习、开阔视野、了解各项领域的最新进展，对于提高编辑水平至关重要。自从 2003

年开始，世纪出版集团每次编委会都会邀请一位在某一专业领域的权威学者或专家，就与当前国内外形势或出版业务相关的主题作专题学术报告。

2011 年年底，中国作家协会副主席、著名小说家王安忆为编委会做了题为“虚构的意义”讲座，并讲述了她在写作《长恨歌》时的创作思路。讲座结束后，上海人民出版社、上海文艺出版社、上海译文出版社、学林出版社等出版社的与会者从出版人和读者的角度与王安忆互动探讨，而王安忆则表示，目前作者与出版人之间的生产关系，随着图书市场的整体变化而改变，但是好的编辑仍是她选择出版社的主要标准。像这样的研讨，编委会几乎每个月都要举行一次，虽然这是无偿的，但仍受到学者们的欢迎，许多学者以来世纪出版集团编委会做讲座为荣。

著名学者张维为也曾来到世纪出版集团，讲述“国际视野中的中国发展模式”。他提出中国的崛起不是一个普通国家的崛起，而是一个“文明型国家”的崛起，归纳出“中国模式”的八大特点和八大理念。崭新的思路、全新的理论，让编委会看到了张维为研究的独到之处。同时，编委会希望能与张维为合作，将其研究成果整理出版，张维为欣然答应。很快，《中国震撼：一个文明型国家的崛起》出版，立刻成为全国范围热销的通俗理论读物。编委会还针对该书策划组织了“中国道路国际高层论坛”，在伦敦书展上作为中国主宾国活动的重点项目，于书展开幕当天在伯爵宫展览中心举行。

截至目前，编委会已请潘世伟、钱理群、史正富、程恩富、林尚立、周振华、张维为、王安忆、周志强、葛兆光、姜义华等 60 多位学者，就国内外政治、经济、文学、哲学、宗教、城市学、历史、科学史等领域，作了 66 场学术报告。通过不断地邀请学者作交流，编委会为集团创造了良好的学术氛围，对各出版单位的领导把握出版导向、开阔学术视野、拓展选题方向有很大的帮助。

画院体制在美术界屡被诟病，上海中国画院“养作品不养人”、“破墙办画院”的做法，为画院体制改革进行了有益的探索。1999年，该院在国内首创画师签约稿酬工资制，探索解决国家画院养不养画家的问题。2003年创建了“课题制”，试着解决国家画院如何养画家的问题。这种改革是否有利于出人才、出精品，这是人们所最为关心的。

养画不养人　破墙办画院

林明杰

著名画家吴冠中曾对我国现行画院体制发表过尖锐批评，并建议国家“以奖代养”。就是这位激烈抨击画院的艺术家，却在2004年在第十届全国政协会议上对上海中国画院院长施大畏说：“你们画院改革的方法是对的，我赞同！”

上海中国画院从2003年起实行的改革思路就是：养画不养人，破墙办画院。

“画院的‘围墙’要打破”

其实上海中国画院体制改革的思路早在艺术大师程十发任院长时就已酝酿。1991年的一天，程十发语重心长地对当时的常务副院长施大畏说，画院的“围墙”要打破，今后不仅要把上海的优秀画家介绍出去，更要把全国优秀的画家吸引过来，从而形成海纳百川、海派无派的新时代艺术大格局。

筹建于1956年、正式成立于1960年的上海中国画院，是上海地区中国书画创作研究的专业机构，隶属于上海市文化广播影视管理局，为全额拨款的公益性文化事业单位。进入20世纪90年代后，画院面临日新月异的社会环境与画院旧体制的矛盾。画院这个计划经济环境中的产物，转向社会主义市场经济。画院里的画家除了面对政府的创作任务以外，还面对很大的艺术市场局面。

当艺术品市场兴起后，画家可以从市场中获得生存的机会，那么国家为什么要养画家？画家与国家的关系应该如何？

施大畏认为，国家画院的画家区别于职业画家，区别于和画廊签约的画家，区别于大学院校的教授，属于公益性事业单位的一种专业创作人员。怎么面对自己的艺术家责任，同时怎么面对繁荣发展的艺术品市场，是艺术家要思考的大问题。画院和画家之间的关系也发生了变化，过去以为政府养了一批画家为国家创作优秀作品。现在"养"这个词要重新定位，互相之间关系是互相制约的上下选择。你可以选择画院，画院也可以选择你，这个时候自己要承担自己的义务，这就是一个新的课题了。他说："多元的文化格局底下我希望我们的画家多承担社会的责任，不单单是待在画室里埋头苦干画画的画师，应该和社会更多地交流，应该更深刻地理解社会，他的作品会更打动人民，被这个时代所接受，所以我们的画家承担了许多社会责任，我觉得这是一种开放的表现。"

1999年，上海中国画院开始探索从改革用工制度入手，创建了画师签约稿酬工资制。这项制度主要是采用合同和上岗协议的方式，建立画院与画师之间的关系。具体操作办法是，由院部委托下属的经营部，根据不同情况与每位在职画师签约，应聘画师每年给经营部提供与其工资额度价值相当的作品，院部以支付稿酬的方法保证签约画师的原有基本工资收入和国家规定的福利待遇。

"课题制"激发画师活力

2002年，上海中国画院"不养画家养作品"的报道引起国内同行的广泛关注和议论。2003年被中宣部确定为全国文化体制改革试点单位后，画院进一步深化改革，以"课题制"创新、完善艺术创作研究激励机制。

"课题制"是画院为探索中国画研究创作新模式的一项改革措施。画院面向社会征集创作研究课题的申报，通过资格审查和选题论证，确定具体的中国画创作、研究课题；然后面向画家、学者进行项目招标。画家、理论家以课题为创作和研究项目，与画院签订工作合约。通过选题申报、确定课题、公开招标、评审确认、成果评价等环节，引导画师课题创作和理论研究，保证课题正确的创作方向，增强画师队伍的社会责任感，为富有时代特征的精品力作的产生提供坚实基础。

主要的运作方式是结合每一年的年展，由画院拟出指导性的课题，画院画师在大的课题范围内，根据自身的特点和创作风格，选择适合自己的具体课题。年展中的精品作为“课题制”成果，经艺委会审定后被画院收藏。

2012 年上海中国画院沙龙年展。

这种机制初见成效，一些画家在此激励下创作了不少优秀作品。2005 年，上海中国画院年度展览中，画师杨正新的巨幅水墨画《黄河》抓住了观众的眼球，也获得业内人士的一致好评。杨正新是中国改革开放后进行新水墨探索的代表性艺术家。他潇洒酣畅的笔墨线条，大胆变形的造型，丰富多变的色彩运用和具有现代感的构图，给传统水墨画注入了许多新的生机。但与他以往的作品较多表达“闲情逸致”不同，《黄河》以波澜壮阔、气势恢宏而令观众心神一振，对这位资深艺术家的又一升华而刮目相看。杨正新为创作此画，数次深入黄土高原，亲临壶口瀑布，感受大自然的造化，追溯中华文明的渊源，感受中华民族的气魄，养得浩然之气，成就了这一丹青巨制。对这样的作品，画院根据新的制度，决定重金予以购藏。

“课题制”的创作模式激发了画师们的创作热情，命题的灵活性也给了画师足够的选择空间。许多画师反映，以特定的题材切入，创作的难度的确增加了，但是，从另一个方面讲，反倒迫使自己在艺术上要有所突破、有所创新。每年新的课题、新的要求，成了画师们谋求艺术创新的催化剂。

“课题制”带动了人事改革。目前，画院正在逐步将画师队伍分为三类。

终身画师：荣誉职务，主要授予为上海中国画院以及中国画艺术做出重大贡献、艺术成就特别突出、德高望重的优秀画家。

课题画师：承担课题项目，与画院有契约关系的画家。

兼职画师：根据工作需要在画院担任行政管理职务，同时承担课题项目，兼任课题画师的画家。

培养一大批青年创作人才

“课题制”实行的基础是画院要拥有一支能力强、水平高的基本创作队伍，这支队伍的成员不一定都能成为画院的课题画师，但却是课题画师的来源。为此，画院清醒地认识到，除了依靠现有的社会人才外，画院有责任和义务培养优秀的青年艺术创作研究人才，毕竟，作为国家公益性单位的画院，本身就有培养人才的义务。

为培养优秀的青年创作人才，从2001年起，画院主要采取了三项措施：组织上海中国画院中青年艺术家沙龙；开办高级创作研修班；举行中青年画家提名展。

画院逐渐在自己的周围团结了一批优秀的青年中国画创作人才，使他们成为画院课题画师队伍的后备力量。这些年轻艺术家已经在近年的重大艺术创作中一展身手。

上海世博会期间，上海中国画院组织资深的画师带领年轻画家们一起创作了世博全景长卷《万国风采耀浦江》。这幅画长20米，用中国画传统技法描绘了5.28万平方公里世博园区内所有展馆，画面中既有深具世界各国特色的建筑，还栩栩如生刻画了7 000多名人物，还将路上车辆、江面游轮、空中飞艇及南浦、卢浦大桥横跨浦江两岸的场景融于一景，生动展现了上海世博会中的万国风情和观者如织的空前盛况，被誉为“当代清明上河图”。而“上海历史文脉美术创作工程”的实施过程中，这些年轻画家也获得了学习、锻炼和展示的机会。“工程”中的作品主要由著名的艺术家领衔，带上不同人数的年轻艺术家共同创作。一代艺术新人正在新的培养机制下逐渐浮出水面。

文化体制改革试点工作开始以来，上海中国画院进一步完善、实行以艺术创作研究课题制为核心的改革措施，进行了多方面探索和创新，取得了一定的成绩，尤其是对于优秀作品的宣传和收藏，为画师全身心投入主题性创作提供了保障。同时，在坚持重大主题优先的前提下，也强调了宽泛性和多样化，使得画师可以结合自身的艺术特点，找到课题的切入点。

当然，到目前为止，画院的体制改革仍然是一个探索过程，这个过程中不断有新的发现、新的讨论和新的调整。如何使得改革更符合艺术创作和人才培养的规律，如何更有效地重振上海这个中国近现代艺术发祥地在当今中国艺术界的原创实力和影响力，仍然是一个尚待进一步完善的课题。

文艺院团和艺术院校对接，让青年学子在校园学习期间就能有舞台实践的机会。在文教结合的过程中，上海的三大艺术实践基地特别注重艺术尖端人才和紧缺人才的培养，有针对性地开班办学，让青年才俊有了早登台、早出名的机会，让传统艺术有了传承的后人，让急缺的技术工种有了可以补充的力量，这样的文教结合可谓是得法、得分也得人心。

文教结合“孵化”艺术人才

罗震光

文艺大发展，关键在人才。艺术院团是用人之舞台，艺术院校是育人之摇篮，文教合力，艺术人才便如泉流涓涓而出。

2005年，在上海市委宣传部、市教委、市人力资源和社会保障局、市文广局的共同合作下，上海文教结合工程推进办公室应运而生。文教办依托各艺术院校和文艺院团，先后创建了“上海音乐学院——上海大剧院艺术中心”、“上海戏曲学院——上海青年京昆剧团”和“上海京剧院——麒派艺术研习班”三大艺术实践基地，紧紧围绕上海所需的艺术尖端人才和紧缺人才两个重点，开展各类艺术教育培训，提供艺术实践舞台，“孵化”了一批批青年艺术人才。

让学生也能登台亮相

当薛源、王立夫、张倩渊、江阳、石霄鹏等这些还在上海音乐学院就读的“90

后”青年学子，从容登上上海音乐厅的舞台，泰然自若地与上海歌剧院交响乐团合作，或演奏、或演唱、或指挥时，台下不禁响起阵阵雷鸣般的掌声。

这场“未来音乐家系列音乐会”就是“上海音乐学院——大剧院艺术中心”艺术实践基地为音乐学院学子们提供艺术实践的舞台之一。担任乐队指挥的则是上海歌剧院的艺术总监、著名指挥家张国勇。为了培养学子成才，张国勇和上海歌剧院交响乐团的演奏家们甘当绿叶，为年轻人们伴奏、指挥。王立夫的莫扎特歌剧《费加罗的婚礼》选段《你赢得了诉讼》一开嗓，就赢得观众掌声如潮。张倩渊演奏的唢呐随想曲《敦煌魂》苍凉悠远，使观众简直不能想象此曲竟出自22岁姑娘之口。朱昊的钢琴独奏俄罗斯作曲家拉赫玛尼诺夫的《第二钢琴协奏曲》洋溢着俄罗斯乐曲特有的浪漫和忧伤。目前还是指挥系本科学生的薛源、江阳、石宵鹏也轮流上台接过张国勇手里的指挥棒，与上海歌剧院交响乐团这支职业乐团合作上演了柴可夫斯基、威尔第的作品，改变了以往指挥系学生只能面对两架钢琴学指挥的教学方式，使他们在和大乐队的合作中学到真才实学。

仅2011年统计，“上海音乐学院——大剧院艺术中心实践基地”通过举办“未来指挥家系列音乐会”、“未来音乐家系列音乐会”等演出，实施艺术实践项目20个，参加实践的学生人数达325人次，使上海音乐学院的指挥、作曲、声乐、器乐各类尖子学生得到和上海交响乐团、上海歌剧院、上海民族乐团的合作机会，得到了锻炼，展示了才华。张国勇在音乐会上激动地说：“让我们的掌声来得更热烈些吧，他们很可能就是明日之星！”

上海青年京昆剧团是文教结合办为培养戏曲学院的尖子学生而建立的实践基地，建团五年来，已为上海的京、昆院团输送了一批具有相当潜力的青年才俊。京昆演员现在的培养方法基本上走的是先中专，再升本，最后毕业进团的三级跳。由于学历的要求，使学制长至十年，待毕业进团已错失了最佳的一段青春年华。为了早出、出好京昆艺术人才，文教办于2006年在上海戏曲学院创办了上海青年京昆剧团。这个团是铁打的营盘流水的兵，演员都是经过专家选拔出来的尖子学生，进团以后，不仅可以得到从全国请来的最好的老师进行教授，更重要的是获得了更多的舞台演出实践，让他们在科里就能红起来。在近几年的各类全国性京、昆比赛中，一连串陌生的名字不断映入评委和观众的眼帘，例如：在第六届央视全国青年京剧演员大赛中获得金奖、银奖的郝帅、蓝天、陈圣杰、杨淼、田慧，在中国剧协主办的第五届中国戏曲红梅荟萃赛事中荣获“红梅之星”称号、位列106名参赛选手榜

"上海音乐学院——大剧院艺术中心"艺术实践基地为学子们提供了艺术实践的舞台。

首的武旦高红梅都出自青年京昆剧团，上海的第 18 届、第 19 届、第 20 届连续三届的白玉兰新人主角奖被青年京昆剧团的翁佳慧、杨淼、陈圣杰、石晓珺包揽，致使白玉兰评委惊呼："文教结合成果太明显了"。

第二批尖子学生中三名青年旦角的脱颖而出，是青年京昆剧团的又一段新佳话。付佳、张娜、王维佳是分别学梅派、程派、尚派的花旦，团里为他们制定了个性化培养计划，分别选择了各派的代表性剧目《四郎探母》、《锁麟囊》、《乾坤福寿镜》，为他们请来了名师教学、排戏。之后，带着这些剧目巡演到了北京、天津、福建、南京、香港，每到一地，请各地优秀演员为自家还未出科的"准演员"配戏。这些育人之举，被称为"众星拱月"，拿"八抬大轿"抬举"小角儿"。有的学生原来一直只是在课堂学习，几乎没有上过台，似这样连轴在台上滚，而且唱的是主角，还是头一回。自从与成熟演员演过对手戏，他们逐步学会掌控戏台了。这三个姑娘的名字，在观众圈中一点点红了起来。

拾遗补缺培养紧缺人才

近年来，文教结合在探索培养适应艺术院团需求的紧缺人才方面，也做了大量有益的探索。

经常听院团长叹苦经，舞台技术人员缺乏，团里只能找些民工来干活，舞台上亮着灯，他们浑然不知，在纱幕后面竟然还跑来跑去，使观众觉得笑话。紧缺的人才还有舞台技术导演、戏曲音乐作曲等。根据艺术院团的需求，文教办至今已开办了两期舞台技术导演班、两期舞美技工班、两期戏曲音乐作曲进修班、一期艺术院团管理干部培训班，培养出了一批符合院团当下及长远需求的紧缺艺术人才。

两期舞台技导班共有 32 名学员，他们都来自戏曲、杂技等院团。经过一年半的艰苦学习，他们完成了从演员到技术导演的转化。第一期学员刘军原来是一个京剧武生演员，随着年龄增长，自身担任武生演出已不很合适，但他武功基础好，又有编导的喜好，于是他被吸收参加了技导班学习。学了戏曲导演的理论，看了大量的作品，他的技导水平得到长足进步。在青年京昆剧团排练的《死水微澜》、《封神榜》中，他担任技导，编排的武打场面有声有色，得到相关专家的认可，回到京剧院后成了一个很抢手的技导，还考上了上海戏剧学院导演研究生班。

不少戏曲、杂技、舞蹈舞台上的武功、舞蹈演员，由于年龄原因，不能继续从事舞台演出，而团里正好缺少舞台技工人员，于是一批武功、舞蹈演员就成了舞台技工班的学员。两期技工班的 34 名学员原来都从未学习美术类知识，但在师生共同努力下，他们都以较优秀的成绩完成了学业，为他们从演员转向舞美工作的再上岗打下坚实基础。人们很难想象五大三粗的武功演员赵二旺，居然能提起细细的毛笔画出婀娜多姿的美女佳人，捏起小小的绣针描龙绣凤。难怪戏剧学院副院长刘志钢兴奋地惊叹："我们要研究赵二旺现象"。技工班结业的学员回团后都顺利转向舞台技术各种岗位，一定程度上缓解了艺术院团舞台技工紧缺的状况，也为院团人员良性流动疏通了渠道。

两期戏曲音乐作曲班的16名学生、第一期艺术院团管理干部培训班的20名学生都经过学习，现在都在各自的岗位发挥着作用。文教结合培养紧缺人才的效益正在实践中不断得到体现。

研习班走出麒派艺术传人

2012年2月18—21日的连续四个晚上，上海逸夫舞台观众踊跃，气氛热烈，观众大都是慕名而来观看麒派研习班的四场麒派演出《四进士》、《乌龙院》、《清风亭》和《楚汉相争》，而其主演都是20来岁的青年演员。苍劲有力的麒腔，情感丰富的表演，这些初出茅庐的青年演员像模像样地演习着麒老派的唱念做功。观众们很兴奋地说，“上海看麒派，久违了”。专家们在看完四场演出后，给予了很高的评价，说是上海对麒派艺术的传承成绩很大，看到了戏，看到了人，看到了麒派艺术第三梯队的雏形。

麒派传人张信忠传授青年演员演出《投军别窑》。

三年前，麒派研习班刚开办时，困难重重。其他京剧流派班选学员是好中选优，唯有麒派是无中选有。麒派是海派文化的代表之一，上海如若不传，将对不起历史。出于文化人的责任，麒派研习班终于开班了。麒派是不大好学的一个流派，其唱别具一格，其做特别讲究人物形象塑造。三位学员原来几乎都没有麒派基础，80岁高龄的麒派传人张信忠、上海舞台上唯一的麒派传人陈少云等老师，对他们悉心传授，从一句句唱到一个个动作，从一个个折子直至把四台大戏搬上舞台。这次年度汇报演出，四台麒派的主要剧目同时上演，三位青年演员担纲主演，虽还不脱稚嫩，却也略具麒派的神韵，给人看到了麒派后继有人的希望。

提供舞台、给予机会、进行针对性教育，文艺院团和艺术院校的对接，对艺术园里的青年人而言，让他们有了迈向成功的孵化器。一批批青年学子通过文教结合的途径，展露了头角、赢得了声誉，他们都逐渐成长为能够为上海文化繁荣发展带来前进动力的人才。

2005年，上海率先在全国范围内建立并实施了文化行业人才认证制度，涉及广播影视、新闻出版、文学艺术、文博考古、文化经营等多项类别；考核方式灵活多样，以传统笔试、专业能力测试等多种手段有效结合。实施七年来，已有2 638人获得了《上海市专业技术水平认证证书》。文化人才认证，为新兴行业和专业岗位的人才选拔提供了公开、公平、公正的评价标准，也为单位人才选拔和培养提供科学的依据，已经成为上海文化行业人才输送的重要渠道之一。

文化人才认证：让人才脱颖而出

彭晓玲

从小就开始练习钢琴的徐伟，经过16年的苦练钢琴弹得十分出色，但上海某民办艺术院校毕业的他，因为“出身”问题却一直被排斥在艺术领域的“正规军”之外。

2006年一个偶然的机会，徐伟得知上海推出艺术表演专业技术水平认证项目，获得证书后就可以在上海职业演艺人才艺术库注册登记。随后，经过一番严格考试，徐伟获得了艺术表演钢琴专业证书，凭着这一“金字招牌”，他很快与上海演艺工作者联合会签了协议。

从2005年率先在全国建立并实施文化行业人才认证制度至今，上海已经有2 000多名像徐伟这样的文化人才获得了专业技术水平认证。经过多年发展，这项认证已经成为上海文化行业的三大人才评价体系之一，众多人才也借此脱颖而出。

文化行业人才认证制度的实施，为上海文化发展注入新鲜活力。

率先实施文化人才认证制度

文化职业经理人、印刷企业经理人、网络新闻采编……近年来上海文化行业蓬勃发展，不断催生出新的领域和职位，文化行业传统职位内涵要求也发生巨大的变化。上海开展的文化人才认证制度就是在此基础上，为文化行业和相关用人单位提供社会化的评价标准和依据，有效弥补传统人才评价机制不足而设立起来。

2004 年，上海市委宣传部与上海市人事局联合成立了上海市职业能力考试院文化人才认证中心，正式启动了上海文化人才专业技术水平认证工作。次年，上海率先在全国建立并实施文化行业人才认证制度。

接着，上海建立了规范的人才认证项目开发实施机制，如针对文物经营人才的“文物经营认证项目”、针对公共文化服务机构从业人员的“社区文化管理认证项目”、针对网络新闻编辑从业人员的“互联网新闻与信息编辑认证项目”等。这些项目在当时都具有前瞻性和代表性，科学的认证标准体系也受到从业人员的欢迎。同时，还在全市设立了五个专业工作站，各工作站承担文化人才职业能力认证项目的开发、实施和培训。

文化人才认证项目的开发，除了有好的制度配套，还要有项目开发参考依据和标准。《上海市文化人才职业能力认证目录》就是为了促进文化人才建设的合理规划，通过深入调研和行业专家指导而出台的，为文化人才认证项目开发提供重要依据。《目录》包括广播影视、新闻出版、文学艺术、文博考古、文化经营等七大类，涉及 39 个专业 148 个职位。

随着一系列文化人才认证制度的出台和完善，现在，文化人才认证和传统的专业技术职称（资格）制度、职业资格制度已经共同构建了上海文化行业的三大人才评价体系。

考核方式灵活突破传统

不过，“一千个人眼中有一千个哈姆雷特”。文化行业岗位众多，所需要的专业素养和要求也千差万别，如何才能通过考核充分体现人才的水平和能力？

文物经营陶瓷专业学员在接受实务培训。

为了挖掘和培养人才，制度的设计者可谓是费尽心思。首先是根据不同行业、职业岗位的特殊性，突破传统考试形式，将传统笔试、专业能力测试等多种手段有效结合，逐步探索并建立起适合文化人才的特殊考核方式。

例如，针对文物经营人才，在上海博物馆的专业指导和支持下，设置文物实务的现场鉴定；针对艺术表演人才，通过现场表演来进行评分；针对公共文化管理人才，设置了文化项目和文化活动的策划能力考核；针对媒介传播高级人才，设置了专业论文写作和业务答辩考试。

参加了文物经营认证培训并获得玉器专业认证证书的陈公甫，在典当行、拍卖行工作多年。“艺术品市场到处都是假货充斥，一不小心就看走眼。文物经营项目培训的老师都是上海博物馆的研究员，他们教学员很多鉴定方面的知识。”考核时，就是活学活用，内容包括对玉器质地材质的鉴别、如何分辨高仿古玉等，“非常考验参考者的眼光和水准”。

其次，文化人才的特殊性更多是体现在专业领域，为突出对实务能力的考核，将职业技能、实务能力考核比重提高到整个考核内容的70%左右，从而充分考核应试者的专业技术水平。这一突破传统的人才考试及评价方式，使得人才得以迅速脱颖而出。

此外，还通过配套机制创新，使得相当数量的专业技术人才能够通过社会化的职业能力认证获得权威评价，得到自身价值和能力的体现。国家一级演员陈少泽热衷公益事业，在进社区文化活动中心义务指导群众文艺活动前，他参加了“社会艺术教育（群众文艺指导）专业技术水平认证”。“虽然我是戏剧专业科班出身，但自己表演是一回事，参加专业培训又是另外一回事。”陈少泽说，通过培训他学习到如何深入社区、与市民沟通，这对长期从事公益活动大有裨益。

认证与人才激励相挂钩

一切为人才，推进文化人才认证机制的最终目的还是要体现在为人才服务上。

2007年，上海文物商店流通企业单位中，从事经营、拍卖和管理等工作的专业技术人员，在取得文物经营专业技能考试（即“文物经营”认证考试）合格证书后，可申报本市文博系列副高职称“副研究馆员（文物经营专业）”。这一举措探索建立了“水平认证”与“职称评定”之间的衔接渠道，成为文化人才认证工作一大亮点。

另外，人才认证还与人才福利待遇相挂钩。例如，“媒介传播”项目在上海市新闻工作者协会的大力支持下，一些区（县）、企业报刊就推出了一项新的加薪标准：凡是考出“上海市媒介传播专业技术人才认证”证书的职员，每月工资可获得相应提升。此举在媒介传播行业内引起了不小的震动，市记协更积极鼓励会员单位用文化人才认证作为管理手段，在人员队伍建设与管理方面进行改革创新，进一步规范、引导和推进媒介传播业的持续健康发展。

认证与行业发展紧密结合

和互联网行业一样，文化行业发展也是更新换代非常快。在实践中，认证不断

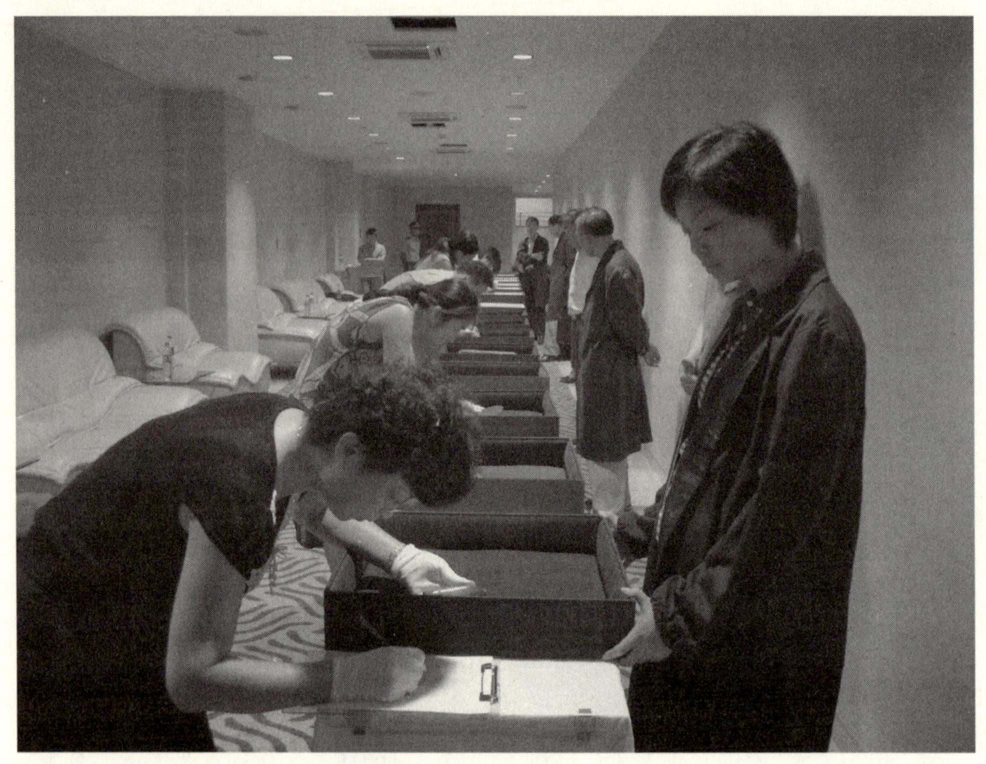

对文物经营玉器专业学员进行实务考试。

根据行业的最新发展，及时对《上海市文化人才职业能力认证目录》予以更新，确保不断吸纳新鲜血液。

近年来，微博、开心网、人人网等社交网站的兴起，新媒体成为互联网和媒体界关注的话题。其实早在2005年，文化人才认证中心举办的“互联网新闻与信息编辑认证”考试中，就“前卫”地涉及这一话题。“网络编辑如果只做信息的搬运工，很容易被淘汰。在培训时，从网站内容到网站经营发展都会涉及，特别是强调编辑如何从网站管理者的角度去思考，这对拓展网络编辑的思维和视野帮助很大。”《每日经济新闻》上海主管方琛，在参加完认证培训和考试后，就参与策划了报社网站的改版。

又如，印刷企业经理管理人员原有的评价体系，已经不适应行业发展和管理要求。为此，通过开发“印刷企业经理人”项目体系进行了提升，新的标准增加了道德素质、诚信、环保等方面的内容，以及经营能力方面的要求。郭祥天是每周广播电视报社印刷厂厂长。2009年国际金融危机以后，传统纸质媒体面临纸张涨价和报纸缩版的双重压力，在参加了印刷企业经理人专业技术水平认证培训后，他就根据培训中学到的原材料成本考核技术，在上海印刷业率先实行“油墨奖惩考核”，现在光是油墨一项，每月就为报社节约两万元。

随着城市发展和市民精神文化水平的不断提高，“博物馆”热开始在上海兴起。周末一家三口去上海博物馆看镇馆之宝《鸭头丸帖》，或是去航海博物馆参观明代福船、体验郑和下西洋的航海历史，成为不少家庭的一种新的时尚休闲方式。在此背景下，对文物博物场馆的经营管理人员也有了更新、更高的要求。为此，新增“公共文化管理（文物博物）”项目，推行文物博物场馆的经营管理人员持证上岗制度，既加强了专业技能，也切实提升了上海公共文化管理服务的质量和水平。

从文化行业人才认证制度实施到2011年底，共有4 284位文化行业相关领域的各类人才参加了业务培训，3 477人参加了认证考试或考核认定，2 638人获得了《上海市专业技术水平认证证书》。

认证，让文化人才有了新的“感觉”，也为上海文化的发展增添了活力与魅力。

演艺人员，尤其是体制外的演艺人员，通常比较独立，工作自由度高、自主性强，在此基础上建立的行业协会，如果无法提供关乎会员切身利益的服务与帮助，很容易被边缘化。上海演艺工作者联合会成立七年来，牢牢把握住吸引优秀人才、提供就业机会、维护会员权益这三条服务主线，成了上海演艺人员心目中可以信赖、依靠的“娘家”。无论是大手笔的突破政策限制，还是婆婆妈妈的事务性工作，艺联的所作所为都是为了上海文艺的繁荣和发展。

“艺联”：为演艺工作者遮风挡雨

罗震光

2005年8月，上海第一个表演艺术行业职业演员及其演出团体自愿组成的社会团体——上海演艺工作者联合会正式成立。

作为一个覆盖本市各类职业演艺人员，具有团结、组织、服务、维权功能，有效激发演艺行业崇德尚艺风气和艺术创作活力的社会组织，艺联不但要做好演艺工作者群体（包括体制外演艺工作者）的服务工作，而且要在会员遭侵权、受委屈时挺身而出，为他们“遮风挡雨”。

由于其专业性，已成立七年的艺联的社会知名度并不高，但在上海演艺人员心中却已经是个不折不扣的“娘家”。

“绿色通道”引人才

海派艺术的形成，缘于特殊历史时期全国优秀演艺人才汇聚上海。在当今社会,上海要继续保有海派艺术的传承和高度,繁荣文化事业,依然离不开集聚全国优秀演艺人才来沪发展创业。

要想做引来凤凰的梧桐树,艺联首先必须破解两大难题。首先,按照现行人才引进政策,学历资历方面的限定,没有将从事芭蕾、戏曲、杂技等一批需要从小练就基本功的艺术门类及行当纳入其中,同时这些艺人的学历也绝大部分难以达到要求。其次,原有引进机制由于艺术鉴定评价标准不一,也难以对演艺人员的专业水准作出准确客观评判。

经艺联积极争取,在上海市委宣传部、市人保局、市教委支持下,2006 年起,为非本市户籍优秀演艺人才落户上海开辟了"绿色通道"。"绿色通道"的准入标准,不唯学历资历、体制身份,着重考察专业能力、专业水平和发展潜质。根据上海市构筑文化人才高地的要求和各演艺单位对引进人才的需求及行当紧缺程度,依托文联表演艺术专家协会的资源优势,由艺联组织专家进行评估。

几年来,372 名符合条件的申报者接受了专家们的综合性、全方位评审。这些专业评审意见对政府部门最终决策起了关键性作用,迄今共有 191 人顺利通过"绿色通道"落户上海(其中有 150 人通过市人社局"绿色通道"落户上海,41 人系应届毕业生通过教委口子引进),他们为所在文艺院团的艺术创作和上海的文艺人才队伍建设发挥了积极作用。

同时,在"绿色通道"之外,艺联还想方设法为上海争取更多的演艺人才"落户"。经过协商,市人保部门突破现行"上海市居住证"申领的学历条件限制,凭艺联对提出申请的会员出具的演艺水平及其获奖情况证明即可破格申领"A 类居住证",享受上海市民同等待遇。累计至 2011 年,已有 308 名艺联会员通过此"绿色通道"领取了该类居住证,其中体制内会员 211 人,体制外会员 97 人。

评职称、促就业

作为一个服务平台,艺联的主体功能是对上海的演艺人员提供各种服务。鉴于演艺行业的特殊性,个体之间的差异性很大,要让艺联真正成为演艺人员的娘家贴心人,就必须找准落点,针对关乎演艺人员自身利益的急重问题提供解决方案,惠及大多数。

长期以来,社会文艺工作者(即非国有艺术院团的文艺工作者)在专业职称评

中级专业技术水平认定现场，专家们在对戏曲曲艺工作者进行评审。

定上一直处于空白，他们的专业水平不能得到认同，社会文艺工作者对此呼吁强烈。而根据国内外已有经验分析，开展专业技术职称评定，对专业人才的事业激励和提高他们市场竞争力，乃至规范演艺市场大环境都是颇有裨益的。为此，艺联积极向政府主管部门争取，希望在国家专业技术职称评定方面打通体制屏障。

经上海市委宣传部组织协调，终于在2009年正式开启了社会文艺工作者艺术专业技术水平认定之门。政府主管部门明确指定艺联为社会文艺工作者中级专业技术水平认定的唯一服务单位。在艺联组织下，已有98名社会文艺工作者成功取得中级专业技术水平资格证书，3名取得初级专业技术水平资格证书。该证书可以对接艺术类高级专业技术职称的申报，对接演艺人才入户上海的政策条件。其中，4人取得中级技术水平证书后，符合申报高级职称的条件，经专家评审如愿以偿地获得副高职称资格。

让演艺人员有戏演，这个看似简单的命题，却凝聚了艺联许多的心血和智慧。对于演艺人员而言，能上台表演，既是增加艺术实践机会，也是扩大就业、保障民生的主要途径。

艺联为此多方努力,通过各种途径,为会员们提供机会。通过上海的公共文化服务平台推出的"和谐心声——上海演艺工作者下社区巡演"项目,自启动以来,共计组织各类演出480余场,推荐会员一万余人次,其中一半以上为体制外演艺人员和青年演员。巡演项目在为广大人民群众提供高品质艺术服务的同时,也引导会员坚定"为人民服务,为社会主义服务"以及"贴近实际、贴近生活、贴近群众"的创作宗旨。

在组织巡演项目之外,艺联还搭建了"连线你我他,情系到百家"的推介服务平台,为影视摄制和舞台剧演出推介演员。目前,这一平台已收录1 500余名会员的资料,全方位展示会员演艺经历和专业特长,图文和音像视频并重,为文艺院团、经纪公司及经纪人、影视导演及摄制组、演艺项目制作方等选人用人、为艺联会员创业就业提供推荐服务。迄今为止,艺联共计在《十月围城》等影视剧,传统戏曲大串演《白蛇传》、《经典夜上海・周末爵士沙龙》等演艺项目中推荐会员近百位。

除了为会员提供就业服务,艺联还将推荐服务前移到艺术院校。针对学生就业难的问题,艺联特意开办"毕业生推介沙龙",为艺术院校毕业生的创业就业提供推介服务,在毕业生和用人单位之间搭建起就业信息之桥,受到了学生和用人单位的欢迎。

"遮风挡雨"暖人心

演艺市场同样存在不当的"逐利"行为,使得侵犯广大演艺工作者合法权益的现象时常发生。在这样关键时刻的"遮风挡雨",备显"娘家"的贴心,更能赢得会员们的归属感和信赖度。

迄今为止,艺联针对演艺活动中会员所受到的侮辱、欺压、伤害等致使尊严、身心、权益受损的状况,依法维权,伸张正义,以艺联名义保护会员的从业权益,维护会员人格尊严,并为会员追讨各类演艺酬金60余万元。

除了依法维权之外,艺联还善于借鉴国际演艺行业的惯例,进行维权机制建设,有效保护会员的合法权益。比如,为保护行业会员的劳动就业权,艺联在上海话剧艺术中心支持下,于2007年推出了优先使用艺联会员的演艺人员就业促进机制。话剧中心演员原则上都应成为艺联会员,凡话剧中心为制作主体进行创作演出的剧目,原则上应当优先考虑艺联会员的就业权,如使用非艺联会员客观上影响

保护会员从业权益的艺联话剧演员部揭牌。

会员就业权益就应当支付补偿金，补偿金作为艺联会员维权专用金。至 2011 年底产生的补偿金已超过 22 万元。

在维权服务的常态化建设中，艺联还开通了维权热线，接受会员各类权益咨询，参与协调解决涉及劳动报酬权、知识产权争议的案件。

与此同时，艺联还主动与有关政府机构协调，为完全属于个体单干的艺联会员缴纳社会保障金，代为办理养老保险、医疗保险、公积金缴纳等开辟了专门窗口，让体制外的会员省心省力地避免了后顾之忧。

让会员感受来自艺联的关心，让会员享受艺联提供的服务。惟其如此，艺联才能让全国的优秀演艺人才“招得来，留得下”，让上海的演艺人员在愉悦、舒心的环境里投入到艺术创作中，为海派艺术的繁荣与发展作贡献。

文化产品创作生产

《时空之旅》：连演六年欲罢不能

“喜羊羊”：年年都是“领头羊”

“中国达人秀”：造就平民“明星梦”

上京“突围”：向天而歌20年

话剧“涅槃”：文化消费新时尚

集中“火力”攻坚重大题材创作

大师泼墨绘就城市历史文脉

“海上风韵”：倾倒世博八方宾朋

《故事会》：千里挑一打磨好故事

《咬文嚼字》：紧跟潮流“咬”出大文章

一场演出，天天演，至今连演六年，连续演出超过2 500场，中外观众累计达250万人次，票房收入突破2.6亿元——所有的关键词都指向有着中国版"太阳马戏"之称的上海本土原创剧目超级多媒体梦幻剧《时空之旅》。《时空之旅》的成功是探索以"产品为核心、市场为根基"的经营性文化产业运作的新模式的成功，更是体制、机制、艺术等多重创新的集中性成果。

《时空之旅》：连演六年欲罢不能

李君娜

2005年，11月中旬的申城，渐渐迎来晚秋的凉意。晚上19:00许，上海马戏城迎来一位特殊的客人，他是国际著名影星汤姆·克鲁斯。

他为《时空之旅》而来。

100分钟的演出中，时尚戏车、江南雅韵、生命之轮、九天揽月、飞越时空让人目不暇接，传统的中国杂技在声、光、电、水雾、烟雾、特效等现代化舞美手段的包装中，变得更加惊险、唯美，也将时空的故事讲述得更加浪漫。

"太精彩！太不可思议了！我也要买一个那样的大球，在家里练飞车。"汤姆·克鲁斯观看完表演后，由衷称赞道。

彼时，他在上海拍摄《碟中谍3》。如果说，影片的后期特技赋予了他杂技式"不可思议"的能力，那么上海本土原创剧目超级多媒体梦幻剧《时空之旅》，却是中国杂技实打实的一次"不可思议"。

欲罢不能的"时空"之旅

《时空之旅》的"粉丝"，远不止汤姆·克鲁斯。

2006年1月2日，晚上18:00左右，上海马戏城售票处人头攒动，其中很多人是来等退票的。当晚，第105场《时空之旅》迎来了它的第10万名幸运观众。

根据电脑联网售票系统显示，C区楼上12排7座的中岛南小姐成为了第10万名观众"幸运儿"。演出结束后，这位来自日本东京都立工艺学校的17岁姑娘兴奋地说："这是我第一次到中国，也是第一次到上海。演出太棒了，这是我看到的最好演出之一。衷心祝愿能有第50万名、第100万名、甚至更多的人来到这个生机勃勃的城市观光游览，欣赏《时空之旅》。"

在上海某外企担任高管的丹麦人保罗是目前《时空之旅》观看次数的纪录保持者。从《时空之旅》首演至今，他陆陆续续地看了12遍演出。意犹未尽的他，还成了《时空之旅》的免费义务宣传员，不断推荐给他的客户、亲戚和朋友。

除了受到外国友人的青睐，《时空之旅》也受到了来上海观光旅游的兄弟省市人民的热爱。湖北武汉的张先生出差在上海逗留时，被沪上友人强"拉"着去看了一次演出。"本想杂技有什么好看的，无非是顶顶盘子、踩踩轮子，但不想拂朋友的好意，就去了。这一去，倒是真大开了眼界。原来，中国的杂技还可以耍得这么时尚这么好看，算是不虚此行。"

类似的例子，几乎每天都在发生。而第10万名观众、中岛南小姐曾预祝的"第50万名观众、第100万名观众"的美好愿望也都已实现——时至今日，《时空之旅》已经连续演出了六个年头，演出场次超过2 500场，中外观众累积已达250万人次，票房收入突破2.6亿元。

接踵而来的，还有各种荣誉。

国家舞台艺术精品工程十大精品剧目、全国优秀保留剧目、文化部创新奖、"国家文化产业示范基地"、中国演出十大盛事"最佳娱乐演出"金奖、中国文化企业30强、全国文化出口重点企业……都被《时空之旅》收入囊中。

在上海青旅导游金永镇看来，纽约百老汇和伦敦西区都有音乐剧，巴黎有红磨坊，拉斯维加斯则有各种旅游秀。每一个国际大都市都有自己代表性的品牌艺术，现在上海终于开始有了自己的标志性文化演出，中国也终于开始有了自己的"玲玲

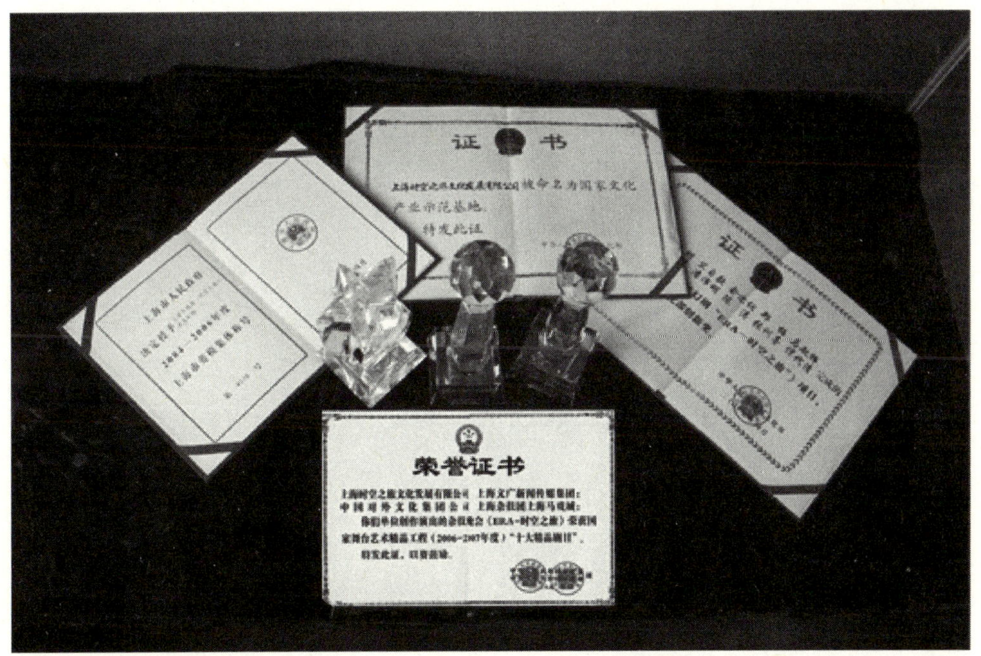

各种荣誉纷至沓来。

马戏团”和“太阳马戏团”。

2006 年 1 月 28 日，《时空之旅》走上了更大的舞台——央视春晚。在十几亿观众的见证下，尽管只是几分钟的演出，但刹那光华，足以让世人惊艳。

如果此时把镜头拉回到有着 100 分钟的《时空之旅》完整版表演现场，又将是何种震撼？

梦想照进现实

一切源于梦想。

中国杂技如何摆脱老套与土气，成为新的观演时尚？上海舞台何时能够打造出一台属于自己的国际顶级名牌的娱乐秀？梦想萦绕在中国杂技人与上海演艺人的心头。

梦想，绝非空谈。

文化产业领域中，流传着一本颇负盛名的书，名叫《蓝海战略》。这实际上是以加拿大太阳马戏团在文化产业发展中的成功经验为范例，阐述了世界文化产业发展的更高层次的新思路、新理念与新策略。中国的演艺市场能否也挣脱“红海”的廉价叫卖与无序竞争，中国的马戏艺术能否开掘出一条与国际接轨的全新“时空之旅”，就像“太阳马戏”那样，面向全球，走向蓝海呢？

让梦想照进现实，更需要胆魄。

作为拥有上海和华东地区最强大的电视广播媒体资源的上海东方传媒集团有限公司，作为全球最大的中国演出供应商和中国最大的国际演出运营商的中国对外文化集团，作为我国优秀杂技表演团体的上海杂技团和号称中国马戏第一城的上海马戏城，三方联合投资《时空之旅》。

一个全新的探索中国文化体制改革的试验基地也就此诞生，这便是上海时空之旅文化发展有限公司。

他们决定从市场角度出发，打造既有鲜明中国上海特色又有国际化包装，以杂技为主体的高层次大型舞台演出。

目标很明确——《时空之旅》不是为了评奖，更不是为了完成任务，而是面向市场的文化产业项目。在产业追求上，它是能天天演的上海城市文化产品，在文化追求上，它将把中华文化元素通过现代手法推向世界。

翻江倒海。

于是，当今世界公认的顶级水准的整套加拿大太阳马戏的艺术创作人员被请来了，他们成了《时空之旅》的主创班底，也由此写下了中国舞台剧引进海外一流主创人才之最。同时，为了一个剧目，他们还将上海马戏城的观众厅和舞台来了一个改天换地的重新布局与修造。

重达八吨的“魔幻天镜”、高达十米的“时空之轮”、从天而降的“天外来客”、晶莹剔透的“天丝水幕”、惊心动魄的“环球飞车”……它们纷纷成为《时空之旅》的“招牌菜”。这些国内舞台剧的首创也为《时空之旅》带来了奇异的眼球效应。

但仅是弹眼落睛的“硬件”显然还是不够，要将传统的几成套路的中国杂技在舞台上变得更时尚有趣，还需“软件”的改进。

艾美奖得主黛布拉·布朗导演的现场排练，让人出乎意料。以往排练，导演想好了每个动作、造型和走位，演员只需严格执行；《时空之旅》根本没有剧本，导演常常通过游戏来启发演员，让演员充分发挥想象和潜力，导演所做的只是捕捉每个演员最适合的表演方式和精彩瞬间。

这种无固定模式的开放式排练，注重演员主观能动性的发挥，改变了以往演员比较被动的旧有排练模式，也最大限度地使演员与观众保持自然流畅的交流，使得节目编排新颖，创意独特。例如首次将蹦床和蹦极组合，演绎出上天入地的跳跃效果。又如“台圈”表演，几个圆圈相叠着竖在台上，演员们钻进钻出，动作难度越来越大，最后在穿越最高那个圆圈时达到高潮，《时空之旅》改变了单纯“炫技”的老套路，导演设计让两组演员“打擂”，输了得罚做俯卧撑。这种“戏中戏”的幽默，让杂技节目在惊险之余多了几分意想不到的轻松。

这样的创意编排下，《时空之旅》注定成为一场美妙的旅行。

上海标志性文化演出

三强联手的《时空之旅》，在运作初期就定位为“文化产品”，一切运作均围绕“产品”和“市场”进行，并一改以往文艺作品过度依赖政府推介的缺陷，采取了主动积极的营销态度和方式。

在旅游层面上，《时空之旅》与上海具有组团资格的国际旅行社建立合作关系；在商务层面上，既认真开发政府接待、大企业等渠道，又开拓商务专场的演出形式；同时，注重研究消费心理，跟随市场热点，策划各类节庆活动把时空之旅变成“节日之旅”。

仅仅21个月，《时空之旅》就收回了全部3 000万元的投资成本。这也是中国文化演出市场上最成功的投资回报案例之一。

如今，几百万观众人次，几千场不间断的演出，几亿元的票房收入，也意味着《时空之旅》作为高端演艺品牌塑造的初见成效，《时空之旅》作为文化产业开发运

凝聚瞬间。

作的初战告捷。

但比起这些市场上的成功，“秀一个上海给世界看！”，才是《时空之旅》的真正“野心”。

杂技文化是一座没有语言界限的沟通桥梁。《时空之旅》面世以来，充分发挥了上海天时地利人和的主体优势，先后有20多个国家和地区的40多万海外旅游者前来观看，为改变中外文化贸易逆差做出了实质性的贡献。《时空之旅》还成功组织了上海合作组织峰会外长、非洲开发银行理事会年会嘉宾的专场观摩，逐渐成为上海城市文化的新名片和都市旅游的新景观。

太阳马戏团总裁吉尔斯认为，演出十分漂亮，水准绝不低于他们正在世界各地巡演的节目。美国NBC电视台、日本TBS电视台、香港凤凰卫视等也都专程来沪拍摄《时空之旅》专题节目。

美国花旗银行董事、《江泽民传》的作者科恩在观看了《时空之旅》后，当即自告奋勇地表示要做《时空之旅》的国际市场经纪人，把这一中华文化品牌打入到欧美的主流市场。

像科恩这样的热心人纷至沓来。目前，不少欧美国家的演出商已向《时空之旅》发出邀请，《时空之旅》的国际巡演版也在紧锣密鼓筹划之中。

短短六年，《时空之旅》已然成为上海城市文化新名片之一。而新的梦想还在继续——“还要进一步加大衍生产品力度，我们的梦想是有朝一日衍生产品收入能超过票房收入。”

自2009年《喜羊羊与灰太狼之牛气冲天》上映以来，《喜羊羊》系列电影每年春节如期而至，连续四次刷新国产动画电影的票房纪录，累计票房超过五亿元。看似偶然性的票房传奇，彰显的却是国有媒体坚持市场化探索的成功。上海炫动传播股份有限公司在“造羊”过程中成为国内动画电影的“领头羊”。

“喜羊羊”：年年都是“领头羊”

李君娜

0.86亿元、1.25亿元、1.5亿元、1.66亿元……

这并非是一组简单的数据。2009年至今，《喜羊羊与灰太狼》电影系列从“牛气冲天”、“虎虎生威”、“兔年顶呱呱”，一路走到了“开心闯龙年”。四年，四部电影，四个递增的票房数据——重要的是，每一次都刷新了国产动画电影的票房纪录。

“外地羊”上海“喜洋洋”

这只“喜羊羊”，并非一开始就“牛气冲天”。2009年之前，《喜羊羊与灰太狼》的出品方、广州原创动力还在为500多集电视动画的投资回收问题而发愁不已。但就在当年春节，电影《喜羊羊与灰太狼之牛气冲天》的推出上映，让这只几乎走到悬崖边上的“羊”化险为夷，一举成为身价倍增的动漫明星。

业界公认，电影的成功是助“喜羊羊”成为中国第一原创卡通品牌的最核心因素。

2008 年 7 月，SMG 炫动传播开始涉足动画电影的投资创作，武侠动画电影《风云决》以 3 000 万元票房开创国产动画电影票房的新纪录。同年底，经与广州原创动力协商，炫动传播以投资出品方和整合营销方的身份，主导运营《喜羊羊与灰太狼》动画电影项目。2009 年春节，《喜羊羊与灰太狼之牛气冲天》上映，8 600 万元的票房也刷新了前一年由《风云决》创下的票房纪录。之后，《喜羊羊与灰太狼之虎虎生威》、《喜羊羊与灰太狼之兔年顶呱呱》、《喜羊羊与灰太狼之开心闯龙年》接连创下票房新高。

这一票房纪录的“连级跳”，堪称国产动画电影的一个传奇。

传奇的打造离不开上海——尽管每部电影都由多家公司联合出品，但其中不

2012 年上映的《喜羊羊与灰太狼之开心闯龙年》，再受观众追捧。

变的主要出品方都是上海 SMG 炫动传播。可以说，这些成功的动画电影项目是 SMG 作为一家国有媒体集团在市场化环境中寻求资本合作、整合优势资源、创新营销手段、完善产业结构的一次有益尝试。

从 2009 年到 2012 年，炫动传播充分运用市场化的营销手段对电影进行推广，《喜羊羊与灰太狼之开心闯龙年》上映前夕，就特别制作了北京话、上海话、广东话三个版本的“喜羊羊”新年童谣，在三地的幼儿园、早教机构和电台推广；影片上映期间，全新装备的“喜羊羊”与“灰太狼”人偶更是兵分多路，空降到全国各大影院与观众热情互动。此外，“喜羊羊”的身影也突破了传统北上广“电影重镇”，采取了“二三线城市为重点”的宣发策略。在播、在线、在场的立体营销模式让“喜羊羊”变得更“喜洋洋”。

“上海羊”要当“领头羊”

《风云决》和《喜羊羊 1》成功的背后，是完成部分转制的 SMG 对动画电影市场的一次投石问路。当时任上海电视台台长的黎瑞刚曾表示：“过去，我们是为播出而制作，公司化后是为观众和市场而制作。我们希望成为一个内容提供商，而不仅仅针对电视播出平台。”

《风云决》和《喜羊羊与灰太狼之牛气冲天》的成功，也让 SMG 看到了动漫产业的巨大市场空间。管理层意识到，要想利用先发优势和资源优势，迅速做大这块市场，需要更为灵活的机制。2009 年底，在上海广电事业制播分离改革中，上海炫动传播股份有限公司应运而生。

这个整合了 SMG 原创动画投资、制作 童及卡通媒体运营的新业务版块，炫动传播从成立初期就将发展目标放在了做全国最大的动漫企业上，而第一个锁定的目标就是继续扩大 SMG 在动画电影投资上的先发优势。

在炫动传播总经理杨文艳看来，所谓“领头羊”，绝非一两个动漫品牌的市场领先，更重要的是对整个市场的号召力和吸附力。当“领头羊”，不仅要敢于起跑，敢于尝鲜，更要将引领发展方向、提升行业水平作为企业的使命。因此，炫动传播致力于打造成为具有行业标杆意义的产业枢纽平台，逐步形成播出推广平台、产权交易平台、投融资平台。

有业内人士指出，好莱坞有八大电影公司，“八大”周围有一大批生产创意的小型公司，这些创意正是依靠“八大”的发行，放大成为行销全球的票房利器。如果说北京具备故事和人才的优势，广东具备衍生产品加工的优势，香港具备出色、成熟的商业题材操作能力，那么上海的资本、管理、开发、运营等综合能力，以及巨大的内地观众市场，就是整合这些优势的容器。或者说，上海可以发挥国产动画的“策源地”和“大码头”效应。正是看到了上海这些天然优势，SMG 找到了自己的定位——在制作、推广《风云决》、《喜羊羊与灰太狼》、《麦兜》等系列电影的过程中，均以整合资源、打造品牌、开拓市场的姿态参与其中。

“领头羊”迎战“外国羊”

更值得书写的是，上海出品的“土”动画明星正渐渐抢走“洋”动画明星的风头。在沪上新世纪影城，同样由炫动传播出品的《麦兜响当当》首映当天取得了 27 万元票房，超过《变形金刚 2》首映日 20 万元的成绩。此外，沪上不少影院还将原先排给《哈利・波特 6》的场次撤下，换成了《麦兜响当当》。

如果放在几年前，这样的“传闻”简直就是“天方夜谭”。以动画电影为例，上海一直是迪士尼、梦工厂这些国外动画巨头在中国的重要票仓，而中国本土的动画电影在市场上却一直难以突破。SMG 介入这一市场后，整合内外部媒体宣传资源，采用立体化的市场营销方式，直接打开了通往外部市场的大门。

业内人士指出，一方面，随着国家文化产业振兴计划的推进，类似炫动传播这样获得市场主体地位的国内动漫公司将迎来原创动漫产业发展的黄金期。另一方面，市场竞争者的增加和市场的复杂性，也要求作为“领头羊”的炫动传播在迎接新机遇的同时准备接受挑战。

在原创动画投资领域，2010 年春节，一部《喜羊羊与灰太狼之虎虎生威》面对的是 6—7 部同类型动画电影的围堵，而 2010 年暑期的《七小罗汉》更是遇到了“史上最热闹的电影暑期档”以及《唐山大地震》的正面冲击；在媒体运营领域，《摩尔庄园》等儿童社区网络的迅速崛起，正在瓜分电视收视市场。

面对这些挑战，炫动传播明确自身的定位，将目标锁定在动漫娱乐及儿童教育两个方向，在创作和运营上不断探索。炫动传播成立了“动漫创投中心”，进行中国原创影视动画的投资、制作和发行；成立了“媒体运营中心”，为上海广播电视台的炫动卡通卫视和哈哈少儿频道提供优质的节目；成立了“产业中心”，发展动漫及与少儿关联的衍生品市场。三个中心让炫动传播掌握了产业链上的核心要素，为实现企业的跨越式发展提供了源源不断的动能。

众所周知，2014 年迪士尼乐园将落户上海，东方梦工场也将登陆申城。面对这些巨无霸级的洋动漫竞争对手，年轻的炫动传播已开始准备。“国产动漫迎头赶上的时间已经不多了，更加不能被动坐等。”杨文艳如是说。

“展现梦想的力量”。东方卫视《中国达人秀》节目是从英国版权方购买模式、在制作过程中进行本土化改造后推出的平民选秀节目。节目播出三季以来，每一季均成为当年中国地方卫视电视节目的收视冠军，并且获得了社会各界的广泛关注，不少专家学者、媒体以及普通观众均称赞《中国达人秀》体现了人文关怀的理念，展现了普通人对真善美的不懈追求。

“中国达人秀”：造就平民“明星梦”

李君娜

谁也没有预料到，出生于英国的“达人秀”漂洋过海来到中国时，不仅没有水土不服，反而在上海东方卫视的平台上烧起了更旺的一把火。

这把火，一“烧”就是三季。一季更比一季高的收视率，不仅让《中国达人秀》的品牌植入国人心中，也将“相信梦想，相信奇迹”的信念烙入每一个普通老百姓的心中。

“七年之痒”，还是“价值回归”

选秀依然是那个选秀，但江湖已不是原来的江湖。

2010 年，距离 2004 年举办首届“超女”比赛，正好是七年。“七年之痒”的魔咒，莫非也同样适用于选秀节目——那年夏天，“快男”在荧屏遭遇“花儿朵朵”版“超女”。看似来势汹汹的本季选秀，看来并没有带来期望中金风玉露一相逢的效果。即便是这两大堪称标杆性的选秀活动，在相继进入全国总决赛阶段后，也依然不如当年胜景。

正当人们准备接受荧屏选秀节目的自然疲软时，《中国达人秀》的一炮而红，似乎打破了某种平衡。

2010年7月25日，东方卫视《中国达人秀》首期节目即以平均8.0的收视率，成为上海地区收视冠军，在全国26个城市的同时段收视率达到1.37，排名第二。差不多在同一时期，另两档选秀节目，一档10进8直播全国收视率为0.83，一档全国总决赛10进8的收视率仅0.09。《中国达人秀》的收视爆棚，不仅一扫笼罩在该类节目头上的收视率阴影，也直接击碎了选秀节目的“七年之痒”一说。

业内人士认为：节目之所以能成功，是因为成功移植了《英国达人》所坚持的理念与价值观——“小人物的大梦想”、“平凡能创造奇迹”。不同于观众已司空见惯的偶像型选秀节目，在《中国达人秀》的舞台上，观众看到了坚信“自己会幸福”的“袖珍女孩”朱洁，看到了为博瘫痪多年的妻子一笑而开屏的“孔雀哥哥”，也看到了为给妻子圆梦而装“猪”的鸭脖子小贩周彦峰……可以说，没有“伪娘”、没有“黑幕”、没有“炒作”等等的《中国达人秀》，以干净又生动的面目，成为小人物实现大梦想的真正舞台，也让选秀节目再度拥有了来自草根的真实力量。

看似重新出发的选秀节目，只是回到了选秀节目最初的起点而已。

《中国达人秀》播出三季以来，每一季都涌现出不少让人印象深刻的选手，他们大多是普通人，但却拥有乐观积极的心态和朴素真挚的情感。

退休工人姜仁瑞几年如一日照顾瘫痪在床的老伴，为了让老伴卧病在床的日子不至于太枯燥，他自己发明“孔雀开屏”的装置，略显笨拙的孔雀舞只是为了博病妻一笑，这段故事在舞台上展示出来后，令全场观众流泪，起立向他致敬。

在上海卖鸭脖子的周彦峰，在节目中坦承上舞台只为了圆妻子一个唱歌的梦想，他们生活虽然贫穷，但妻子许娜却对唱歌充满热情，为了不打扰邻居，她甚至会在半夜里跑到西藏北路桥洞那里练歌。妻子许娜在幕后听到了丈夫的真情表述，含着热泪走上上海音乐厅的舞台，哽咽着唱出《干杯，朋友！》。

因为意外失去双臂的钢琴师刘伟，则不可思议地用双脚弹出美妙的旋律，他在台上说：“我的人生只有两条路，要么赶紧死，要么精彩地活着，没有人规定钢琴只能用手弹。”

这些普通人的真挚情感和本色表演，呈现出来的正是灵魂深处的精神力量。

失去双臂的钢琴师刘伟在达人秀舞台上演奏。

一位观众发短信给《中国达人秀》节目组。“这个节目呼唤了当代人忽略的传统文化里面的价值观念。所有中国人内心都是向善、向美，真正传播到位了，用最质朴方式把美的东西传播出去，老百姓就会认同。”

“拿来主义”，还是“本土化”

诚然，《中国达人秀》是不折不扣的“舶来品”——不仅节目版权购自英国选秀节目《英国达人》，且节目录制全程由《英国达人》团队负责“监督”。后者正是全球最知名的选秀节目的打造者。但显然，这并非简单的“拿来主义”——《中国达人秀》的“壳”取自西方电视节目的创意，“芯”却展示了本土化的中国梦。

这是一次“舶来”程度极高的节目模式。无论是舞台还是赛制，《中国达人秀》坚持和《英国达人》的做法一致。三个评委如无必要都将“从一而终”，比赛场地定在了高级别的音乐厅，录制现场有超过 20 个机位拍摄方方面面的细节。节目模式和《英国达人》的相似度达到 90%。初选阶段现场不采用传统的导控切割方式，而是设置 20 个机位,用大量录像带完整记录选手、评委和观众在整个比赛过程中的一切画面,后期剪辑时从大量素材带中挑选最好的镜头和画面。

但这并非简单的"拿来主义"。《英国达人》"一根筋"的制作模式已被许多国家的荧屏证明是成功的。但模式只是模式,达人秀之所以风靡各国,是因为达人秀舞台上的选手打动了各国的观众。而《中国达人秀》的灵魂正是那些参加比赛的选手。

《中国达人秀》最核心的本土化制作理念,也即"展现梦想的力量",也是中国达人比赛和国外同类型比赛最大的不同。在英美国家的比赛中,选手需要用自己在演艺方面的天赋和才华横溢的现场表演,来征服观众和评委,而在《中国达人秀》里,则更强调选手在才艺表演中释放真挚朴实的平民情感,展现真善美的人生感悟,不仅仅是用才艺征服观众,更要在情感上震撼观众的心灵,引起观众的共鸣。

本着这样的初衷,《中国达人秀》坚持选择最普通的、有着惊人才艺的平民选手。初赛时坚持原生态展现所有选手在台上的表现,不进行任何刻意加工和诱导式提问,半决赛时精心设计选手才艺包装,确保和初赛亮相相比能够有显著提升和变化。坚持让平民选手成为台上最大的主角,成为这个节目的最有力"武器"。

著名评论家、北京大学中文系教授张颐武表示,《中国达人秀》成功地把西方电视节目的创意,有效地加以本土化,另外一方面在本土化的过程中间,又把中国梦有效地展现出来,这样一个节目,完全完成了本土化的过程。

造"明星",还是寻找"中国梦"

节目火了,节目中的人也成了观众热议的"民星"。《中国达人秀》的口号是"相信奇迹,相信梦想"。乍听下来,《中国达人秀》跟任何一个标榜"草根梦想"的选秀节目并无二致。

在《中国达人秀》之前,国内选秀节目已经越来越多地成为造星机制的其中一环。与其说选秀舞台是展示自我的舞台,不如说是打造商业明星的预热。选秀舞台也成了青春年少和高大俊美的偶像型平民的专属。在商业利益的推动下,原本是普通人的选手在舞台上被华服过度包装,在舞台下又靠各种炒作,甚至不惜以负面新闻,求得快速成名。

对于《中国达人秀》,中国传媒大学文科科研处长胡智锋认为,它的最大贡献是把真人秀年龄不断下移的观众群，拉回到更具有普遍意义的主流观众群中，它满足了更大范围的社会需要。

而《中国达人秀》最打动观众的地方，正是那一个个平凡人的梦。如果说偶像选秀，是一群年轻人对一夜成名的渴望，那么达人秀要做到的，是让所有人都有一个狂欢的可能。无论“50后”、“60后”、“70后”，都可以在这里找到共鸣，表达自己的梦想。

为了寻找到更多更能让观众有共鸣的“梦”，节目组的许多工作人员往返于全国各地，玩起了“潜伏”，为的是寻找到那些隐藏在民间的中国达人。此前选秀节目会用到类似“星探”，但这一次，和“造星”已经没有任何关系，工作人员更多成为中国式“寻梦人”。

不仅在国内，《中国达人秀》的“中国梦”也在国外受到了大量关注。《泰晤士报》、BBC、CNN、美联社、路透社等数十家具有国际影响力的媒体，都曾广泛报道和关注《中国达人秀》节目。新加坡新传媒公司购买了《中国达人秀》节目在新加坡播出的版权，放在黄金时段播出，取得了8%的高收视率。新传媒U频道的副总裁彭秀梅曾透露，当地观众能够看到英美达人节目，但任何一期英美达人的节目都没能超越《中国达人秀》的收视率和影响力。她也坦言，《中国达人秀》在新加坡获得广泛认同，不仅仅是因为节目本身制作精良，更重要的是，不少达人对梦想的不懈追求，引起了广泛的共鸣。

迄今为止，从没有一档中国制造的电视综艺节目能够在海外获得如此巨大的影响力。北京大学新闻与传播学院教授、博士生导师陆地认为，《中国达人秀》秀的是真、善、美、爱和希望，它的成功说明娱乐节目可以发挥社会功能，可以走大道，可以靠文化魅力、价值观魅力吸引大众的关注。

从20世纪80年代被称为“里程碑”式作品的《曹操与杨修》，到《贞观盛事》、《廉吏于成龙》、《成败萧何》相继入选国家舞台艺术精品工程的“十大精品”，上海京剧院20多年来精品力作不断，在剧目建设方面取得的成绩颇为引人瞩目。特别是在近年来戏曲日趋“边缘化”，不少戏曲院团在创作上屡屡遭遇瓶颈，甚至走入“迷途”的情况下，上海京剧院在剧目建设上“耐力”之长久在戏曲界实为少见，因而被专家称为“上京现象”。

上京“突围”：向天而歌20年

王剑虹

经历了20世纪80年代初期恢复传统戏的一时繁荣之后，在各种新生文化形态和娱乐方式的冲击下，传统戏曲渐渐被“边缘化”，“国剧”京剧也不能幸免，“外面的世界很精彩，戏曲院团很无奈”。而在此时，上海京剧院创排的新编历史京剧《曹操与杨修》异军突起，以深刻的思想内涵和强烈的艺术感染力被称为京剧史上“里程碑”式的作品，20多年来久演不衰。

此后，上海京剧院又接连推出了《贞观盛事》、《廉吏于成龙》、《成败萧何》等高质量的新创剧目，使得上京成为目前唯一有三部戏入选“国家舞台艺术精品工程”的艺术院团。除此之外，上海京剧院20多年来还推出了《盘丝洞》、《狸猫换太子》等一批可看性强、在演出市场受追捧的优秀剧目。上京“京剧万里行”、“走马换将”等项目一方面走出去，为角儿找观众；一方面请进来，为观众找角儿，已形成品牌效应。

为什么在戏曲日渐“弱势”的情况下，上海京剧院却能取得如此成绩，上海京剧院院长孙重亮在《多元文化格局下的京剧突围》一文中认为，上京的这一系列努力是在“突围自救”，20 多年来的“突围之路”，造就了“上京现象”。

向天而歌，贴近时代脉搏

看戏曾是国人最主要的娱乐样式，也曾是普通百姓获得历史知识、为人处世方式、伦理道德观念的一个重要途径，因而陈独秀曾在他的《论戏曲》中说“戏园者，实普天下人之大学堂也；优伶者，实普天下人之大教师也。”不过随着时代的进步，今天人们可以从各种渠道获得知识，娱乐方式也日趋多样化。在这样的形势下，传统戏曲何去何从？

上海京剧院用自己的作品作出了回答。从 20 世纪 80 年代的《曹操与杨修》、20 世纪 90 年代的《贞观盛事》，直到新世纪之初的《廉吏于成龙》和《成败萧何》，几乎上海京剧院的每一出优秀剧目都和时代血脉相连，让观众在艺术的欣赏中感受到时代的律动。沪上文艺评论家毛时安认为，“一个著名的艺术表演团体必须有自己的灵魂。剧院的灵魂就是它的文化立场文化精神”。上海京剧院从首任院长周信芳那儿继承而来的“是那种与时代同行、呼应时代要求的极为强烈的创作冲动和欲望，以及由此而来创作的艺术作品所传达的时代精神”。

当然，上海京剧院的作品也不是部部厚重深刻。关注市场变化，关注观众审美要求的满足，是上京文化立场的又一端。毛时安认为：“这是一个需要娱乐的时代，但更是一个需要健康娱乐的时代。海派京剧的创新来自对都市审美的变化的适应。”从《盘丝洞》、《扈三娘与王英》到《狸猫换太子》所做的正是一种以健康积极向上的娱乐争取观众的巨大努力。特别是《狸猫换太子》既保留传统连台本戏中情节曲折、悬念迭起的优点，又强化了唱腔的优美动听、舞台美术的大气典雅。在剧情上则剔除了原来剧本中封建和迷信的成分，完成了对旧剧“点铁成金”的改造。因而该剧也被誉为是传统题材脱胎换骨整理改编的典范，一出可用以换票子的“养命好戏”。

激活传统，彰显艺术魅力

无论是尚长荣的《曹操与杨修》、《贞观盛事》、《吏廉于成龙》“三部曲”，还是突出流派传承的《成败萧何》，或者是更具娱乐性的《狸猫换太子》、《盘丝洞》，如今已都成为上海京剧院的保留剧目。因为这些剧目不仅体现了剧院的"文化立场"、"文化精神"，同时也具有强烈的艺术感染力，并且符合戏曲观众的审美习惯。

"激活传统，融入时代"，《廉吏于成龙》具有现实主义的表演风格，广受观众好评。

"激活传统，融入时代"，是尚长荣常讲的一句话。上海京剧院的这些新创剧目仅仅原汁原味地照搬传统戏的表演模式显然是不现实的，创新必不可少。尚长荣对于曹操的人物心理刻画是一种创新，魏征在《贞观盛事》中节奏自由低回婉转的"月儿如钩"[反二黄中板]是一种创新，于成龙和康亲王在斗酒醉酒中的表演更是京剧舞台上酣畅淋漓难得一见的创新。不过上海京剧院在这些剧目上采用的是一种理性的、有节制的创新，在尊重传统京剧写意表演体系并且充分展示综合运用传统手眼身法步、唱腔、念白魅力前提下，饱满塑造人物性格，细腻再现人物心理，形成有别于古典传统京剧的现实主义表演风格。

京剧艺术素来被称为"角儿"的艺术，即便是戏曲已经成为高度综合性舞台艺术的今天，"角儿"的魅力依然不可小觑。上海京剧院的这些成功之作都在最大程度上突显了"角儿"的魅力。尚长荣的"三部曲"取得巨大成功，离不开尚长荣作为"角儿"的个人魅力，尚长荣的表演被认为是把海派京剧表演体系推向了一个行云流水收放自若的新境界。而在"三部曲"中与之合作的言兴朋、关栋天在舞台上也都是尚长荣的"绝配"。2010 年，赴美国多年的言兴朋回沪与尚长荣再度合作演出《曹操与杨修》引起轰动，当晚逸夫舞台有大批戏迷观众在演出结束后迟迟不肯离去。而尚长荣与关栋天则素来被媒体誉为"黄金搭档"。有评论家认为，"很难想象没有言兴朋儒雅的杨修，没有关栋天的那种英武潇洒，尚长荣的表演将会是怎样的一种寂寞"。而《成败萧何》则挑选了陈少云和安平两位在各自流派领域里拔尖的"角儿"，突出展示流派艺术的传承，将"角儿"魅力与流派魅力合二为一，被认为是上海京剧院一部“有新高度的作品”。

精益求精，机制保驾护航

上海戏剧学院教授叶长海在谈到上海京剧院20多年来的创作历程时曾表示，“回顾上海京剧院近30年走过的路，觉得任何新的奇迹的出现，又都是理所当然的。因为在上海京剧院，艺术创造已然形成良性循环，剧院的创作机制，保证了中国京剧在这里走上成功之路。在这里，所有的个人成就都具有它的必然性”。

的确，作为上海京剧院这样一个有实力的艺术院团，有一两部优秀作品问世并不令人惊奇，但在20多年时间里能持之以恒地保持新创作品的艺术水准，不断推出高质量的新编剧目，则少不了有效的创作机制来“保驾护航”。上海京剧院从创作题材的选择和把握、剧院审美理想和艺术追求的坚守直至作品完成后的反复打磨都形成了一套有效的机制。

孙重亮院长表示，上海京剧院对创作题材的选择除了关注市场和观众的定位外，还着眼于作品的文化内涵和人文价值，以及所选题材是否符合本剧种的特点、是否适合本剧院演员表演。上海京剧院是当前戏曲界少数已形成较为鲜明的艺术风格的艺术院团，这与上海京剧院在剧目创作中注重发挥剧院的主导作用、始终在剧目创作的各个阶段渗透和贯穿剧院既定的审美理想和艺术追求是分不开的。在一些重要的创作项目中，上海京剧院还设置了文学编辑的岗位，通过文学编辑的工作体现剧院的创作意图，同时也弥补外请创作人员不能深入跟随剧组一起工作所带来的不便和缺憾。

“七稿八稿，没完没了”，是上海京剧院打磨精品的一个生动写照。一部精品的诞生往往不是一蹴而就的，而要经过反复的打磨，现在戏曲界有不少院团在新编剧目创作上就像“狗熊掰棒子”，排一出、扔一出，有时候少的就是反复打磨、精益求精的精神。而上海京剧院则不然，看准了目标就决不放手，从《曹操与杨修》到《成败萧何》，无不如此。一部《廉吏于成龙》仅大的修改就有11次，小的修改更是不计其数。《中国文化报》在一篇关于《廉吏于成龙》的报道中这样描写：“尚长荣被大家换作‘穆仁智’，是因为尚老板‘作恶多端’，深更半夜的，突然打电话给编剧、音乐、舞美某某：这儿可以这么改一下……经常如此。其实他们都是‘穆仁智’，院长是，关栋天也是。院长在排练厅会问：这里是不是还得加个句号啊。关栋天想：这句词怎么才能更拱嘴呢?”《成败萧何》在剧本创作阶段剧院就已介入，引导和帮助创作人员梳理史料，解读史籍，逐一分析人物，详细进行人物定位……其间还经历了中途更换编剧，之后数易其稿，直至 2006 年获得首届“中国戏剧奖 · 曹禺剧本奖”(戏曲)第一名，才作为阶段性定稿。在二度创作时，编、导、演经过了一次次的碰撞，一次次的修改，才造就了一部获奖“大满贯”的作品。

“上海京剧万里行”志在进一步激活演出市场。

在当前多元文化格局下，京剧的“突围”之路还相当漫长，除了剧目建设之外，上海京剧院还在队伍建设、演出运营、宣传普及等方面下足工夫。“梨园星光”、“菊坛群星”、“海上群星谱”等演出活动，促进了青年演职人员的成长，挖掘、整理了一批优秀的传统剧目。“上海京剧万里行”、“走马换将”等品牌演出项目开展多年来在激活演出市场方面颇有成效。而面对青年白领开办的“京昆跟我学时尚课堂”、“明星公开课”等活动则让青年演员与青年观众进行同代人之间直面交流，拉近了传统戏曲与年轻人的距离，取得了良好的效果。

“看话剧来安福路”如今已成为上海白领生活的一种时尚，这股时尚潮流是过去十多年间上海话剧艺术中心不懈努力打造的结果。通过多次机制体制改革，上海话剧艺术中心建立了制作人责任制，在艺术生产中推行项目管理；建立服务于项目管理的演员俱乐部人才管理机制；建立符合项目管理的工资分配制度；尊重创意，凝聚人才，使话剧在上海真正涅槃新生。

话剧“涅槃”：文化消费新时尚

梁建刚

安福路是上海徐汇区内一条单车道小街，不过千步。但在上海白领的心目中，安福路却仿佛是处“圣地”，因为这里几乎可以与一种全新的时尚都市生活——看话剧画上等号。“看话剧，到安福路”，倘若你傍晚打的去那，善解人意的司机也会轻轻说声，“哦，是去看话剧吧。”

安福路 288 号，这里是上海话剧艺术中心，上海唯一的国家级专业话剧团体。自 1995 年成立，多年不断改革，苦心经营，“天天有演出，周周有轮换，月月有新剧”，让去安福路看话剧终成上海一道独特的文化风景。

话剧：独特的风景线

85 岁高龄的著名话剧表演艺术家李默然 2011 年在上海住了一星期，看了十多部小剧场话剧。“一场《哥本哈根》演了又演，还是座无虚席，最后我只能坐加座了。”老人用“大有希望”来形容上海话剧市场的繁荣景象。

“在安福路话剧中心，浓郁的艺术气息扑面而来。你找好位置坐下来。转过头，看见后面已经坐着一大帮戏剧学院的学生，男生女生有着快乐的笑容……你看的是一场德国的当代喜剧。这应该是个有着沉重话题的喜剧。但它还是非常有趣……这样的夜晚真是好，这样的话剧真是不错……”这是作家杨秀丽留在上海的一段文字，更道出许多上海白领中意话剧的心境。

似乎谁也说不清，究竟自什么时候，话剧，这个在上海经历过高潮与门庭冷落，更被电视等现代传媒冲向边缘的西方舶来品，开始渐渐在上海的高素质白领与学生中，形成了十多万话剧迷群体，将话剧再次推向代表上海时尚生活潮流的前端。

似乎也有头绪。“看话剧去安福路”，这句如今令上海人耳熟能详的口号，正是自 1995 年原上海人民艺术剧院与上海青年话剧社合并而成全新的上海话剧艺术中心时，开始逐渐叫响。

应该有着内在的联系。就在这十多年间，话剧艺术中心的演出场次已达3 000多场，观众数百万人次，每年 40 部演出剧目，近 20 部原创剧目，2011 年票房收入更创下 2 787 万元的辉煌战绩。不仅如此，上海话剧艺术中心出品的话剧还在全国各大城市巡演，取得不俗票房。据国家大剧院编辑的《京沪话剧市场发展态势解析》统计，2010 年上海话剧艺术中心《钱多多嫁人记》、《杜拉拉》、《21 克拉》、《我爱桃花》、《一九七七》等剧目在北京演出共 46 场，占当年整个北京市话剧大剧场演出12％场次。

一台台优秀的原创剧目，更步步紧贴改革发展进程与观众期待：《金锁记》、《长恨歌》是旧时上海味道，逢演出票皆近 100％；一台世界推理戏剧大师阿加莎的《捕鼠器》一演五年，次次 30 多场，还是供不应求；历史话剧《商鞅》，被视作“百年话剧史无法绕过的精品力作”，观者云集；黑色喜剧《秀才与刽子手》，是一部反封建的力作，获奖无数；《兄弟》、《杜拉拉》、《武林外传》紧贴原著，又创意横出、不拘一格，其中话题更在全上海热议；还有的话剧，开演前两个多月，戏票早告售罄，有些票竟炒至千元，观者仍趋之若鹜。

当全国许多剧团投来羡慕的目光，话剧艺术中心经营者说，这些成绩的取得，是中心多次体制机制改革的结果，只是在改革中走在了前列，进入了良性运作……

《秀才与刽子手》演出剧照。

制作人：新的“全权老大”

随着市场经济的大潮扑面而来，剧团的生存，成为一个极为现实的话题。

这一点，当 1995 年话剧市场持续低迷之际，进行第一轮体制改革合并而成的上海话剧艺术中心，感同身受。

经营，首先要明确的是中心的运营模式。“现代的剧院运营，要走现代化道路，我们想到了纽约百老汇、伦敦西区，已成功的经验能否借鉴？”中心经营者说。

百老汇，这条位于纽约曼哈顿的 29 公里长街，云集数十家剧院，每天几百场演出，年收益近 50 亿美元，不仅是纽约文化产业的支柱，也是美国乃至世界戏剧艺术的中心。它的戏剧运营有三个重要组成者：剧院经营者、制作人和票务商。

伦敦西区的运营模式则一般采取制作人中心制。以演出长达21年的音乐剧《猫》为例，制作人卡梅龙·麦金托什是《猫》的灵魂人物，花多少钱、写什么样的本子、确定哪家剧场、招聘哪些演员……都由他拍板。

话剧中心的改革，亦由此开始。第一轮，设立“人艺”、“青话”两个制作体，实行项目管理和制作人责任制，完善内部法人治理结构，一改过去一个项目多人管，有了问题没人管的局面。近一轮改革，话剧中心再次修改制作人责任制，运作更加灵活，谁有项目资源，谁更有把握做好，谁就可以成为项目制作人。通过招标，没有经验的青年人才也能获得临时项目制作人资格。

确立了以制作人核心的模式，犹如确立了“全权老大”。中心所有剧目都经由项目管理完成。制作人与中心签订责任书明确责任义务，一台剧目，除了基本工作班底，编剧、导演、演员等全部人员签约入组，让资源最大限度优化组合。

这两年，被认为是目前上海最年轻高产的“80后”导演何念，就是得益于项目制作人制，从众多青年导演中脱颖而出。2003年毕业，短短几年，他连续执导《跟我的前妻谈恋爱》、《杜拉拉》、《鹿鼎记》、《武林外传》、《资本·论》、《步步惊心》等一系列话剧，几乎部部叫座。

可以说，一招，盘活了一局棋。

演员俱乐部：既要稳，又要活

改革，同样发生在导演与演员身上。

尤其是在电影电视风靡的当下，拍几天电视剧的收入强过排几个月话剧，这笔账谁都会算。悬殊的收入差异，势必带来演员、导演等人才流失，这是所有话剧团绕不过去的话题。

强留？只会适得其反；随意？话剧质量如何保障？

动足了心思，话剧中心最终确立了一套柔性化管理、有会员性质的演员俱乐部人才管理方式。对剧院内170余名演员实行统一管理与服务，同时完善单位内部的人才与剧目的双向选择。同时，为了保证演艺人才团队的稳定性，话剧中心对累计签约超过15年的演艺人员实施托底保障，并根据剧目需要安排演出机会。对于青年演员，考虑到演出工资的不足，允许演员参与影视剧和广告拍摄及外单位剧组，但必须在与本单位签约项目冲突时优先参加本单位工作。

此外，为了激励演艺人才开展创作演出活动，中心还建立起一套符合项目管理需要的工资分配制度。

一是“低基础、高浮动”，纳入事业编制的老演员，50％保底工资＋演出绩效报酬；其他演员无底薪、与工作量直接挂钩，但规定签约演员每年参加剧目排演的时间累计不得少于四个月的刚性指标，满则奖，不足则罚，甚至解聘。

二是建立生产要素参与收益分配机制，比如何念成了“票房蜜糖”，导演《杜拉拉》、《武林外传》大卖，中心立即提成10％以示激励，既调动了主创的积极性，更保障了话剧人才的稳定，如此后续剧目才可能层出不穷，票房节节攀升。

2010年，中心票房2 595万元，较五年前的865万元，增长200％。

未来最贵：创意人才

将企业精神融入艺术管理，创新符合市场需求的发展模式，尊重创意、尊重人才、激发热情，这是上海话剧艺术中心改革的核心，也正是海纳百川、追求卓越的海派文化精髓所在。

理顺了机制，契合了艺术生产规律，越来越多有戏剧梦想的人来到上海。话剧艺术中心要做的，就是如何远近咸来，留住创意人才，成为推动上海话剧氛围持续发展的“第三极”。

2007年成立的“捕鼠器工作室”，以制作阿加莎·克里斯蒂悬疑剧风靡上海。工作室制片人和导演，是原话剧中心演员童歆、林奕夫妇，两人以林奕的20万元嫁妆作启动资金，开始与话剧中心合作，经多年努力，出品的系列悬疑剧总票房近100％。

这种合作在如今上海话剧艺术中心的项目制作中已非常普遍，既确保好剧本和创意进入话剧中心，又通过共担风险减轻

《商鞅》演出剧照。

了双方压力。捕鼠器工作室至今制作了 2008 年《捕鼠器》、2009 年《意外来客》、2010 年英国悬疑剧《侦察》、2011 年《空幻之屋》和《命案回首》，培养了上海一大批忠实的悬疑剧迷，每轮演出一票难求。

管理机制的改革，人才的不断涌入更使上海话剧实力大增、佳作不断。《商鞅》请来了南京的编剧和北京的导演，《幸福的日子》编导分别来自湖北和广东，邀全国人才创上海话剧已成了常态。演员中则聚集尹铸胜、徐峥、吕凉、奚美娟、周笑莉等一大批文华奖、梅花奖、白玉兰奖得主。

为适应上海国际大都市建设的需要，提高话剧艺术与国际对话交流的水平，上海话剧艺术中心还通过《鲁镇往事》、《李尔王》、《I LOVE YOU》、《39 级台阶》等项目，从美国、英国、加拿大、澳大利亚等国引进聘任编导、制作管理、艺术节策划营运专业人士，满足文化市场对一个现代化、国际化剧院事业发展的要求。

自发生之日起，就是以维新、创新、取新、用新为己任的中国话剧，在上海，生命正旺盛。

上海以重大文艺创作领导小组和重大文化活动领导小组为抓手，尊重艺术创作规律，完善资助和激励机制，优化创作生态环境，发挥上海文化发展基金会的平台作用，积极推进文学、影视、美术和舞台艺术四大重点创作工程建设，组织实施文艺新品、优品、精品“三品”工程，围绕重大题材精心策划、积极推动创作，近年来捷报频传。高度重视早谋划、定位准确团队精、运作完备讲实效、多方合力保成功，这正是上海集中“优势火力”取胜的精髓。

集中“火力”攻坚重大题材创作

佘玫玫　梁建刚

艺术创作需符合创作规律，想让作品走进大众心灵，获得专家肯定、市场认可，已是艰辛。重大题材的文艺创作可谓是艺术创作中的核心战略目标，要想攻下它，并取得战略性的胜利，其复杂性、艰巨性、挑战性可想而知。但正是在这一领域，上海近年来捷报频传，不断刷新作品成功的纪录。

赢得重大题材这一仗

弘扬主旋律，体现多样化，浓墨重彩反映以爱国主义为核心的民族精神，讴歌以改革开放为核心的时代精神，记录民族复兴足音，反映社会前进步履，是重大题材文艺创作的必然内涵与鲜明特点。

新中国成立 60 周年、举办上海世博会、建党 90 周年、辛亥革命 100 周年……

上海是中国革命的红色起点，更是现代中国的经济之都、时尚之都，近年来的一系列重大节点与活动，不但为上海艺术人们提供了极佳的创作契机，更为创作内容给养着取之不竭的源泉。

天时、地利、人和，使得上海重大题材文艺创造近年火热势头不断，涌现出一批精品力作，不但受到广大人民欢迎，在重量级文艺类评比中夺得的大奖不计其数，社会效益和市场效益双丰收。

一本长篇小说《长街行》，写不尽一条上海老街上的人们在时光荏苒中的命运蹉跎；一幕京剧《成败萧何》，唱不尽历史的曲折，英雄的寂寞；一部电影《高考1977》，说不完一个时代的民族记忆……三部作品，领域不同，真情相似，与电视剧《我的青春谁做主》、电视动画片《大耳朵图图》等一道，共同代表上海获得第十一届精神文明建设“五个一工程”奖。

更值得一提的京剧《成败萧何》，除“五个一工程”奖外，还先后获得中国戏剧节优秀剧目奖、中国京剧艺术节金奖、中国戏曲学会奖，与昆剧《长生殿(精华版)》获“文华大奖”后，相继荣膺国家舞台艺术精品工程十大精品剧目，成为囊括全部重要戏剧大奖的“大满贯”剧目。

戏曲之外，上海的舞剧《天边的红云》、《舞台姐妹》等获得中国舞蹈“荷花奖”金奖；中国画《永生——1941 年 1 月 14 日皖南》、油画《江南制造局》、雕塑《平民教育家陶行知》等九件作品入选国家重大历史题材美术创作工程；为上海世博会献礼的电视纪录片《百年世博梦》获得中国广播影视大奖广播电视节目奖“纪录片大奖”……

纪念建党 90 周年之际，“上海创作”的红色大戏也很精彩。电视剧《开天辟地》被誉为献礼“第一剧”，全景展现中共初期波澜壮阔的历史。中宣部和广电总局推荐的十部纪念建党重点献礼剧，三部出自上海。《开天辟地》之后，上海出品的《革命人永远是年轻》紧接着登上央视一套黄金档，《新四军女兵》则在央视八套黄金时间同时播出。这些“红色大戏”件件大手笔，叫好又叫座。

建起“战略指挥中心”

重大题材的文艺创作，能够成为弘扬先进文化、传承民族精神、打造时代精品、引领审美风尚的重要平台，更能成为代表一个国家一个地区崇高的文化品牌。因

施大畏、施晓颉创作的《永生——1941 年 1 月 14 日皖南》入选 2009 年国家重大历史题材美术创作工程。

此，在全国各地被广泛重视。而如何在机制、模式上保证持续关注度，常抓不懈，集中精兵强将，集中优势火力，就成为取得阶段性胜利的关键。

这一点，上海一年四季，从未有懈怠。

每年开春时节，一年一度的上海文艺界规模最大的文艺工作会议都会如期召开。分组讨论、热烈发言，以“创作”为中心，汇聚申城文艺中坚，明确新一年度文艺创作，特别是重大文艺创作的责任、方向，研讨相关文艺市场、人才、投入，揭开文艺创作新一年。

夏秋两季，上海重大文艺创作集中“点兵”、“给养”。上海市重大文艺创作领导小组分两期面向全市接受申报，通过资格认定、专家评审，甄选佳作，再向全社会公布资助金额。与此同时，上海文化发展基金会面向社会接受公益性文化艺术项目资助申报，资助项目类别和创作题材更加宽泛，堪称上海培植文艺创作的母体平台。

年末进入收获季，申城年度文艺精品、优品和文艺家荣誉奖申报评选随即启动，一年佳作，得失功过辛劳任人评说，至此，上海文艺界重振旗鼓，向下一个重大目标发起冲击。

这些，还仅是上海特色文艺机制具象化的一个缩影。

近年来，上海以重大文艺创作领导小组和重大文化活动领导小组为抓手，尊重艺术创作规律，完善资助和激励机制，优化创作生态环境，发挥上海文化发展基金会的平台作用，积极推进文学、影视、美术和舞台艺术四大重点创作工程建设，组织实施“三品”工程，不断推出文艺“新品、优品、精品”并予以奖励，围绕重大题材精心策划、积极推动创作。

一年四季，四面八方，共组“优势火力”，为重大题材文艺创作建起完备的“战略指挥中心”。

做好“后勤保障队”

艺术有其特殊创作规律，首要问题是选题，到底做什么。

如何抓好选题？上海一直坚持的是，早启动、早布局、早谋划、早行动。

2011 年是建党 90 周年、辛亥革命 100 周年，上海提前两年开始酝酿相关选题。先由市委宣传部牵头，向主要创作单位征集选题及创作意向，召开选题策划会、专家研讨会，反复探讨论证；其次，通过重大项目和基金会项目申报评审，面向全市开展创作立项申报，根据创作情况进行相应资助扶持；对水平高、仍有提高空间的成熟作品，给予修改提高资助，按专家意见反复打磨，力争精品。

到 2010 年 3 月底，上海已手握一批优秀资源，涵盖电影、电视剧、纪实文学、长篇历史小说、中国画等各类形式。其中电影《西藏天空》、电视连续剧《开天辟地》、《开国》列入中宣部影视创作重点选题。后来，电影《辛亥革命》、《先驱者》，电视剧

重大题材选题的创作是"重头戏",上海一直"好戏连台"。

《大江东去》等被中宣部列入重点选题,连同电视剧《焦裕禄》、《儿女情更长》等均成为上海主抓的重头戏。

选题有了,能不能出好戏,思想艺术质量是根本。在创作过程中,上海仍然不放松:首先要把好导向关、政策关、史实关,确保作品思想的艺术质量;其次着眼出精品,充分调动一线创作者积极性,在作品思想性、艺术性和观赏性结合上下工夫;第三,确立重点,集中智慧,加大扶持力度,为重点选题配备一流的创作队伍,实现创作资源的最佳配置;最后,加强把握现实生活、时代精神,努力用独特视角和艺术语言表现社会主义核心价值,在内容和形式上积极创新。

保证了思想质量,优秀的文艺作品,更亟需优秀资源。在资源配置上,上海力求对每个重大创作项目进行最优配备。人员更是立足上海,放眼全国。《辛亥革命》编剧王兴东,深谙主旋律电影剧本的创作方法,是《建国大业》编剧;导演张黎,凭借《走向共和》、《人间正道是沧桑》早已赢得业内和观众认可;演员名单中,赵文瑄、成龙、李冰冰、陈冲……全国各地人才齐聚。

在文艺创作最重要的资金保障方面,上海亦在不断采取激励创作的新办法,《2011年度上海重大影视创作项目(摄制部分)资助评审的有关规定》、《上海市重点电影创作生产资助办法》等先后出台,电影《遥远的约定》、数字电影《玉卿嫂》、3D动画影片《大闹天宫》等多部重点项目、重点剧目先后获得资助,总金额数千万元。

从选题到思想艺术质量,从资源配置到资金保障,共为重大题材文艺创作提供最精锐的"后勤保障队"。

担起"战地急先锋"

有了"指挥中心",有了"后勤保障",犹如明确了目标,备足了粮草武装,"集中火力”下的精品赢得胜利，只剩最后一关，冲向战场。

但在现今国内文艺市场竞争激烈的环境中，作品要做到令观众、专家满意，在重要时间节点前获审批通过、排入理想档期，并做好播映前后的宣传推广，就成为重大题材作品最后成功的关键。

《开天辟地》就遇到过类似的问题，作为重点献礼电视剧，《开天辟地》必须争取在“七一”前后上映，但开机拍摄时距节点已不到半年时间。在确保艺术质量的前提下，上海采取集中精兵强将，将拍摄及后期所有流程在精密统筹下分线同步推进，原本8—10个月制作完成的工作量，硬是在5个月内完成，最终在央视一套黄金档跨“七一”播出，完成了“不可能的任务”。

宣传推广中，上海更是将集中“优势火力”工作法运用到极致，充分利用立体媒体的宣传策略，对重点作品进行重点推介和深度宣传。以影视剧为代表，电影首映式、新闻发布会、不同角度的片花、预告、报道、访谈等一一系统筹划。

纪念辛亥革命100周年之际，上海推出的《辛亥革命》充分抓住时机，影片在北京、上海等地上映后，在香港举行慈善首映礼，同时，作为开幕式影片参加东京国际电影节，拉开全球发行的序幕……最终赢得过亿元票房。

此外，遵照中央确定的“区别对待，分类指导，循序渐进，稳步实施”的工作方针，上海结合实际，积极稳妥地推进和深化本市文化体制改革，有效推动文化事业、文化产业逐年壮大，活力不断增强。同时，通过多种形式培养人才，营造精英汇聚、人才辈出的生态环境，为上海重大文艺创作再起强大助推力。

高度重视早谋划、定位准确团队精、运作完备讲实效、多方合力保成功，这正是上海集中“优势火力”取胜的精髓。

从5 000年前的崧泽、福泉山文化，到2010年的世博会，上海这座城市的历史文脉将通过中国画、油画和雕塑作品得以艺术地展现。这就是2010年12月31日启动的“上海历史文脉美术创作工程”，计划在三年内完成。2012年10月，第一期、第二期作品将在中华艺术宫隆重亮相。第三期作品完成后，中华艺术宫将开辟专门展厅陈列全部100幅作品。这批作品将成为上海的艺术瑰宝。

大师泼墨绘就城市历史文脉

林明杰

在卢浮宫、大都会等欧美著名博物馆，人们都会看到大量反映西方历史上重大事件和人物的恢宏巨制。但在中国的美术史上，却似乎缺少了这一章节。中国的古代艺术家更倾向于用山水、花鸟、人物等绘画题材寄托自己的哲学观和情怀，而非史诗性的图像记录。“上海历史文脉美术创作工程”正在填补着这一空白。

于2010年12月31日正式启动的“上海历史文脉美术创作工程”，由上海市委宣传部、市文广局联合组织实施，计划在三年时间内，通过政府组织大型主题性创作的方式，以人物、事件、风俗、建筑等为切入点，创作100件表现上海历史文化脉络的中国画、油画和雕塑作品，旨在充分展示上海城市历史文脉、挖掘城市文化底蕴，创作出具有民族特色、时代特点、永久留传的美术精品。

尊重艺术规律　承担社会责任

凡事开头难，如何看待和创作“历史文脉”这样主题性的艺术作品，艺术界和评论界均有不同看法。主题性创作是否过时？是否还有生命力和感染力？

“现在社会上一些人对于我们的主题创作不理解，认为这与20世纪50、60年代的红色题材绘画没有差别，这实际上是一种对于艺术创作的误解。”上海中国画院副院长陈翔说，“50、60年代的主题创作，是高大全、红光亮几乎千篇一律的视觉模式，但是今天的画家在创作上海历史文脉美术创作工程所设定的选题时，可以通过自己掌握的技法进行一定的创作，更多地展示自己对于命题的理解，而不是千篇一律地根据既定的绘画风格进行展现。”

对此，上海美术家协会主席施大畏解释道：“当今的主题性艺术创作不是20世纪50、60年代那种说教式、图解式的创作，而应该是融会了学术性、艺术性和艺术家个性，以及各种不同艺术理念的新创作。”他说，上海的美术在主题性创作上拥有丰富的经验。因为在过去的几十年中，数代优秀艺术家在主旋律创作中都产生过代表作品，比如丰子恺的《饮水思源》、吴湖帆的《庆祝我国原子弹爆炸成功》、陆俨少等的《伟大的起点——一大会址》、陈逸飞的《开路先锋》等。

艺术家们对“上海历史文脉工程”的创作积极性很高，认为这是一次难得的创作机遇和学术挑战。尽管其中很多著名艺术家的作品在市场上也被追捧，但是他们从来没有问过参加这一创作会得到怎样的报酬，而更多地是在探讨和思考如何创作。

史海钩沉严谨　创作构思大胆

《拂晓·辅德里——中共二大会址》的作者洪健，曾尝试了八稿，但由于侧重于会议场景和参与会议人物的表现，均被一一否定。最后，才定下了以辅德里的建筑为主，配合以微亮天色的主调表达“二大”在中国革命历程中的地位和意义。定稿后，洪健又配合画面找寻当时的道具，去了上海历史博物馆、上海消防博物馆等收集资料，还在上海公安博物馆的库房里找到了当时的“英商”公司监制的消防栓。

老画家张培础创作“运十飞机”主题，可以说是老画家遇到新问题。“运十”是中国首次自行研制、自行制造的大型喷气式客机，但研制成功后没有投产过。这段值得骄傲而又遗憾的历史如何表现？如今生产的场地都已不在。他像记者那样寻找资料和当事人，采访了一个个细节，然后用记者那样客观冷静的态度，极其写实地再现了当年装配"运十"的场景。

有人认为主题性创作只适合于写实的艺术风格，但这次参与创作的艺术家风格各异、观念不同。经过探索，他们发现，新时代的主题性创作正是因为多元化的状态才体现了出其特殊的时代艺术价值。画家们在主题性创作中力争样式与风格多样化，看待历史的观点更客观，寻找的形象更生活化，这也充分体现上海地方文化的特点。

何小薇、程俊杰是倾向于表现个人浪漫气质的油画家，他们承担了洋山深水港的主题。他们以个人的浪漫气质使得工业题材绘画呈现出新颖的面貌。这幅画以鸟瞰的视角展现，有近景的钢结构起重机械，也有透视感强烈的远景，观画者如同随着飞鸟翱翔在空中，动感式地浏览这当代港口建设的奇迹。画面的色彩以红色和橘黄色为主调，并非现实场景的机械再现，而是充满了主观感情色彩。

朱新昌在回忆《星火日夜商店》创作过程时，不胜感慨："许多人都觉得命题创作比较容易，不需要画家有太多的想象力和创造力，只要按照题材的需求照画就是了。但我觉得难度更大。因为它有着特定的情节和要求，这时自己平时擅长的题材和惯用的绘画技法就会施展不上，更必须发挥想象力和创造力，像星火日夜商店，顾名思义，画面上必须突出日夜二字。开始我是根据画面条屏所反映的内容，把白天和黑夜穿插在一起，然后再用不同的色调来区分，但反复思考后，我把白天和黑夜内容区别开，分成两大块，白天用暖色调，晚上用冷色调，以二联画的形式来表现。画面色彩问题解决了，自己也认为有一定的新颖感，但随之新的情况又出现了，由于原来条屏秩序被打乱，整个画面的节奏平衡被破坏了，于是又进行反复多次的调整、安排、修改……"

施大畏以第三次工人武装起义为主题，创作了《入口洗礼》。"我喜欢创作悲剧性的题材。"施大畏说，"五卅起义的暂时胜利换来的是残酷的镇压，死了500多人，失踪几千人。胜利后的失败，中国共产党因此思考了一条新的革命道路——农村包围城市。我想通过这个题材表达出上海这个工业文明城市的真正内涵，它的先进性所在，不只是小说电影里的十里洋场，而在于它是新文化城市，是革命的城市，以及工人阶级不折不挠的精神。"

《入口洗礼》像是凝重的交响史诗。画面弥漫着悲壮的气氛，大片的黑色笼罩着，黑色中一缕胜利曙光马上被乌云湮没，其中众多人物的组合打破了时间空间的概念，营造了画面的结构。其中有胜利的欢呼，有狂风暴雨来临前的短暂平静，有革命者沉痛而冷静的思考。

力作震撼观众　精品铸就经典

目前，工程第一期 25 件作品业已完成，第二期工程的 38 张小精稿已出来。第一期完成的作品首次亮相于 2011 年“红色的起点 · 永远的丰碑——上海纪念中国共产党成立 90 周年美术作品特展”。

“这些作品给我第一感觉就是震撼。”陈翔说，“在人们的传统观念中，国画作品第一印象就是小巧玲珑，但此次上海历史文脉美术创作工程中的国画作品，至少高二米以上，宽度则超过了四米，这样大的尺幅在一般的油画作品中是非常少见的。

何红舟、黄发祥、尹骅创作的《民生——江泽民视察菜市场》。

然而要真正从最初的创作思路，落实到纸上形成画作，还要经过专家的层层评选，画家反复推敲构思。因此，可以说最终亮相的作品都是作者经过多次修改之后的精品力作。”

“工程”第一期创作题材范围广泛，有《曙光——中国共产党成立（上海）》、《拂晓·辅德里——中共二大会址》、《国歌——聂耳、田汉在上海》、《八一三淞沪抗战》、《血肉长城——四行仓库保卫战》、《真理之路——上海龙华烈士陵园中的烈士》、《晨曦——上海解放》、《重燃都市之光——陈毅市长指挥抢救杨树浦电厂》、《沧海桑田——崇明围垦》、《星火日夜商店》、《飞的梦想》、《浦江新曲——重建证券交易所》、《晨曲——浦东崛起》、《都市风景线》、《磁悬浮的腾跃》、《东方大港》、《化蝶——〈梁祝〉的诞生》、《南京路上好八连》、《“三转一响”——“上海货”的魅力》、《破冰——中美〈上海公报〉》、《国之瑰宝宋庆龄》、《世纪良心——巴金》、《中国红》、《春风雨露——毛泽东和上海文化名人》、《民生——江泽民视察菜市场》等，各具特色，精彩纷呈。作品均以大体量呈现，油画和国画作品最大达到 5—6 米宽，3—4 米高。雕塑则超过真人大小。

韩硕创作的《重燃都市之光——陈毅市长指挥抢救杨树浦电厂》。

有艺术评论家认为，上海历史文脉美术创作工程的实践解决了当前艺术界对主题性创作的认识问题。主题性创作只要尊重艺术规律，与时俱进，依然能呈现出新的学术价值、艺术价值和社会价值。

据悉，2012 年 10 月，中华艺术宫开馆之际将展出上海历史文脉美术创作工程第一、二期作品；待第三期作品完成后，中华艺术宫将开辟专门展厅陈列全部作品。这批作品将成为上海这座城市的艺术瑰宝。

2010年，上海世博会成为世界瞩目的焦点。大量游客前来观光游览，除了参观世博场馆，丰富多彩的文艺演出也吸引了人们的眼球。10月8日至12日，集中展示本届世博会“东道主”上海文化魅力的上海活动周上演，五天的活动精彩纷呈，受到园区内中外游客的广泛好评。根据运营方提供的数据，在上海活动周的第三天，宝钢大舞台参观人数超过两万，创下了世博会省市周活动文艺演出观众人数的最高纪录。

“海上风韵”：倾倒世博八方宾朋

李志华　李君娜

随着世博园庆典广场上最后一场“风从海上来”音乐舞蹈专场演出在游客的掌声中落下帷幕，上海世博会上海活动周也迎来了最后的尾声。

以“海上风韵”为主题的上海活动周，在五天时间里上演了一系列好戏：其中包括开幕式《海上风韵》文艺演出、《海上寻梦——雕刻时光》杂技表演、《风从海上来》音乐舞蹈专场演出、《戏游上海·戏曲，让城市生活更绚丽》戏曲演出、非物质文化遗产及民俗展示、“创意生活”——上海活动周巡游表演等。

现场：上海周博得满堂彩

开幕式上，五个文艺节目的演出，短小精致，一气呵成，呈现出开放、睿智、融合、创新的海派文化风格。

中国元素的少儿舞蹈《欢聚世博》融合了秧歌舞、新疆舞、西藏舞、蒙古舞、傣族舞等各民族舞蹈，令观众目不暇接。紧接着，一曲唢呐演奏技惊四座，原生的嘹亮唢呐和着时尚的探戈舞步，演绎了中西合璧的《上海探戈》。京、越、沪、淮四剧种以戏曲串烧形式呈现的《梨园申韵》，展现了上海海纳百川的戏曲文化，特别是京剧名家尚长荣的精彩亮相将节目推向了高潮。随后上演的都市杂技《马路天使》轻快而不失俏皮，由舞蹈家黄豆豆领衔压轴的歌舞《梦圆 2010》赢得现场观众的热烈反响和持续掌声。

“观众的热情超出了预料。”每一个演职人员几乎都不约而同地说了这句话。

多媒体海派杂技秀现场，宝钢大舞台可容纳千余人的观众席座无虚席，就连通道上的台阶也被许多人当成了临时位置。一个小时的演出时间里，台下观众平均十秒钟左右就会集体爆发一次掌声。

杂技秀的负责人之一、上海杂技团副团长蔡荣华说：“这台戏我们用了两年的时间来精雕细刻，因为世博的演出时间和舞台空间有限，杂技秀的长度和动作和原来相比作了一定删减，但是没想到现场观众的反响很好，甚至超出了我们的预期。”

类似的景象也发生在《戏游上海 · 戏曲，让城市生活更绚丽》的演出过程中。“第一天演出前，就有很多观众听了节目播报后早早‘占’好了位置。演出过程中，也很少有人离场。”节目统筹吕祥记得很清楚，“有意思的是，一个外地戏迷通过新闻知道上海周有这个节目安排后，特意从哈尔滨赶过来，在世博园里等了 4 小时，只为看这个时长仅半小时的演出。”

台上“开锣”演出的节目，在活动周的每一天都一样完美，而在台后“稍息”的演员们，五天里每一天的心情却是不一样的。

国家一级演员、央视青年京剧演员电视大赛金奖得主傅希如说：“第一天更多的是亢奋，大家所期待的是在世博园演出的梦想就要成真；第二天，演出更多的是一种惯性；第三、第四天也许带了点生理上的疲劳，毕竟每天要演两场，而且是天天演；但到了第五天，就变成不舍得离开这个舞台了。尤其是最后一场演出结束，看到现场观众毫不吝惜地给予掌声，我们全体人员的心情只能用‘惜别’来形容。”

台前:“老上海”味道浓

上海活动周,怎能离得了老上海的味道?

在宝钢大舞台临时“开张”五天的非物质文化遗产传习馆,是上海周的一大亮点。布置成石库门样式的街景,数十位非物质文化遗产传承人动态地展示了具有浓郁海派文化风格的城市非物质文化遗产。

推开传习馆的门,步入“步高里”,古色古香的八仙桌和暖意融融的老虎灶跃入眼帘,大饼、油条、粢饭、豆浆“四大金刚”摆在桌上,让上海的游客分外亲切。再走进上海厅堂,陈列四周的海派玉雕、嘉定竹刻、微雕微刻等让人驻足观看,就连清朝雍正年间失传的“象牙篾丝编织技艺”也惊艳亮相。

此外,展柜里展出的三五牌台钟、华生牌电扇、飞跃牌黑白电视机、上海牌手表等物件透出的“上海味道”扑面而来。周虎臣毛笔、朵云轩木版水印、龙凤旗袍制作技艺的风采;尤其是顾绣、绒绣、竹刻,让观众领略到海派工艺美术的精细和雅致。

“上海味道老浓的。”因为在上海工作生活了一段时间,美国小伙凯文已经能用“洋泾浜”式的上海话告诉同行友人逛“上海非物质文化遗产传习馆”的感受。

难得一见的“海上画派”杰出代表任伯年的经典之作《群仙祝寿图》也以独特方式一展容颜——由20多位艺术家耗时八年用木版水印技艺复制的《群仙祝寿图》现身上海活动周,这也是迄今为止尺幅最大的木版水印作品。“这部巨制的风采能够再现于世人面前,来之不易!”参与创作的郑名川感慨,技师们的技术创新和加班加点,总算为上海世博会献上一份大礼。

宝钢大舞台的另一边,由沪上京、昆、越、沪、淮,以及评弹、滑稽等上海七大戏曲曲艺院团青年演员联袂上演的“戏游上海”,将“上海味道”进行到底。根据上海说唱名段《金陵塔》结构曲调改编的一曲《欢迎您》,在五分钟内用吴侬软语向世博游客介绍了上海世博会各场馆以及上海的城市风貌。宝钢大舞台上演的另一场名为《海上寻梦——雕刻时光》多媒体海派杂技秀,则用杂技的别样方式展现上海早晨、中午和晚上的风情和活力。

与具有浓郁上海风情的非物质文化遗产展示不同,上海活动周巡游表演由200多位演员演绎新上海的创新、时尚与活力的同时,还迎来一批特别的“客人"——10个身高1.55米的"海宝机器人",在活动周最后一天为巡游"打头阵",为世博园里的游客送上来自上海的祝福。

《风从海上来》音乐舞蹈专场演出以海派文化为主核,全景铺展,多元并存,形成经典与流行、雅致与民俗、传统与时尚,传承与创新交融的大型演出。

幕后:"阿拉"上海人很卖力

短短五天的展示时间,上海活动周里的每个文艺节目都使出了"浑身解数"。其中,"戏游上海"堪称上海戏曲界难得的"全家福"亮相,七大院团在世博聚首,意义自是不同。

《海上寻梦——雕刻时光》杂技表演打破了传统杂技单一的编排手法,在杂技表演中融合了古诗词、阴阳太极、评弹小调、上海弄堂文化等传统元素的基础上,嫁接街头嬉哈风、音乐剧、舞剧等现代艺术,同时在服装、音乐、舞美、灯光等综合艺术上进行精心设计,并运用了多媒体技术来丰富舞台空间的转换,也让这一节目真正成为"精雕细刻"的艺术。

作为上海活动周的重要组成部分,巡游活动规模盛大、形式活泼,体现世博倡导的精神,展示上海的本土文化特色。

巡游队伍有六大方阵,六辆彩车,演员共300多名,来自社会各高校和各类演艺团体,包括华东师范大学、工程技术大学、上海学生艺术团、上海杂技团、上海体育学院等十家演出单位。

上海活动周巡游期间,世博会已进入最后一个月,由于承接了世博会的多项相关工作,整个工作团队以及大部分演员都已经非常疲劳,但演员们的表演状态、工作人员的热情却没有一丝消减,一些演职人员甚至带病参加:从十一长假期间的连续排练,到10月6日凌晨的实地彩排,到连续五天的演出,大家都精神饱满,以十二分的热情投入到演出和工作中。

值得一提的是,在现场演出中,演员们要走近两公里的路程,这对平地行走的人来说也是很长的距离了,而演员还要做人梯、翻腾等高难度的表演动作;模特穿着沉重的时装、高跟鞋走猫步;人体雕塑演员始终保持着同一动作;杂技演员踩着三米的高跷和观众做互动。

正是这些难以想象和匪夷所思造就了上海活动周巡游的精彩,游客们夹道观看，欢呼声、喝彩声不绝于耳。

为了确保世博上海活动周开幕仪式和文艺演出的顺利进行，上海文广演艺集团编导创意策划团队在上海市委宣传部的指导下，历时两个多月精心策划、组织、编排。少儿舞蹈《欢聚世博》、戏曲联唱《梨园申韵》、歌舞《梦圆 2010》和《上海探戈》等四个节目都经过重新编曲和配器，参演院团较多，各院团全力配合以保障演出成功。同时，组织方前后五次集合舞美、灯光、音响、视频、演职人员等各部门进行连排，确保了演出的圆满成功。

“城市，让生活更美好”，如同上海世博会的主题，上海活动周的相关活动也让国内外游客充分感受到了浸透入这座城市的点滴之美。

一本小小的《故事会》，先后获得两届中国期刊的最高奖——国家期刊奖。它的内容中没有常见的红男绿女的风流韵事，也没有黑帮火并的刀光剑影，它带给读者的是一串串美妙动人的故事。这样一本"普通的刊物"，竟连续数年创造了月发行量达400多万册的记录，在中国期刊出版史上树起了一座丰碑；它的发行量不仅在全国9 000多种期刊中一直遥遥领先，而且在全球发行量最大的前五十名期刊的排名中高居前列。作为一个"期刊的神话"，《故事会》本身，也有许多精彩的故事……

《故事会》：千里挑一打磨好故事

乐梦融

在车站、码头、机场、学校、工厂附近的书报亭，它总是卖得最火的杂志之一。

"看得进、记得住、讲得出、传得开"；"从民间来，到民间去"——这是整个《故事会》团队的理念，靠着这样的理念，他们收集审阅着四方来稿，又将编撰完善的一个个小故事，传向四方。

从1963年创刊至今，这本32开的"小刊物"已发行超过500期，至今每月拥有400万份的庞大销量，始终处在中国期刊的第一梯队，而上海文化体制改革将这张家喻户晓的城市文化名片擦拭得更闪亮。

一株小草　从民间来

有人把《故事会》称为顶天立地的"大树"。然而，《故事会》编辑部却流传着"小草颂”，编辑部成员也更愿意把自己称为充满生气的绿色小草。

小草有“土”性。它亲近大地，展示的是没有经过雕琢的自然本色。《故事会》的土壤是读者，是现实生活。它贴近读者，坚持“眼睛向下、情趣向上”的办刊风格，从现实生活中汲取新鲜营养，再以生动的表述形式、独特的传播方式，为人民大众提供想看爱看、健康向上的精神文化产品。编辑部每月收到的来稿超过 20 000 份，必须做到百里挑一，甚至千里挑一！也正因此，《故事会》受到广大百姓读者的喜爱。

小草有“野”性。它生于民间、长于民间，生生不息、绵绵不绝，具有顽强的生命力，只要有土壤，就能成长。《故事会》亦如此。它发表的作品，以鲜活的社会内容、生动的表述形式、独特的传播方式为人民大众所喜闻乐见，它浸润着浓郁的田野气息，涵蕴着丰富的生活共识。改革开放初期，中国农村有的地方的邮路是不畅通的。一个读者将《故事会》带回家乡，后来他来信告诉《故事会》编辑部说：“一本《故事会》竟然走遍了一个生产队！”在中国，在世界的华人地区，几乎都能听到“我是看《故事会》长大的”这样的亲切话语。在各种价值观、人生观发生激烈冲突的背景下，《故事会》几十年如一日，通过讲故事，走出了一条以“故事文化”为核心的内容产业发展之路。而当年与《故事会》并驾齐驱的众多杂志，如今不少已悄然退出了历史舞台。

为保持活色生香的生活气息，感应时代的发展脉搏，《故事会》的编辑、作者一次次深入民间去收集故事、“打捞”故事，而《故事会》也造就了许多平凡人的故事。教师王永坤就曾于《新民晚报·夜光杯》刊登过一则自己的亲身经历：其时，他刚当上一个“问题班级”的班主任，当天的自习课上，学生们就在他的“突然袭击”中被“收缴”了 27 本《故事会》杂志，好奇心让他开始看起了故事会，没想到，这一看，自己也被深深吸引了。自此，班级里开始了每周一次的“《故事会》演讲赛”，王永坤被学生们封为“故事会会长”，师生间还展开了友谊赛，最终以老师在《故事会》上发表处女作，学生勇夺县作文竞赛大奖画上圆满句号。

一本小书　到世界去

如今，当读者掏出 3 块钱，尽情享用《故事会》这个朴实的“老友”带来的精神食粮时，可能不会想到，它已成为一位世界级“明星”，还被一些外国汉学家视作“读懂中国的一把钥匙”。据上海市出版协会理事长赵昌平介绍：荷兰学者盖雅达将《故事会》作为研究对象，主动来函交流；日本学者加藤千代在自己的研究著作中更为《故事会》开辟专章；美国故事代表团一行40余人来访，国际期刊学会主席率60余人来访……“‘中国文化走出去’，喊了多少年，耗资巨大，《故事会》却是真正将民族性与世界性接上了轨。”

故事会500期封面。

而《故事会》另一种意义上的“走出去”，则是由每一个普通读者“带出去”的——留学生朱晓，从小就是《故事会》的忠实读者，接到赴丹麦继续深造的通知后，临上飞机，包里还特意塞了最新一期《故事会》。十个小时的飞行中，当别人满面倦容地盯着前方的小屏幕时，他却兴致勃勃地读起故事来。邻座的意大利小伙儿不禁上前询问，朱晓得意地扬了扬手中的杂志：“你们有伊索寓言，我们有这个！”飞机晚点，降落时已是深夜，无处安身的他干脆在机场凑合一宿，摊开那本已经皱巴巴的《故事会》铺在箱子上，坐下来打起瞌睡来。不知过了多久，他被摇醒，一位老太太站在面前，用熟悉的普通话问道：“小伙子，从中国来的吧？看到《故事会》就知道了，这么多年了，竟然还在。”这位上海老太太来丹麦20多年了，如今在一家私立中学教中文。刚在机场送人，看到一位年轻人靠在那里打瞌睡，脚边散落着一本似曾熟悉的小册子……再后来，老太太成了朱晓的房东，她还嘱咐他，回国探亲时不妨多带几本《故事会》来，在这个安徒生的故乡，孩子们都爱听故事。她要用中文，讲中国的故事给孩子们听！

留文化根　存故事核

《故事会》主编何承伟讲了个故事：走进《故事会》编辑部的时候，他还是一位初出茅庐的小年轻。1978年，单位派他到北京师范大学研修民俗学，他见到民俗

《故事会》500 期总集《中国新故事大系》。

学泰斗钟敬文先生，赶紧道出自己最大的心病："钟老，您说'故事'还有没有明天？"钟老答："故事和人类的语言共存。"这句话让何承伟坚定了自己的信心。

中华民族自古就有讲故事的传统，"说书俑"是汉代说书艺人的标志，如今已赫然成为《故事会》封面的刊徽。如果说，在口语时代，人们讲故事还是为了本民族的文化传承和历史延续；那么，在文字时代，讲故事的功能就更多地转为文化与娱乐了。于是，《故事会》在创造一种载体，它强调的是有"根"的写作，而不是社会上今天刮什么风，它明天就下什么雨；它强调的是有"根"的阅读，而不是过眼云烟，昙花一现。近 40 年，30 000 多个故事，其中的绝大部分，都讲述着同一个主题：怎样做人。

复旦大学教授、博士生导师骆玉明表示："在一些文学家、文学评论者看来，故事是'小儿科'，不登大雅之堂。但也许，并没有什么东西比'故事'这个概念更富于文化内涵、更具备迷人的力量。会讲故事的人像安徒生或蒲松龄，有两方面为常人所不能及：穿越时间的智慧和单纯的心灵。"

《故事会》副社长夏一鸣介绍："看故事要看它的'核'，每个故事的'核'都是独特的。做编辑，要能看出这个'核'是否够新、够奇、够巧，最好还要有情趣。一旦从来稿中发现了亮眼的'核'，编辑就要拿出各自的绝招，和作者一起把它精心打磨成好故事。"

寻说书人　提编辑神

《故事会》开设了一个小栏目"名人讲故事"，希望借助这一栏目邀请一批优秀的作家参与，呼吁大家关注中华民族讲故事的文化传统，关注"故事"这一文体形式。

迄今为止，为"名人讲故事"栏目撰稿的知名作家就有陆文夫、刘心武、叶辛、席慕容、陈世旭、叶兆言、冯骥才、韩少功、高晓声、张炜、李锐、金庸、苏童、池莉、肖复兴、毕淑敏、莫言等。这些下笔洋洋万言的成名小说家为短短几千字的故事精心构思，甚至反复修改，“力图用最小的面积，集中最大的智慧”，这番尝试无论如何让人觉得新鲜。有些故事真不比这些作家创作的小说差劲，甚至相反，笔墨精简就更见出含金量，这一路读来真是流光溢彩。

莫言说：“故事都是旧的，但故事的讲法不断推陈出新。”金庸认为：“前人的智慧或愚蠢，都在故事中长期流传，后人听了衷心佩服，或者哈哈大笑。”冯骥才说：“讲故事是作家的基本功；极端地说，小说家如果不能讲故事，就不能算是一个小说家。讲好故事是一个作家的能耐。”

作者队伍顶天立地，使《故事会》历数十年而不衰，始终保持着在全国的广泛影响力。从20世纪90年代起，《故事会》还先后举办15期“故事理论培训班”，培养故事作者500余名。

除了这群金牌“说书人”外，编辑的修养不可缺，要讲好一个精彩的故事，没有理论的指导是办不到的。编辑部曾集体撰写了《故事基本理论及其写作技巧》一书，使《故事会》的编辑工作更富有理论性，“学会把一本杂志放在整个社会中思考它的价值、趋势、存在的形式，从而紧紧连接起优秀的民间文化，紧紧地连接起世界人类的口述文学，紧紧地连接起中国老百姓心中的故事”。

在全国众多语言文字类出版物中，《咬文嚼字》只能算是个“小不点儿”。但就是这样一本小小的杂志，却足足在市场上“火”了17年。《咬文嚼字》从现实生活中提炼重点选题，积极介入普通人的生活，坚持打造精品栏目。其推出的“百家会诊”、“十大语文差错”和“十大流行语”等栏目，在社会上引起巨大反响。在一定程度上，《咬文嚼字》代表着规范的力量，影响了中国当代语文生活的走向。而咬文嚼字文化传播有限公司立足自身优势，从单纯的杂志出版，扩展到出刊、出书、培训、检测四大业务范围，走出了转企改制的成功之路。

《咬文嚼字》：紧跟潮流“咬”出大文章

徐璐明

与其他出版公司相比，咬文嚼字文化传播公司只能算是个“小不点儿”——20人不到的员工人数，与寥寥数间的办公室，就是这个公司的全部组成。就连这本杂志，看上去也是那么的“袖珍”：传统的32开本，每期只有56页。

但就是这个小小的公司、小小的杂志，却在上海，乃至全国的社会文化发展中，留下了深刻的烙印。语言学家许嘉璐先生便曾赞扬说：小刊物产生了大影响。

盼的就是社会“围观”

也许现在很少有人知道，最初的《咬文嚼字》只是上海文艺出版社的一份社内小报。

《咬文嚼字》只是出版物中的“小不点儿”。

当时在上海文艺出版社工作的郝铭鉴深感出版社内部文字和编校质量下降，才产生了编《咬文嚼字》、提高社内编辑队伍的语文素质的想法。没想到，这份用于内部交流的小报，居然在社内和同行中有了众多“粉丝”，来索要这份小报的人络绎不绝。这才让郝铭鉴产生了将《咬文嚼字》正式推向社会的想法。

《咬文嚼字》是 1995 年 1 月创刊的。在当时的出版界，语言文字类报纸杂志已经有 200 多家，但没有一家是针对社会语文应用的。《咬文嚼字》的创始者们，就从这个点切入。自创刊的第一天起，就确立了介入社会生活的编辑方针，一切从语文生活的实际出发，眼观六路，耳听八方，“听读者所说的，说读者想听的”，力求每一期刊物出版以后，都能在社会上听到回声。

《咬文嚼字》的重点选题，都是从现实生活中提炼出来的，针对的是社会语文生活中正在发生的、普遍存在的问题。为此，有人称它是社会语文生活的档案。正因为如此，《咬文嚼字》刊登的文章，往往会引起社会的“围观”。比如，咬嚼“百家讲坛”的“登坛品酒”活动，咬嚼作家的“点击文坛十二家”活动，“给城市洗把脸”活动，几乎每个月都会形成一个高潮，成了文化热点事件。有些文章甚至成了各地高考和中考的出题材料。

咬出一串热点事件

咬作家，咬主持人，咬报社，咬电视台，《咬文嚼字》的每一步都顺应了社会文化的发展潮流。

2005 年，刊物创刊十周年时，《咬文嚼字》公布“出版物中最常见的 100 个别字”。这份材料现已成为全国新闻出版单位和语文教学部门的业务学习材料。

2006年开始设置年度“十大语文差错”特辑栏目，专门总结上一年度的语文十大差错。2009年起，《咬文嚼字》又进行十大流行语的评定汇总。这几个栏目获得了广泛的社会反响。

社会上一有语文热点事件，人们首先想到的是，《咬文嚼字》会怎么看？一些报纸、出版社、电台、电视台，都把它当成“万宝全书”。2011年5月，故宫发生“锦旗门”事件，《咬文嚼字》主编在外地开会，一连接到多家媒体电话，请他就“撼”字的对错作出判断。中央电视台主持人白岩松在被“咬”之后说：“世界上怕就怕‘认真’二字，认真了什么事都能做好。《咬文嚼字》就最讲认真。”

以往，对如今不断涌现的新兴网络词汇，《咬文嚼字》鲜少涉足。一方面是因为网络文章没有编辑加工这一环节，反映的是写作的原始状态，因此存在大量笔误也属正常。另一方面，有的网络语言，故意以错误的姿态亮相，以达到特定的效果。不过，《咬文嚼字》编辑部对网络一直处于观察的状态，等待时机发出自己的声音。如今，时机已经成熟。从2012年起，《咬文嚼字》将不再回避网络语言，首开“围观名人博客”的栏目，对在网络上有影响力、号召力的名人“开炮”。1月、2月被“咬”对象就是方舟子和郭敬明。

善于抓住当下正在发生的语言现象开展研究，是《咬文嚼字》的办刊艺术。

敢咬更要会嚼

对于《咬文嚼字》的编辑来说，光“咬”是不够的，在咬的同时，更要“嚼”。他们编杂志的目的，不光是告诉读者“是什么”，更要告诉读者“为什么”。

在开展“给城市洗把脸”活动时，有读者来稿说，北京天坛祈年殿的左侧，有一块宣传牌，说“皇帝于祭天前先行至此，净手并换上兰色祭服”，其中“兰”字应改为“蓝”。所提意见当然是对的，但缺乏知识含量。为什么祭天要穿蓝色服装呢？编辑想补充有关资料，于是先到网上搜索，说是《大清全典》里有记载。到了上海图书馆以后，发现根本不存在《大清全典》一书，凭借自己的知识积累，断定《大清全典》应是《大清会典》。可是此书上海图书馆只有上册，没有下册，而关于清代的典章制度，恰恰在下册里面。断了线索，怎么办呢？转查《清史稿》，终于在“舆服志”中查到了有关内容。读者看到的是一篇小文章，却不知道背后经历了这样一个编辑过程。

从创刊伊始，《咬文嚼字》编辑部就没有放松过与语言文字类专家建立联系。时至今日，《咬文嚼字》已经拥有了一支专家咨询队伍，他们成了办刊的智力后盾。当“惟一”还是“唯一”在应用中引起一片混乱时，专家们梳理了从先秦到今天几千年来“唯”和“惟”的使用情况，明确提出了倾向性意见，并得到《现代汉语词典》的认同，引导了现实的语文应用。

《咬文嚼字》在解决难题时，不盲从专家，不轻信辞书，更不囿于成说。编刊的过程，成了一个研究的过程。比如《诗经》上的“硕鼠”，历来的权威解释是“大老鼠”，《咬文嚼字》2011 年第十期载文颠覆了这一看法，通过有说服力的材料，证明“硕鼠”即蝼蛄。

正是有了这样的责任心和使命感，才使《咬文嚼字》足足“火”了 17 年。

改革体制，开拓业务

2008 年，《咬文嚼字》编辑部正式改制为企业，成立了上海咬文嚼字文化传播有限公司。

对于《咬文嚼字》编辑部来说，凭借多年积累的发行量，支撑公司的自负盈亏并非难事。但是，他们并不打算止步于此。有了先天的优势，如何把这个“文化传播公司”做大做强？这个问号打在了公司上下每个人的心上。

经过研究，公司基本确立了出刊、出书、培训以及检测四大块业务范围。“出刊”指的自然是《咬文嚼字》等杂志。“出书”则是出版语言文字、编辑类的书籍。除了广受读者欢迎的《咬文嚼字合订本》之外，编辑部还出版了 20 余部“咬文嚼字文库”系列丛书。而 2011 年出版的《规范汉字大学堂》，更是成为上海书展上的“十大畅销书”之一。

如果说“出刊”、“出书”还属于编辑部的本职工作，那么“培训”和“检测”，则可以算是《咬文嚼字》社会影响力之下的“衍

《咬文嚼字》编辑部不仅“出刊”，还“出书”。

生品”了。从 2008 年公司成立开始，“咬文嚼字讲习所”已经开办了 13 期，开办讲习所的初衷只是方便一些文字工作者系统地接受文字使用的规范。然而，讲习所的效果却是出人意料的好，许多学员都是“带着一肚子疑问而来，带着一双慧眼回去”。讲习班的名气越来越大，社会上要求来学习的人越来越多，每期 60 个学员的体量，已经满足不了大家高涨的学习热情。

上海各区的检察院请咬文嚼字给他们的判决书做修正；而由于讲习班聘请公文写作“高手”来当讲师，又吸引了许多政府公务员慕名前来请教公文的写作。一来二去，公司对以后的培训计划有了长远的想法：不再拘泥于“咬文嚼字讲习所”的固定课程，而是根据市场需求，制定培训套餐，针对不同人群设计特色课程；授课地点也不再局限于公司租赁的场地内，而是可以由接受培训的单位提供场所，老师上门培训。

“检测”也是上海咬文嚼字文化传播公司将业务触角延伸开去的又一个例证。数量庞大的专家库是咬文嚼字编辑部多年来积累的人力资源，而创刊以来积累的大量纠错实例，又是编辑部最宝贵的无形资产。近几年，公司成立了出版物编校质量检测中心，开始为上海市新闻出版局提供对上海市每年的出版物的文字编校质量进行检测的服务。

后记

本书选取的文化样本，大多在国内外媒体作过报道，或是在内部刊物刊登。在此基础上，我们邀请部分媒体记者作了补充采访，形成现在的文稿。

中共上海市委常委、宣传部部长杨振武为本书作序勉励。市委宣传部副部长陈东、宗明、朱英磊、朱咏雷、李琪，部领导晁玉奎对编纂工作予以关心，并提出许多重要意见。秘书长陈启伟统筹实施全书编纂工作。在市委宣传部办公室、研究室牵头下，部宣传处、理论处、文艺处、新闻出版处、事业产业处、国资办、干部处等相关处室及市委外宣办（市政府新闻办、市网信办）、市文明办承担了大量组织协调工作。

在本书编纂过程中，稿件涉及的上海宣传文化单位、民营机构及有关职能部门，给予了诸多支持。新华社、光明日报、解放日报、文汇报、新民晚报、新闻晨报、劳动报等媒体的一些记者承担了部分稿件的采写工作。谨向所有为本书的编写和出版作出贡献的同志表示衷心的感谢！

虽称样本，实则案例。倘若我们这本小书，能为关心上海文化改革发展的读者提供一扇窗口，为致力于中国特色社会主义文化大发展大繁荣的同仁提供一份资鉴，我们的努力就值得了。由于水平所限，本书还会存在疏漏和不妥之处，敬请各位不吝指正。

编　者

2012 年 5 月

后记

图书在版编目（CIP）数据

路径：上海文化样本选/申轩编. —上海：上海人民出版社，2012
ISBN 978－7－208－10880－6

Ⅰ. ①路… Ⅱ. ①申… Ⅲ. ①文化事业－体制改革－成就－上海市 Ⅳ. ①G127.51

中国版本图书馆CIP数据核字（2012）第165131号

路　径
——上海文化样本选
申　轩　编
世纪出版集团
上海人民出版社出版
（200001　上海福建中路193号　www.ewen.cc）
世纪出版集团发行中心发行
上海商务联西印刷有限公司印刷
开本720×1000　1/16　印张26.5　插页2　字数436,000
2012年8月第1版　2012年8月第1次印刷
ISBN 978－7－208－10880－6/G·1529
定价 58.00元